北斗語言學刊

第十一辑

主编　乔全生
顾问　鲁国尧

商务印书馆
创于1897 The Commercial Press

图书在版编目(CIP)数据

北斗语言学刊.第11辑/乔全生主编.—北京:商务印书馆,2023
ISBN 978-7-100-23272-2

Ⅰ.①北… Ⅱ.①乔… Ⅲ.①汉语—语言学—文集 Ⅳ.①H1-53

中国国家版本馆CIP数据核字(2023)第246376号

北斗语言学刊

第十一辑

主编 乔全生

顾问 鲁国尧

商务印书馆出版
(北京王府井大街36号 邮政编码100710)
商务印书馆发行
北京虎彩文化传播有限公司印刷
ISBN 978-7-100-23272-2

2023年12月第1版 开本787×1092 1/16
2023年12月北京第1次印刷 印张12½
定价:128.00元

刊　　名：北斗语言学刊
主办单位：陕西师范大学文学院/语言科学研究所
主　　编：乔全生
顾　　问：鲁国尧
编辑部主任：余跃龙
执行主编：王晓婷　辛睿龙

编辑部
地　　址：陕西省西安市长安区陕西师范大学文汇楼A段311
邮政编码：710119
电　　话：029-85318940
投稿邮箱：bdyyxk@sina.com
网　　址：http://www.lit.snnu.edu.cn
微信公众号：北斗语言学刊bdyyxk

目　　录

史 林

论事并重，事实终判

邢福义
（华中师范大学语言与语言教育研究中心，武汉，430079）

我讲的题目是“论事并重，事实终判”，理论和事实我们都要重视，可是最后结论的提出是不是正确，最终决定于事实。理论与事实相互驱动，没有理论的牵引，对事实的描写和解释无从下手，或者只能盲目进行。反过来说，理论的生命力由事实所赋予，理论或者来自对事实的发掘，或者通过事实的检验得到确认。现代汉语语法研究工作者必须同时把眼光投向理论与事实。而从源流上来看，事实是源，理论是流。同样的事实，可以有这样那样的理论，不管采用什么样的理论，最终都必须面对事实。事实就是证据，任何结论的真伪都必须依靠事实来终判。我们先讨论两个具体的问题，最后谈一谈关于做学问的问题。

第一个问题：“十来年”是多少年？是八九年，还是十一、十二、十三年，还是十年左右？特别是我再提第二个问题，是少于十年吗？因为有一个比较值得注意的事实，就是有一些重要文献和重要人物，他们认为十来年应该是少于十年，我们现在讨论这个问题。先来考察现代汉语，语言运用中有一种来自概数结构，比方说十来年、三十来万如此等等，那么对于本数来说，“来”是表示略多，还是表示略少，还是表示左右？香港的姚德怀先生（按：姚德怀先生是香港中国语文学会理事会创会人）认为“来”表示略多，“十来人”就是略多于十人。《现代汉语规范词典》明确认定“来”表示略少，“十来”就是略少于十个。吕叔湘先生认为“十来”表示左右，他在《试说表概数的“来”》（《中国语文》，1957年第4期）这篇文章里面说，“十来斤米”是说从八九斤到十一二斤。但是现在学术界比较占优势的似乎是表示略少的说法。词典里面就那么说了，而且在《现代汉语八百词》里面也说“来”表示略少，所以我在前面所提的第二个问题是表示略少吗？我对将近三十年的《人民日报》进行了全面的搜索，经过分析得到了四点认识：

第一，孤立地来看，大多数用例会见仁见智，不同的人可能有不同的理解。比方说“几个十来岁的孩子，一路上说说笑笑，争争抢抢，路也就走完了”。那么“十来岁的孩子”是多少岁呢？甲可能认为几个孩子全都是小于十岁，乙可能认为全都大于十岁，而更多的人可能认为略多、略少和恰好十岁的情况恐怕都会存在。但是无论如何，如果孤零零地看这个句子，要是较劲，我说多，你说少，谁也说服不了谁。我说少是我的认识，你说多是你的认识，这种情况十分自然，概数的模糊性可以引发理解的多样性。问题是我们在判断语言事实的时候，如何具有一种群众观、大众观，这不是说甲怎么说、乙怎么说，而是要观察整个社会的情况，总体来看是怎么说。

第二，我们看别的例子，有的用例由于能够找到判定的依据，可以确认为略少。我对将近三十年的《人民日报》文章进行过分析和研究，《人民日报》上的文章是多种多样的，不仅限于社论，还有政论、报道、文艺作品等。在我所观察到的《人民日报》所刊文章的语言事实里面表示略少的例子是极为罕见的。比如“恰巧这十来年间林业生产也进入了较发展的时期，就是1978年至1986年，内蒙古造林保损面积超过了十一届三中全会前二十八年的总和”。在这个例子里面，前边提“十来年”，但是后面说是“1978年至1986年”，满打满算总共有九年，这样的例子就是表示略少的，但是在我掌握的例子里就只有一个。有的用例由于能够找到判定的依据，可以确认为略多，跟表示略少的相比较，表示略多的占绝对的压倒优势，判定的依据主要表现在以下两点：

一，“X来”的结构组织模式。这个结构模式怎么样？你看这个例子：“你能不能用几句话，五句十句或者十来句话给我们说得清楚明了呢？”注意五句到十句到十来句，这是递增的，前面已经出现了十句，最后的十来句不可能少于十句，这是一种模式。“五句十句或者是十来句”，从五句增到了十句了，就不能再倒回来，成了小于十句，这个是不可能的。

二，“X来”跟客观事实的不容置疑的联系，是公认的客观事物的常理。比如说这个例子“甲养了二十来只鸡，现在正是旺季，一天二十多个蛋，十天半月就三四百个蛋”。前面说是二十来只鸡，后面说是一天二十多个蛋，二十来只鸡跟二十多个蛋，这关系是怎么样的呢？我们知道一只鸡一天只能生一个蛋，如果二十来只鸡是少于二十只，那么十八九只鸡怎么可能每天都生二十多个蛋？你也可以说，那有的鸡是一天是可以生两个蛋？但是你要知道，凡是一天生两个蛋的鸡，第二天一定不再生，它第三天再生，不可能每天都生两个蛋。所以二十来只鸡一定不可能一天生二十多个蛋，因而这个句子中二十来只鸡跟二十多个鸡蛋是相对等的，“X来”就是表示多的。你再看这个例子就更明确了：“这就是吸毒犯罪，十来岁的少女怀孕，甚至是经济问题的原因”。注意“十来岁的少女怀孕”，十来岁如果说是少于十岁，那么就是八九岁，八九岁的女孩，可能吗？那当然是比八九岁多了，最起码恐怕都是十三岁，绝对不可能是少于十岁，这是绝对不可能的。

第三，是准确数量的核实查对。比方说“‘文化大革命’十来年，顾不得他们了”。“‘文化大革命’十来年”这个是可以统计的，因为有客观的标准和统计。“文化大革命”从1966年5月16日的“五一六通知”开始到1976年10月6日夜间，“四人帮”被逮捕结束，略多于十年，不是略少于十年，所以这个“十来年”应该是略多于十，这个是客观事实。还有“‘七大’前后到‘八大’这十来年，是最令人怀念的时期”。查考历史可知，“七大”是1945年4月23日到6月11日在延安举行；“八大”是在1956年9月15日到27日在北京举行，从“七大”到“八大”相隔十一年多，可见这里说的十来年，绝对是多于十年，这也是客观事实。

第四，有的用例由于能够找到判定的依据，可以确认为左右，跟表示略少的相比较，表示左右的也占明显优势。判定依据主要表现在以下两点：一，“X来”里边X本身是个概数，而不是定数。比方说“这里的船只容不下百十来人”，“百十”后面跟“来”，“百十”是多少呢？《现代汉语规范词典》和《现代汉语词典》里面都解释“百十”就是一百左右。既然是一百左右，后面再加上一个“来”字，它当然也只能是左右。因为如果说它表示略多或者表示略少，本数一定是定数，比如是十、十二、十三、八十等。如果它本身是个概数，它本身是模糊的，那就不存在这个略多或者略少的问题，“百十”就是一百左右，这个左右本身就晃动了。它向左或者向右晃动，那么跟这个概数相配合那个“来”肯定也是左右晃动。二，就是“X来”跟客观事实的不容置疑的联系。你再看这个例子，“周恩来同志写《大江歌罢掉头东》和《雨中岚山》壮丽诗篇的时候，不过二十来岁”，这里提及的两首诗和二十来岁，二十来岁是少于二十岁呢？还是多于二十岁？这两首诗我都一个个去鉴赏过的，是花工夫来查这个实际情况的。周恩来生于1898年3月5日，《大江歌罢掉头东》这首诗是1917年去日本之前所写的，那个时候周恩来十九岁；而《雨中岚山》这首诗是他到日本去以后，回国前，在1919年4月5日游岚山的时候所写的，当时二十一岁。两首诗和二十来岁，一首是写于十九岁，一首是写于二十一岁。通观全局，“X来”既可以是可左可右，又可以是或左或右，还可以是既左又右。

从语言概括的群众观的观点出发，我们将它的含义归总起来概括为“左右”，这是能够准确反映语言运用的实际情况。举这个例子就说明了重事实的重要性，我们要研究事实，你如果坚持认为“二十多”就是比二十还要多，那是不行的，因为这是你个人的认识，整个社会则认为是表示二十左右，所以吕叔湘先生的这个概括是对的。当然《现代汉语八百词》也是吕叔湘先生主编的，有人会问，吕叔湘后来主编的怎么就改为较少了呢？要知道《现代汉语八百词》是吕叔湘先生晚年主编的作品，当时他已经七十多岁了，很多东西吕先生是没有审查的，而且在我所写的文章里面，我特别提出了在这个问题上所用的一个句子是有毛病的。我说这个话绝对不是写《语法修辞讲话》的吕叔湘、朱德熙先生的手笔，所以吕先生原来的文章里所说的“左右”的结论是对的。我不过是因为你那么看，我那么看，你说服不了我，我说服不了你，所以我就统计三十年的《人民日报》来说明这种“左右”的观念，因而更符合于事实的观念，这就是事实终判。

好，那么近代汉语的情况怎么样呢？我们再来讨论一下，一般认为概数说法“X来”受限于晚唐五代，那么有的学者认为表示略多，比方说日本太田辰夫的《中国语历史文法》，还有已经去世的孙德宣先生的《语词琐记》。有的学者就认为它表示略少，比方说江蓝生先生，她针对太田和孙德宣先生的说法，认为他们的说法缺乏足够的证据，也就是表示略多缺乏证据，她认为是表示略少的。江先生这篇文章是发表在《中国语文》上的。那么早期的情况到底如何？我们刚刚已经用现代汉语的情况来证明是“左右”了。古代情况如何？早期情况如何呢？思维的焦点应该是它的含义，只能在“略多”和“略少”之中，二者择一吗？是不是一定就是像太田说的“略多”，或者江先生说的“略少”？是不是一定在“略多”“略少”里面，不是“略多”就是“略少”，是不是二者择一呢？事实表明，跟现代汉语的情况一样，大多数会见仁见智。比方说《祖堂集》里面“三处主持三十来年，匡八百众矣”。(《祖堂集》卷十）就是这个大师在三处主持了三十来年的工作，匡住了八百多人。那么“三十来”的含义呢？甲乙丙可以有各自的说法，我们就是要进一步讨论这个最初的可能情况。正因为可以各自坚持己见，所以太田先生所引用的《祖堂集》里面的例子其实都是这一类可以见仁见智的例子，而江蓝生先生所说“略多”尚缺乏必要的证据。我们再来看看别的情况，经过深入考察可以知道，有些例子由于能够找到判定的依据，可确认其偏多或者偏少，有的是偏多，有的是偏少的。关键到底是“偏多”，还是“偏少”，都不是一边倒的，无论说是偏向哪一边的结论，都会受到反例的质疑。

首先，有的反例会否定略多。比方说“人生天地两仪间，且住百来年”。古代人，我们都知道了，人到七十就是古稀，古代人超过百岁的即使有，也是个别的，所以上面所说这个百来年呢应该在百年之内，我们可以认为就略少于百年。现在活百岁的人多起来了，但是这个古代到了七十就不得了了，到了五十岁都很老了，所以这次应该是指偏少了。

其次，有的反例又会否定略少。比方说我收集这个材料进行分析的时候，就发现学者们似乎还没有观察到《祖堂集》里面这个用例，我先念一下，不大好懂，我后面有翻译。“紫玉和尚嗣马大师，在襄阳。师讳道通。未睹实录，不决生缘。襄阳廉师于迪相公，处分界内，凡有行脚僧捉送，无有一僧得命便杀。如是，得无数。师闻此消息，欲得去相公处，众中觅人随师。近有十来人，师领十人。恰到界首，十人怕，不敢进。师犹自入界内。”（《祖堂集》卷十四）这是《祖堂集》里面的例子，这个是研究近代汉语的人都非常注重的经典著作，这个是什么意思呢？就是说紫玉和尚嗣马大师在襄阳。这位紫玉大师名叫道通，目前没有看到关于他的确实记载，不能断定他的生平概况。襄阳有一个廉师于迪相公，对他管辖区内的行脚僧或和尚，总是一捉到就杀掉。紫玉大师就觉得他这样的做法不合适，于是就领了十人，想跟他（按：于迪相公）谈一谈，后面的意思就明白了。大师要去跟那个于迪相公谈，他要找人伴随，而身边有十来人，“近有十来人”就是他的近旁有十来人，于是带其中十人一起去，到那个地方十人害怕不敢进，他自己就进去了。这十来人，如果是少于十人，那么这八九个人怎么可能选定其中十人而带去呢？而且到那个地方，十人害怕不肯进去，“十来人”的这个“十来人”一定是十多人，最少是十一个人。因为你从这“十来人”里面选出来十个人，那绝对不能少于十人，这是个常识。可见，别人多说或者别人少说都捅破不了语言事实。

既然如此，接下来自然就会出现一个问题：X 有没有可能一开始就是表示左右的？我刚刚已经说明现代汉语表示左右的，这一思考的前提是有的 X 本身就表示概数，X 如果表示略多或者略少，比如说“千来”的千必须是 999+1，要是千是个概数，那它本身就是一个左右晃动的数，既然是左右晃动，那怎么可能谈得上是略多或者略少呢？比方说“徒夸篯寿千来岁，也是云中一电光”，这是吕岩写的《寄白龙洞刘道人》中的诗句，吕岩就是吕洞宾。篯铿是传说里面极为长寿的彭祖，这个例子的意思就是说云光跟“云中一闪电，人间千来年”之类是相通的，“千”不是个定数，“千来”不是个定数，不是 999+1。诗句是要强调不管夸说彭祖能活到多少岁，即使是一两万岁，也不过是电闪雷鸣之间的事情，如此而已。这是一种虚写、泛写的笔法，所以有“千来”这种说法，我们可以推知“左右”的含义可能在晚唐五代就已经有了。如果不这么做，你宁愿说是或多或者或少，是不符合语言事实的，这就是第一个问题的讨论。

特别应该指出跟“十来年”“十来斤重”同样的例子还有“一来、一人来高”“碗口大、碗口来大”，这种说法在太田辰夫所举的例子里面，就有“西湖瘦的盆来大”，那么这个“来”是表示多呢，还是表示少呢？“这个东西一来人高”“碗口来大”“盆来大”，就更难说了吧。比方说有这么个例子：“四周围着一人来高的木板墙”。“一人来高”的“一人来”是左呢？还是右呢？是高一点，还是低一点呢？人有高矮，用来表示度量单位的人肯定是中等个子，但中等到什么程度呢？可能是一米七的样子，或者一米七二、一米七三。他不会高得像姚明，也不会矮得像武大郎。这个身高是没有定数的，你说“半人来高”是多于半人，还是少于半人？这个是说不清楚的。通过这个例子也可以说明，从一开始可能就是表示左右，这样我们对于事实的认识就会更深刻一些，更全面一些。这只是一个小小的例子，我为什么讲这个东西呢？就是我希望我们做研究工作，千万不要忽视小，观察得越细致、越细微，对我们研究能力的提高会越有好处。这是一个问题，是对主观事实的辨查。

我们再来讨论一个辩论上的问题，“我不但是个大人，而且是个人”这个能说吗？这是杜鹏程的《夜走灵观峡》里面的句子，就是说他跑到那个山洞里面去了，发现住了人家，他就喊：“有人吗？”这个时候，小板凳上坐着的五六岁的小男孩就站起来，挺着胸膛说：“叔叔，难道我不是个人吗？”杜鹏程就写了“他站起来背着手，挺着胸脯站在我跟前……，仿佛向我证明：他不仅是个人，而且是个很大的人”。

我在《汉语复句研究》这本书里面特别指出这个例子中的“是个人”和“是个很大的人”，不能倒换。不能倒过来说“他不仅是个很大的人，而且是个人”。你像“他不仅是个中年人，而且是个人”不能那么说。深度分析复句现象，可以知道现代汉语的许多递进复句，只有语用需求前后项可以倒换位置，也就是可以双线交互递进。你比方说“他不仅是个诗人，而且是个校长”“他不仅是个校长，而且是个诗人”，这个我们可以倒换。可是有些递进复句的前后项，只能由此及彼，不能倒置。比如说我们刚刚说的那个例子，这是一种单线递进句，而单线递进句的存在是大量的，不能置疑的事实。《中国语文》2003 年第 3 期发表的《复句三域“行、知、言”》，这篇文章影响很大。文章里面指出“另一个例子是‘不仅……而且……’构成的复句，这类复句的前后项之间有范围上的递进关系，按事理后项应该比前项的范围大。如下面的 a 句‘他不仅是个人，而且是个很大的人’，不能倒过来说成 b 句‘他不仅是个很大的人，而且是一个人’”。他上面介绍了我的意思以后，就说“然而这样的限制，只适用于行域，进入言域则不受此限”。比如邢福义说“他不仅是个人，而且是个很大的人”，不能说成“他不仅是个很大的人，而且是个人”。那我也可以说“毛泽东不仅是个人，而且是个伟人”，也可以倒过来说“毛泽东不仅是个伟人，而且是个人”。他说这个话就可以说，不是倒回来了吗？当然他也补充说了，他说“这句话的意思是：你说‘毛泽东是个伟人’，这样说还不够，我还要说（因而提醒你）‘他是个人’，言下之意是，你不能只看到他的特殊性而忽略了他的一般性”。总而言之，他就用这个例子来证明我《汉语复句研究》的那个话是跟这种事实相违背的。他辩论的过程是：邢福义认为“我不仅是个人，而且是个很大的人”，不能说成“我不仅是个很大的人，而且是个人”，这不对。“毛泽东不仅是个人，而且是个伟人”，就可以说成“毛泽东不仅是个伟人，而且是个人”。

五六年之后，2009 年《现代外语》第 2 期上又发表了《复句“合乎事理”辨》里面又复制了刚刚我说的那句话，我跟作者相识多年，很尊重他，我们很要好，开展学术讨论是正常的，而且他那个话在《复句三域“行、知、言”》里面讲了一次，过了几年又讲了一次，所以我就写了一篇《以单线递进句为论柄点评事实发掘与研究深化》的文章，一万多字，发表在《汉语学报》2010 年第 1 期上，《中国社会科学文摘》2010 年第 6 期全文转载的时候，把我的文章题目改为《论单线递进句》。《复句三域“行、知、言”》主要理论背景是美国女学者伊芙·斯威瑟（Eve Sweetser）的论述。沈先生那篇文章附注里面说，三域概念对应的就是斯威瑟所述的实体认识和言语行为，但是根据张辉、卢卫中的《语义域理论与概念系统的建构》（《外语论坛》，2002 年第 4 期）那篇文章，斯威瑟提出了四个基本的语义，就是物质的、社会的、心理的和言语行为的。张辉、卢卫中指出斯威瑟原来提出的四个域，《复句三域“行、知、言”》文中提的是三域，这个我们不管它，域的多少，四域还是三域，理论家们或者是语言哲学家们会通过探讨，寻求理想的答案。我写的文章要做的是摆出事实，以此作为论柄，接着对前后项能否倒换位置的问题进行思辨，然后归结到对论旨的阐释。所以说在某种理论倾向下一定不能小视事实之能量。

单线递进句，反映甲乙事物之间具有绝对的涵盖关系。考察可知，单线递进句不是个别现象，而是形成了系统的。这类递进句有三种组构方式：

第一种是概念收缩式，概念由大到小的收缩，它的特点是由面突出点。前项 A 里的起始概念，包含后项 B 里的递用概念。这时前分句的概念范围大于后分句，比如“他不仅是个人，而且是个很大的人”，起始概念是“人”，递用概念是“很大的人”。相同的例子可就多了，比如古龙作品里面“他不但是人，而且是个好人”（按：古龙《陆小凤》），你能够说成“他不但是个好人，而且是个人”？能够倒过来说吗？概念收缩式的情况多种多样，《复句三域“行、知、言”》中提到了一类，我后面再来做一点描述。

我再讲另外一种类型，就是概念张大式，第一种是概念收缩的，第二种是概念张大的。它的特点是什么呢？就是由点张开面。前项 A 里的起始概念，为后项 B 里的递用概念所包含。这时前分句的概念范围小于后分句，比方说“陈明不仅是全班第一，也是全年级第一”。全班第一的人，不一定全年级第一，但是全年级第一的人肯定也是全班第一。因此你不能倒过来说“陈明不仅全年级第一，而且也是全班第一”，这是很可笑的，好像班和学校是一样的，他跑全校第一名，他当然就是他班上的第一名，所以你不能倒过来说。

第三种是概念推移式，它既不是缩小，也不是张大，而且推移。它的特点是由甲概念推移到乙概念，概念的词面形式没有重合。但在客观事理的关系上，作为前项 A 里的起始概念，实际上为后项 B 里的递用概念所管控。这个时候前分句的概念就是受制于后分句，比如说“枇杷不但开了花，而且已经结了果”。枇杷总是先开花后结果，既然枇杷都结果了，自然已经开过了花，这样的客观事理的关系不容许倒过来说，你不能说“枇杷不但已经结了果，而且开了花”，这是不能的。

现在，我们再回到第一组，上面那篇文章里面提到的这种格式，内容比较多，我就不一一述说了。我举些例子来看，“他这人不但是和尚，而且是个极老极老的和尚”。你能够倒过来说“这个人是个极老极老的和尚，而且是个和尚”吗？“这孙三不但是个女子，而且还是个年轻女子”，你能够倒过来说“这孙三不仅是个年轻的女子，而且还是个女子”吗？我再来多举几个例子，比如“不但是刀，而是把宝刀”你能说“不但是把宝刀，而且是刀”吗？“速度不但是种刺激，而且这是种很愉快的刺激”，你能够倒过来说“速度不但是很愉快的刺激，而且是种刺激”吗？我们再看，“不但有酒，而且有好酒”，你能倒过来说“不但有好酒，而且有酒”吗？“他不但上了大学，而且上了重点大学”，你能够倒过来说“他不但上了重点大学，而且上了大学”吗？“这次事故，不但死了人，而且死了很多人”，你能够倒过来说“这次事故不但死了很多人，而且死了人”吗？“我不但要将身子交给你，而且要永远交给你”，你能够倒过来说“我不仅要将身子永远交给你，而且要交给你”吗？“我们不但采用了新技术，而且全面地采用了新技术”，那你不能倒过来说“我们不但全面地采用了新技术，而且采用了新技术”吧。“这家店不但收购旧书，而且高价格地收购旧书”，你当然不能倒过来说“这家店不但高价格地收购旧书，而且收购旧书”。“不但跑，而且跑得飞快”，你也不能说“他不但跑得飞快，而且跑”。

好，现在讨论我们开头引用的《复句三域“行、知、言”》那段话，首先那段话里面做了一个判断“这类复句的前后项之间有范围上的递进关系，按事理后项应该比前项的范围大”，这个判断把意思说反了。“他不仅是个人，而且是个很大的人”，这个是一种概念缩小式。这个从“是个人”到“是个很大的人”，是内涵加深了，内涵增多了，那就是逻辑常识告诉我们，一个概念内涵加深了，它的外延一定是缩小的，怎么会是后项比前项的范围大呢？我的《汉语复句研究》里面明确写道“后者深入一层揭示了属性”。后项比前项范围大的现象是有的，比方说我们刚刚谈到的概念张大式，但不是《复句三域“行、知、言”》所提的现象。至于概念推移式，则不是单纯的范围大小的关系。总之，那个判断是明显的误断，弄错了概念之间的关系。

有学者认为单线递进这样的性质适用于行域，进入言域则不受限制。首先这种结论根本经受不起事实的检验，有的递进复句根本不能倒过来说，这个我们一再说了，“不但有酒，而且有好酒”能说成“不但有好酒，而且有酒”吗？这样的单线递进句有规律成系统的存在，并非个别现象，绝对不能大包大揽地说适用于行域，进入言域就不受阻限了。进一步应该指出，在论证方法上，那段话把“他不仅是个很大的人，而且是个人”换成了“毛泽东不仅是个伟人，而且是个人”，然后讲“毛泽东不仅是伟人，而且是个人”能说，却避而不讲“他不仅是个很大的人，而且是个人”是否能说，这就大有问题了。对于“面”事物来说，“面”事物有两类，甲类是一般性事物，乙类是特异性事物。有的人是普通人，芸芸众生，比方说“大人、中年人、老实人”等等；有的人是非普通人，有特殊之处的人，比方说“伟人、领袖、尊长、院士”等等，二者没有明确界限，但这两个极端是清楚的。“伟人、领袖”这一端具有“非凡、异乎寻常、不同凡常”之类的内涵，而“大人、中年人”这一端则不具有特别强调的特殊内涵。一个递进复句如果以“人”作为递点，那么作为普通人的“大人、老实人”之类和作为非凡人的“伟人、领袖”之类，都可以作为进点，都可以推出去，这是顺式递进，这是最常规的用法。但是如果把顺式递进改变为逆式递进，也就是说以“大人、老实人”之类和“伟人、领袖”之类为递点，以“人”为进点，那么就会成为非常规用法，就出现了以下不容忽视的事实。第一，句式的递用目的有所变化，由面到点的递进，是将点“推出去”，落脚于点对点的解释，目的在于突出“点”所引出的话题。由点到面的逆性递进是将“点”回归到“面”，落脚于“面”，目的在于强调点与面具有重合关系，即“点”尽管具有特殊性，但仍然具有“面”的一般属性。比方说“他不仅是个将军，而且也是个人”。这么说是要强调他尽管具有非普通人的属性，但不应该忽视作为一般人的一般属性，这一引用目的决定了甲类不能这么逆式递进，因为“点”不存在非凡性，比方说“他不仅是个中年人，而且是个人”与“他不但是个伟人，而且是个人”是不一样的。我简单地说，就是说凡是要逆式递进的，它一定选择一个转折关系的逻辑基础，就是说“他不仅是个伟人，而且也是个人”，也就是可以理解为“他尽管是个领袖，也是个人”。因为在这种情况下，“伟人”和“人”之间已经树立了概念上的交叉关系了，概念的交叉就是“伟人、领袖、军长、省长”这些，尽管他们也是人，但是他们是特殊的地位高的一类人，尽管他们地位高，有突出的地方，但是他们也具有一般人的特点，也需要吃喝拉撒，需要感情，作为“人”的七情六欲都是一样的。但是“他不仅是个中年人，而且也是个人”为什么不能说呢？因为“中年人”没有特殊的东西，所以凡是能够倒回来的，一定是概念内容起了变化，出现了概念的交叉关系。我这里还有这么个例子：“斯基拉奇不但是球星，而且是最有魅力的球星”，多数人会认为不能倒置，也可能有人会坚持一种“异感性”，认为可以说“斯基拉奇不但是最有魅力的球星，而且也是（跟所有球星一样存在这样那样缺点的）球星”。然而这么说通是通了，却已经改变原意了。

总而言之，从事实上来说，单线递进句的使用是无法否认的客观事实，不管使用什么样的理论，都无法证明“进入言域则不受此限”。从逻辑上说，《复句三域“行、知、言”》那段话，把“貌似”却“并未等同”的说法混为一谈，在论证问题的过程中违反了遵守同一律的原则，犯了核心概念有所“偷换”之大忌，也就是说那个论证偷换命题，偷换概念了。不管是谁，脑子中存放的语言信息都会有所局限，必须深入考察客观语言事实，尽可能全面地审视和关照他人的语言运用，仅以弥补自己的纰漏或充实自己的认识，引进外来理论，更需在发掘本土事实上下功夫。一篇文章、一项研究，如果停留在自己想到的几个例子上面，便有可能仓促断定、以偏概全，这个事情是应该注意的，事实终判。就好像法庭上的辩论，甲提出一个论断来，需要事实证据，你如果不举事实来作证据，你的这个结论就站不住，不能把外国理论搬来以后，搞出一两个自己想的例子，随便设计上去，这是不行的。

我不大喜欢写辩论的文章，但是这个文章既然是一个很著名的人物写的，而且有六七年反复地写出那句话来，所以我就写这个文章，后来《中国社会科学文摘》

上也全文登载了我的文章，应该算是一个回答吧。不管怎么样，尽管是好朋友，但是学术讨论是有必要的。这个我想应该是治学之道，有话还是应该说的。

如何为学，我讲三点。第一，读好一本书。我们历来总是赞扬"读书破万卷"，这个书是很多的，不管是读多少书都穷尽不了我们所接触到的知识。据我的体会，应该提倡"读好一本书"，读好了一本书以后，再读别的书可能就比较容易了。清朝顺治年间有一位叫作张潮的人，他既是学者也是位藏书家，他说过一句话"藏书不难，看书为难；看书不难，读书为难"。比较来说，你看（书）一目十行，读书却要一本一本读下来。"读书不难，用书为难；用书不难，记书为难"。用很重要了，但是你要把那本书的（内容）永远地记住，永远地使用都特别难。读好一本书是什么意思呢？我特别想讲"厚书读薄，薄书读厚"，比方说我们不管搞哪一个专业，或者语言专业，里面着重理论（也好）、着重事实也好，或者是搞语法、语音、词汇（也好），或者搞音韵学、训诂学也好，选择自己认为最重要的一本书，比方说六十万字吧，你把它反反复复地读，读了以后，你能够把这本书放在一边，自己用七八千字，把这本书的全部内容都能够比较精确地归纳出来。这就是厚书读薄，也就说明你把这本书"消化"了，这个过程就是消化的过程，是理解的过程，这个很重要。但是还有更重要的一步，读别人的书，是为了写自己的书。假如说你把厚书读薄了，把六十万字的东西简化成了八千字的东西，你这个时候对着这本小书，你就自己反反复复地去琢磨，哪一些地方存在问题，需要补充；哪一些提法可能有错误，需要修正，如此等等。七问八问、七查八查就把这些很多材料不断地填补进去。当你把这本八千字的"薄书"通过自己的体会，不停地补充，结果又出现一本五六十万字的东西的时候，你自己的著作就出现了。我自己在读大学的时候没有听过逻辑课，我一直感到非常遗憾。后来"文化大革命"期间有人送给我一本书，是当时苏联维诺格拉多夫、库兹明的《逻辑学》，我就反反复复地读，到现在这本书我还是保存得很完整的，红的蓝的、圈圈线线什么的（勾画得很丰富），反反复复地读。读了以后我就把我这个读书体会，结合这个语言运用，把那个逻辑上的定律运用到语言里面来做检验，就得出一些心得，并且不停地补充一些自己的想法。后来我自己也出了一本《逻辑知识及其应用》，不仅如此，我在我的语法研究里面，不停地引进了逻辑的方法，好些写评论的学者们谈到我的语法研究的时候，总是提到我在逻辑方面的一些说法，甚至 2015 年俄罗斯一个刊物转载我的一篇文章，这个编者还写了句话，说某某某（按：邢福义）是这个逻辑语法学派奠基人，这个话是溢美之词，但是说明我读逻辑的东西补充自己的见解，是引起了人们的注意了。我刚刚谈那个关于《复句三域“行、知、言”》里面的东西，我就指出他的这个逻辑常识问题，指出他的偷换概念，偷换命题的问题，因为一般人不太容易看得出来，所以我说读好一本书，就是训练自己的方法，然后在读好一本书的基础上开卷有益，什么书都翻一翻，你如果不会读好一本书，那恐怕也就是很难写出自己的一部好书，这是第一个意思。

第二个意思就是写好一篇文章，学会写好一篇文章，这很重要。因为这很简单，如果写一篇文章，这篇文章打二十分，你就再写篇文章，老师又给你打二十一分，再写第三篇，老师又给你打十九分，那么你写的文章永远停留在二十分上下。你如果学会写一篇文章，这篇文章能够写到九十分，你再写第二篇，这篇文章绝对是在九十分上下，要么就是八十八分、八十九分；要么就九十一分、九十二分，对吧？这一点我也有体会，我的一些朋友或者学生给我总结了这个情况。“文化大革命”之前，我在《中国语文》上已经发表了好几篇文章，其中最长的就是叫作《关于副词修饰名词》这篇文章，还是很有反响的。因为当时出来以后，方光焘先生在南京大学做报告，还提到了我的这篇文章。方光焘先生是南京大学的一级教授，学部委员（按：中国科学院哲学社会科学部委员会委员）。他去世以后，我读他的这篇论文，才发现他说的就是我在《中国语文》发表的那篇文章。“文化大革命”以后，差不多花了十二年的时间，我就写出了《论定名结构充当分句》一万多字的文章。从那以后，我发表的文章基本上都是万字文，要么就比《论定名结构充当分句》的篇幅长，要么比《论定名结构充当分句》的篇幅稍微短一点，所以我想说学会写文章很重要，你给自己目标定的那么高，你肯定一写就那么高。那么怎么样写好一篇文章呢？最重要的是要“小题大做”，不要“大题小做”，那样总是做不好的。你像我刚刚讲那个“来”字，“十来个”。从现代追踪到古代，那是下了很大功夫的。“小题大做”对自己的研究功力是个训练，同时也可以写出真正有用的文章。而大题目太大了，你永远不能穷尽，得出来的东西不可能是真理性的结论。那么“小题大做”以后，因为任何事物都是相互有联系的，你做了这个小题以后，它就会串联上第二个题目，所以就扎根串联，一个问题接一个问题地跟踪下去，你就可以写出好文章来。长期这么锻炼，自己的一些功力就上来了，所以不要贪大。我昨天跟乔全生教授坐在车上，还很感慨，就是我们现在很多课题是重大项目，我们刚刚和汪老师（按：汪国胜老师）谈那个重大项目（按：国家社科基金重大项目“全球华语语法研究”），搞这个项目我们是做了很多工作的，但是现在很多重大项目是大众项目。所谓重大项目应该是它的这个“重”吧？这个很重要嘛，问题重要，这个意义很大，这叫作重大。现在怎么就变成大众了，就是因为这面积很大，所以它的体积都很重，这个东西它根本无法做。教育部每年都给我提那么一两次评选重大项目的名单，比方说给你四十二个，要你一定从中选出六个来，打六个勾，我就不能不打。我如果全部打叉，那人家说你不负责任。打了勾以后，我总觉得它不是重大项目，我说的意思就是“小题大做”，因为大项目是做不好的。我总记得20世纪80年代评国家课题的时候，有个很著名的人物，他的一个题目就是《宋代词汇研究》。题目一念，吕叔湘先生就说这个项目不能做，他有多大的本领，四五年里能够把这个宋代词汇研究清楚？一句话就把它否定掉了，就是说大题目我们控制不了。当然“小题大做”中的“小题”是要能够大做的小题，你要能够知道怎么样在小题里面进行大做，这里面所讲的就是训练自己的一个过程。

第三个就是练成一个好习惯，就是要多关注语言事实，多问几个为什么。多关注语言事实，任何语言事实都应该引起敏感。“我已经有外孙了”，我这么说对吧，那么“我已经有内孙了”，有这么说的吗？这是为什么？黑种人叫黑人，白种人叫白人，黄种人能不能说黄人？农村的小孩以前很少见外国人，来两个黑人，（他们）说：“快来看，看两个黑人来了。”也可以是来了两个白人，但他绝对不会说来了两个黄人，这是为什么？筷子一般都是用右手，打乒乓球、写字都是用右手。如果用左手拿筷子、写字、打乒乓球就叫“左撇子”，那有“右撇子”这个说法吗？语言事实到处都是，只要对语言事实有敏感，他就会发现。我曾跟李宇明讲过：“宇明，我怎么越研究越糊涂，很多东西我不知道，我分析不出来。”我特别怕别人提问题，有人问“他一共买回来了‘三七二十一本书’”，这个“三七二十一本书”怎么分析，我就不知道怎么分析了，我就特别怕别人问我这个问题，当然我相信我有一天能够写出一篇文章来回答这个问题。你对事实要有敏感，关键是那个敏感点要能够注意到，这个很重要。你比方说这个“量小非君子，无毒不丈夫”，可见君子和丈夫相对称，是吧？这个“度”是不是跟“度量”的“量”是相对的，原来是不是应该是“度量”的“度”。可能原来是这样子，但是它现在发展起来了，发展为用这个“毒”字了，为什么这样发展呢？现在反而没有人用那个“度量”的“度”了。再如“舍不了孩子套不住狼”，为了套个狼，你就把孩子牺牲了，这是怎么回事？当然有学者提出来这个跟方言有关系。说这个“孩子”可能是个“鞋子”，你要上山去套狼，你得穿草鞋，你得翻山越岭，不知道要丢掉多少、穿破多少双草鞋以后，才能够套住狼。从方言看不是“孩子”，而是“鞋子”。但是现在这个已经是个程式了，已经成了一个固定的用法了，也就是说如果不做重大的牺牲，那么就不能得到好的结果。但是不管怎么说，那个话本身的确是有问题的，哪有父母把孩子让狼叼去，就是为了捉到一只狼呢，对不对？我的意思就是说现在做的事情太多了，能够引起我们关心的语言事实太多了，关键就是要多注意语言事实。看报、看电视或者平常交谈，你可以抓住一两个事实，一咬住这个事实不放松，老问为什么，一个为什么追到另一个为什么，再追到下一个为什么。你把你的思考心得写下来，就会出现论文，而且写论文是最忌急功近利的。关键是要形成一个好习惯，培养对语言事实的敏感，而做学问的成功最重要的是要有一种敏感性、敏锐感，这是非常重要的。

【编者按】著名语言学家、华中师范大学资深教授邢福义先生于2023年2月6日仙逝，学界不胜哀痛！今刊邢先生2014年4月16日在山西大学语言科学研究所所做学术报告《论事并重，事实终判》一文，以寄哀思。

风范永存，文坛丰碑，邢福义先生千古！

汉语的数量分配构式*

惠红军

（陕西师范大学文学院，西安，710119）

提　要：汉语有一种“数词 $_1$+ 量词 $_1$+ 数词 $_2$+ 量词 $_2$”结构，我们称其为汉语的数量分配构式。这种数量分配构式的语义具有极强的语境依赖性，而且有些数量分配构式还可以有对应的逆构式。数量分配构式是汉语的双焦点构式，它表达了规律性的数量分配；其构式意义来自主谓结构，也和话题结构具有一定的关系。

关键词：数量分配；构式；逆构式；双焦点结构

一、引言

汉语有一种“数词 $_1$+ 量词 $_1$+ 数词 $_2$+ 量词 $_2$”结构。这是以数量结构连用的形式来表达规律性的数量分配行为。为了表述的简洁，本文称这种“数词 $_1$+ 量词 $_1$+ 数词 $_2$+ 量词 $_2$”结构为数量分配构式。虽然已有研究关注到同类现象，如赵元任（1979）、马真（1982）（2005）、李英哲（2005）、陆俭明（2013）等，但是数量分配构式中还有一些重要的现象尚未得到解释。本文尝试对此做进一步的研究。

二、数量分配构式的句法表现

汉语的数量分配构式所表达的是一种特殊的规律性的数量分配关系，与具体而丰富的现实语境具有巧妙的对应关系。如“一口一个”“三个一组”“一人两次”“一

---

* 本文为国家社科基金后期资助项目（编号：17FYY012）、陕西省社科基金项目（编号：2021K016）的部分成果。

人一张”等，[①]都能够对应不同语境中的不同语义：“一口一个”可以指“一口吃掉一个鸡蛋”，也可以指“一口吃掉一个包子”；“三个一组”可以指“每三个选手组成一个小组进行小组辩论”，也可以指“每三个学生组成一个小组去打扫卫生”；“一人两次”可以指“每一个运动员试跳两次”，也可以指“每个学生试讲两次”；“一人一张”可以指“一人一张草稿纸”，也可以指“一人一张电影票”。而数量分配构式之所以有这种巧妙的语义对应关系，其中原因在于，当数量分配构式与具体的语境结合之后，其中的数量结构所修饰的事物或动作就具体化了，因而它所表达的语义非常明晰，对具体的数量分配事件的表达也非常简洁。

同时，我们还能够发现，有些数量分配构式是可逆的，它可以有对应的逆构式，且客观语义保持不变；即数量分配构式及其逆构式所描述的客观场景或事件不发生变化。如“五个一锅”及其逆构式“一锅五个”，其语义为“五个人一锅饭”和“一锅饭五个人”，“五个人吃一锅饭”和“一锅饭吃五个人”；其所描述的客观场景并未发生变化。“一张三个”及其逆构式“三个一张”，其语义为“一张凳子三个人”和“三个人一张凳子”，“一张凳子坐三个人”和“三个人坐一张凳子”，其所描述的客观场景也并未发生变化。但有些数量分配构式往往很难有相应的逆构式，如“一个十遍”（“一个字写十遍”）不能说成“十遍一个”（“十遍写一个字”），“一人两次”（“一个人跳两次”）不能说成“两次一人”（“两次跳一个人”），“一口一个”（“一口吃一个包子”）不能说成“一个一口”（“一个包子吃一口”）。[②]进一步的分析还会发现，能够有逆构式的数量分配构式中，所涉及的两个量词都是名量词。而没有逆构式的数量分配构式中，所涉及的两个量词中，一个是名量词，一个是动量词。因此可以说，汉语的数量分配构式中，如果所涉及的是两个名量词的数量短语，它就有相应的逆构式；如果所涉及的两个数量短语是异质的，即一个是名量词的数量短语，一个是动量词的数量短语，则往往没有相应的逆构式。

通过数量分配构式及其逆构式的表现，我们还能够发现一个重要的现象：汉语的数量分配构式及其逆构式所涉及的两个数词中，一般都有一个数词为“一”；由于

---

① “人”从上古汉语至现代汉语时期都具有量词用法，这一点已有研究进行了充分论证。具体可参看李佐丰（1984），赵桂玲（1984），王绍新（2005），宋成吉、张桂梅（2010）等。

② “一口一个”（“一口吃一个包子”）的意思是明确的，就是“一口吃掉一个”（“一口就吃掉了一个包子”）。但是“一个一口”是一种歧义结构，它可以是“每一个就吃一口，但并没有吃完”，也可以是“一口就吃掉一个”；“一个包子吃一口”也是一种歧义结构，它可以是“每一个包子都咬了一口，但并没有吃完”，也可以是“一个包子一口就吃完了”。因此，“一口一个”（“一口吃一个包子”）不能说成“一个一口”（“一个包子吃一口”）。

这个数词"一"的存在，整个构式的意义就可以概括为一种特殊的一对一的数量关系。如"三个一组"（"三个学生一组"）中，就是把"三个"作为一个整体，然后与"一组"构成一种特殊的一对一的数量关系，即"每三个"对应"每一组"。"一人两次"（"一个人跳两次"）中，则是把"两次"作为一个整体，然后与"一人"构成一种特殊的一对一的数量关系，即"每一人"对应"每两次"。正由于数量分配构式及其逆构式中的两个数量结构形成了这种特殊的一对一的数量关系，它们才能清晰地描述那些具体而丰富的数量分配事件。①

三、数量分配构式的意义来源

据我们的观察，数量分配构式在宋元时期就已经能够见到，并一直延续至今。如：

（1）我买了恰下甑的馒头三扇子，一人两个，休怨咨。(《元曲选·罗李郎大闹相国寺》第三折）

（2）兀那吴国军将，您非送亲而来，我知您周瑜的计策，故来赚俺的城门，如有一个进来，我一枪一个。(《元曲选·两军师隔江斗智》第二折）

（3）宋江与燕顺里面坐了，先叫酒保："打酒来。大碗先与伴当一人三碗，有肉便买些来与他众人吃，却来我这里斟酒。"(《水浒传》第 35 回）

（4）众军汉把武松一步一棍，打到厅前。(《水浒传》第 34 回）

（5）快留下买路钱，饶你性命！牙迸半个不字，一刀一个，决不留存！(《西游记》第 97 回）

（6）八戒慌了，拿过添饭来，一口一碗，又丢够有五六碗。(《西游记》第 96 回）

（7）当下分付徒弟在橱柜里，取出四个饼子，厨房下熯得焦黄，热了两杯浓茶，摆在房里，请两位小官人吃茶。两个学生顽耍了半晌，正在肚饥，见了热腾腾的饼子，一人两个，都吃了。(《警世通言》卷五）

（8）木棍各牌手自备，每人一次一根。(《练兵实纪》卷四）

---

① 需要说明的是，对于有度量衡以及货币等法定单位词的数量分配构式，其中的两个数词可以都不是"一"，也同样能够形成这种一对一的数量分配关系。如"十块三斤"（"十块钱三斤苹果"）就是把"十块"作为一个整体，"三斤"作为一个整体，然后使这两个整体之间形成一种一对一的数量分配关系："每十块"对应"每三斤"（"每十块钱"对应"每三斤苹果"）。但是，度量衡以及货币这类法定单位词与"条、张、次、遍"这类天然单位词（即本文所讨论的量词）性质差异很大，因此本文所讨论的数量分配构式中，并不包括度量衡以及货币这类法定单位词。

（9）瑞宣恨不能一拳一个都把他们打倒。（老舍《四世同堂》）

（10）全市村级以上干部有20万人，一人一件，加起来就是20万件。（《人民日报》1995年12月19日）

可见，数量分配构式是把现实生活中的事物和动作的某种对应关系进行了规律性的分配，具有极强的概括性。它清晰地表达了不同数量之间的对应关系，或者说是清晰地表达了不同数量之间的分配关系。那么这种构式的意义是从何而来的呢？

研究者对此已有关注。如马真（1982）、陆俭明（2013）认为，有些研究将某种结构的语法意义误归于句中的某个虚词头上。马真（2005）又指出，没有人会认为“每班分六个组，三个人一组”“这类聚会两年一次”“十块钱三斤”这类结构中的“三”“两”“十”是表示“每”的意思。陆俭明（2013）进一步列举了一些例证，如2004年出版的《现代汉语规范词典》以及后来的修订版，在“一”词条下所列的第五个义项，说是表示“每；各”的意思：

（11）每班分六个组，一组八个人 / 一年一次 / 一人两块钱

陆俭明（2013）认为，这实际就犯了将句法格式的语法意义误归到句中某个虚词头上这一毛病；因为那“每；各”的意思不是由“一”表示的，而是由两个数量结构所形成的对应格式所表示的。

上文已经提到，数量分配构式所代表的是“数词$_1$+ 量词$_1$+ 数词$_2$+ 量词$_2$”这样的结构，其中的数词都能够与“每；各”这样的语义结合。就数量分配构式的逆构式而言，其中的数词也都能够与“每；各”这样的语义结合。如“五个一锅”能够表达“每五个人吃每一锅饭”的意思，而“一锅五个”则能够表达“每一锅饭吃每五个人”的意思。很显然，这里是以“五个”和“一锅”这两个数量结构，同时作为计量的标准而形成的一种特殊的一对一的数量关系。可见，汉语在数量分配的过程中，其计量标准是双向的，是由句法结构的主语和谓语同时来确定的。因而，数量分配构式及其逆构式的语义与语序的搭配方式与汉语的主谓结构完全一致，也与汉语的话题结构完全一致。

汉语的主谓结构与话题、述题之间具有一定的对应关系，这一点，赵元任（1979）已经有明确的论述。赵元任（1979：45）指出，主语和谓语的关系可以是动作者和动作的关系，但在汉语里，这种句子的比例不大，也许比50%大不了多少。因此，在汉语里，把主语、谓语当作话题和说明来看比较合适。而且谓语中的动作的方向不一定必得从主语到宾语。如：

（12）十个人吃两磅肉：两磅肉吃十个人。

（13）四个人坐一条板凳：一条板凳坐四个人。

赵元任（1979：45）中所举的这类语句所表达的语义，实际就是我们上文已经提到的数量分配构式及其逆构式所表达的语义。也有观点认为，类似汉语这种语序颠倒的句子在很多不同类型的语言中都可以出现（李英哲，2005）；这表示它不是一种偶然现象，英语中也有和汉语完全一样的倒装（李英哲，2005），如：

（14）The bees swarmed in the garden.　　蜜蜂飞满了花园。

（15）The garden was swarmed with bees.　　花园飞满了蜜蜂。

（16）The fog engulfed the entire village.　　浓雾笼罩着整个村庄。

（17）The entire village was engulfed in the fog.　　整个村庄笼罩着浓雾。

李英哲（2005）认为，如果把汉语视为主题类型的语言的话，或许就不需要有主语后置的解释。我们只要认识到，汉语的"花园"这个空间或"蜜蜂"这个量化的事物都可能有充当主题的资格就可以；当我们想表达数量在空间或事物中的分配时，汉语可以让我们自由地把空间或有关事物轮流地主题化。

事实上，汉语中的名词和动词都能够在主语和谓语的位置，或在话题和述题的位置上自由变换。[①] 这一点在上古汉语中就已经非常典型。名词作主语或话题是很常见的现象，如：

（18）君臣相亲，父子相保。（《韩非子·奸劫弑臣》）

（19）晋不可启，寇不可玩。（《左传·僖公五年》）

（20）困兽犹斗，况国相乎？（《左传·宣公十二年》）

（21）往者不可谏，来者犹可追。（《论语·微子》）

名词作谓语或述题的情况也很常见，如：

（22）及其使人也，器之。（《论语·子路》）

（23）子贡问曰："赐也何如？"子曰："女，器也。"（《论语·公冶长》）

（24）晋侯围曹，门焉，多死。（《左传·僖公二十八年》）

（25）君臣、父子、兄弟、夫妇，始则终，终则始，与天地同理，与万世同久，夫是之谓大本。故丧祭、朝聘、师旅，一也；贵贱、杀生、与夺，一也；君君、臣臣、父父、子子、兄兄、弟弟，一也；农农、士士、工工、商商，一也。（《荀子·王制》）

---

① 这里的"述题"也就是赵元任（1979：45）中所认为的"话题和说明"中的"说明"。同时，李英哲（2005）中所说的"主题"也是赵元任（1979）中所说的"话题"。

（26）襄主曰："我取登，既耳而目之矣；登之所取，又耳而目之，是耳目，人绝无已也。"（《韩非子·外储说左上》）

动词既能自由地出现在谓语或述题的位置上，如：

（27）八佾舞于庭，是可忍也，孰不可忍也？（《论语·八佾》）

（28）肉腐出虫，鱼枯生蠹。（《荀子·劝学》）

也能自由地出现在主语或话题的位置上，如：

（29）生，好物也；死，恶物也。（《左传·昭公二十五年》）

（30）夫战，勇气也。（《左传·庄公十年》）

（31）"何谓刑德？"曰："杀戮之谓刑，庆赏之谓德。"（《韩非子·二柄》）

名词、动词在主语和谓语位置，或在话题和述题位置的这种分布特征源自汉语名词和动词的词类特征。据沈家煊（2009）（2016），汉语的词类系统中，实词属于包含模式，即汉语的名词、动词、形容词之间是一种包含关系，形容词作为一个次类包含在动词类之中，而动词作为一个次类又包含在名词类之中。正是由于名词和动词之间的这种特殊关系，才使动词的很多句法特征都和名词相同。

数量分配构式及其逆构式中，所涉及的两个数量短语是用来修饰名词或动词的；它们在句法结构中的位置和功能，也受到了汉语名词和动词的这种独特关系的影响。对于数量分配构式来说，其中"数词$_1$+量词$_1$"在句法功能上与主语相同，在话题结构上与话题相同；而"数词$_2$+量词$_2$"在句法功能上与谓语相同，在话题结构上与述题相同。因此说，数量分配构式及其逆构式的意义来自汉语的主谓结构，也来自汉语的话题结构。[①]

四、数量分配构式是一种双焦点构式

从语义结构的角度看，数量分配构式所传递的语义并不具有独立性，而是具有极强的语境依赖性。分析数量分配构式及其存在的语境，我们能够清楚地发现，数量分配构式实际上是对语境中的焦点信息进行提取的结果。这是因为，在数量分配构式中包含了两个数量结构，而汉语的数量结构属于焦点信息范畴。据徐杰、李英哲（1993），数量成分比较容易成为句子的焦点标记。据刘丹青、徐烈炯（1998），

① 由于数量分配构式及其逆构式实际上是同类结构，因此，为了论述的简洁性，下文的讨论中就主要以数量分配构式为讨论对象。

数量成分是自然焦点，反映信息强度的相对程度。但自然焦点没有专用的焦点标记，而是跟语序密切相关，出现在某些位置的句法成分在没有对比焦点存在的前提下，会自然成为句子信息结构中的重点对象。就本文所讨论的数量分配构式而言，“数词$_1$+量词$_1$”和“数词$_2$+量词$_2$”都是数量结构，也都是焦点信息，因而数量分配构式是汉语句法结构中的双焦点构式。

问题是，数量结构为什么会成为句子的自然焦点和焦点信息呢？我们认为，其原因在于数量结构能够有界化所修饰的名词和动词，使那些名词和动词能够在众多的同质名词和同质动词中区别开来，成为独特的那一个。沈家煊（1995）指出，句法组合中的光杆普通名词，多数是通指性的，不指称个体事物，因而是无界的，作宾语时尤其如此；有界名词的本质是它所指的事物的个体性和可数性，无界名词的本质是它所指事物的非个体性和不可数性。惠红军（2006：69）认为，名量词的作用就在于使其所修饰的名词从无界名词的指称序列中有界化，变成一个可数的个体，从而使其与其他同类对象相区别。如：

（32）我见这馒头馅内有几根毛。（《水浒传》第27回）

（33）那妇人先把毒药倾在盏子里，却舀一碗白汤，把到楼上。（《水浒传》第25回）

这里的量词“根”所修饰的对象是名词“毛”，而“毛”是一个无界名词；量词“根”所起的修饰作用是使其所修饰的“毛”在无界名词“毛”的指称序列中有界化，进而和其他的“毛”相区别，并与目前讨论的对象紧密联系起来。量词“碗”所修饰的对象是“汤”，“汤”也是一个无界名词。“碗”所起的修饰作用是使其所修饰的“汤”在无界名词“汤”的指称序列中有界化，变成一个可数的个体，从而和其他的“汤”相区别，并与目前讨论的“汤”紧密联系起来。因此，名量词使相关的名词脱离了无界名词的序列，在交际中获得了更多的关注，指称了具体的“那一个”或“这一个”。因此名量词成为了一种焦点信息。

量词的有界化功能不仅体现在名量词上，也同样体现在动量词上。沈家煊（1995）指出，“有界—无界”的对立是人类一般认知机制的一部分；人最初通过自己的身体构造认识了什么是有界事物，按有界和无界的对立来认知外界的事物、动作和性状。人的语言能力是人的一般认知能力的一部分，认知上的“有界—无界”的对立必然在语言结构中有所反映。惠红军（2011：155）认为，动量词的使用实际上反映了人们对动作的有界化的认识，它标记了认知成果中性质相同，但发生时段不同的同质化动作；在客观上把发生在不同时段的同质化动作进行了有界化，使它们成为某种意义上的不同动作。因此，动量词使相关的动词脱离了无界动词的序列，在交际中指称了具体的“那一次”或“这一次”动作，因此动量词也成为了一种焦点信息。

量词的有界化功能也被认为是量词的个体化功能。大河内康宪（1993）、张军（2005）等都探讨了汉语名量词的个体化功能，认为名量词的作用都是把非个体事物个体化，然后针对个体进行计数。王静（2001）认为，时量、动量成分，是分别从持续时间和发生的次数两个方面对动词表达的概念实施个别化。这种个别化也同样解释了量词在信息传递过程中所受到的高度关注，意味着量词是一种焦点信息。

需要注意的是，数词也是信息传递中最受关注的信息，因此也是一种焦点信息。表现在句法结构上，就是数词可以在体词性结构或谓词性结构中被提取出来，并总是出现在句法结构中，以替代原有的体词性结构或谓词性结构，从而使数词成为一种焦点信息。这种情况在上古汉语时期就非常典型。数词在体词性结构中被提取为焦点信息的情况如：

（34）三分天下有其二，以服事殷。（《论语·泰伯》）

（35）鲁施氏有二子，其一好学，其一好兵。（《列子·说符》）

《论语·泰伯》“其二”中的“二”乃是“二分天下”或“二分”之义，但“二分天下”或“二分”中的数词“二”是最受关注的信息，因此它被作为焦点信息从“二分天下”或“二分”这样的体词性结构中被提取出来，并保留在句法结构中。《列子·说符》中，两个“其一”中的“一”，乃是“一子”之义，但“一子”中的数词“一”是最受关注的信息，因此它作为焦点信息，从“一子”这样的体词性结构中被提取出来，并保留在句法结构中。类似的情况还有很多：

（36）子谓子贡曰：“女与回也孰愈？”对曰：“赐也何敢望回？回也闻一以知十，赐也闻一以知二。”（《论语·公冶长》）

（37）陈亢退而喜曰：“问一得三：闻《诗》，闻礼，又闻君子之远其子也。”（《论语·季氏》）

（38）（逢丑父）呼曰：“自今无有代其君任患者。有一于此，将为戮乎？”（《左传·成公二年》）

数词在谓词性结构中被提取为焦点信息的情况如：

（39）既而大叔命西鄙北鄙贰于己。（《左传·隐公元年》）

对于《左传·隐公元年》“贰于己”中的“贰”，杜预的注是：“贰，两属。”但《左传》中仅使用了数词“贰”。可见“贰”是一种受到高度关注的信息，即一种焦点信息。类似的情况并不少见：

（40）太康尸位以逸豫，灭厥德，黎民咸贰。（《尚书·五子之歌》）

（41）周国子多贤蕃殖，至于骈孕男者四，四产而得八男。（《春秋繁露·郊语》）

（42）范增数目项王，举所佩玉玦以示之者三，项王默然不应。（《史记·项羽本纪》）

因此，我们可以这样认为，无论是有界化还是个体化，它们都表明了量词对名词和动词的独特作用，也表明了量词在整个结构中的凸显特征；同时，数词也是汉语中重要的焦点信息。正是在这个基础上，“数词 + 量词”结构往往能够成为“数词 + 量词 + 名词”或“动词 + 数词 + 量词”结构中最受关注的信息，进而能够从整个结构被提取出来，成为一种焦点信息，或者成为句子的自然焦点。因此，在“一锅饭吃五个人”或“五个人吃一锅饭”这类结构中，“一锅”和“五个”这种“数词 + 量词”结构就被提取出来，从而形成“一锅五个”或“五个一锅”这类数量分配式的双焦点结构，并表达了“一锅饭吃五个人”或“五个人吃一锅饭”这样的语义。

五、余论

汉语的数量分配构式是一种常见构式。在汉藏语系的其他语言中，我们也能够见到这样的数量分配构式。如彝语（翟会锋，2011：197）：

（43）tʂaŋ^{55}miŋ^{21}ba^{33}dɤ^{21}pe^{21}tɕiŋ^{55}ma^{55}　lɤ^{21}，tha^{21}kho^{33}ȵi^{55}sɿ^{33}tɕho^{21}sɿ^{55}dʐa^{33}.

张　明　经常　北　京　（否定）去，　一　年　两　三　次　大概

张明不经常去北京，一年大概两三次。

其中的 tha^{21}kho^{33}ȵi^{55}sɿ^{33}tɕho^{21}（一年两三次）就是一种数量分配构式。

又如拉珈语（毛宗武、蒙朝吉、郑宗泽，1982：159）：

（44）in^{3} saːu^{5} tsen^{1}（faːm^{1} ũːn^{3}）

一　次　吃　三　碗

一次吃三碗

仫佬语（银莎格，2012：240）：

（45）tsɔŋ^{3}kɣa^{2}naːi^{6}maːt^{7}tsaːn^{1}taːm^{1}ȵən^{2}.

种　药　这　次　吃　三　粒

这种药一次吃三粒。

假如将拉珈语中的 tsen^{1}（吃）或仫佬语中的 tsaːn^{1}（吃）略去不说，那么拉珈语

的 in^{3} saːu^{5} faːm^{1} ũːn^{3}（一次三碗）或仫佬语的 maːt^{7} taːm^{1}n̥ən^{2}（一次三粒）就是典型的数量分配构式。

这说明，汉藏语系的其他语言中应该也存在着数量分配构式，但就目前所能够见到的材料而言，现有研究还很少关注汉藏语系其他语言中的数量分配构式。我们相信，随着对汉藏语系语言研究的深入，应该能够发现更多的数量分配构式。但是，汉藏语系其他语言的数量分配构式是该语言独立发展而来的，还是受汉语的影响而产生的，那则是另一个需要讨论的问题了。

参考文献

（日）大河内康宪著，靳卫卫译 1993 《量词的个体化功能》，载大河内康宪主编《日本近、现代汉语研究论文选》，北京语言学院出版社。

惠红军 2006 《〈水浒传〉量词研究》，贵州大学硕士学位论文。

惠红军 2011 《汉语量词研究》，西南交通大学出版社。

李英哲 2005 《汉语语序和数量在空间同事物中的分配》，载徐杰主编《汉语研究的类型学视角》，北京语言大学出版社。

李佐丰 1984 《〈左传〉量词的分类》，《内蒙古大学学报》（哲学社会科学版）第3期。

刘丹青、徐烈炯 1998 《焦点与背景、话题及汉语“连”字句》，《中国语文》第4期。

陆俭明 2013 《构式语法理论再议——序中译本〈运作中的构式：语言概括的本质〉》，《外国语》第1期。

马 真 1982 《说“也”》，《中国语文》第4期。

马 真 2005 《是词的意义还是格式的意义》，载崔健、曹秀玲主编《对韩（朝）汉语教学研究》，延边大学出版社。

毛宗武、蒙朝吉、郑宗泽 1982 《瑶族语言简志》，民族出版社。

沈家煊 1995 《“有界”与“无界”》，《中国语文》第5期。

沈家煊 2009 《我看汉语的词类》，《语言科学》第1期 。

沈家煊 2016 《名词和动词》，商务印书馆。

宋成吉、张桂梅 2010 《量词“人”新探》，《学术交流》第8期。

王 静 2001 《“个别性”与动词后量成分和名词的语序》，《语言教学与研究》第1期。

王绍新 2005 《试论“人”的量词属性》，《中国语文》第1期。

徐 杰、李英哲 1993 《焦点和两个非线性语法范畴：“否定”、“疑问”》，《中国语文》第2期。

银莎格 2012 《银村仫佬语参考语法》，中央民族大学博士学位论文。

翟会锋 2011 《三官寨彝语参考语法》，中央民族大学博士学位论文。

张 军 2005 《量词与汉藏语名词的数量范畴》，载李锦芳主编《汉藏语系量词研究》，中央民族大学出版社。

赵桂玲 1984 《准量词“人”的探讨——从唐人小说的用例谈起》，《语言教学与研究》第1期。

赵元任著，吕叔湘译 1979 《汉语口语语法》，商务印书馆。

汉语双音动词结构动词化与介词化*

陈宝勤

（沈阳大学国际语言文化研究所，沈阳，110044）

提　要：上古以降，两个单音动词开始构成双音“动＋动”并列结构，在语位、语音、语法、语义、语用五个条件的相互作用下，双音并列动词结构先词汇化为双音动词，再在复句前个动宾分句动语位置上由涉物动词虚化为引物介词。

关键词：动词结构；固化动词；虚化介词

汉语双音动词结构动词化与介词化，即两个单音动词同义组成的双音“动＋动”并列结构在语音、语位、语法、语义、语用五个条件的相互作用下，由两个单音动词逐渐弱化为两个动词素而固化为一个双音动词，再在复句前个动宾分句动语位置上由涉物动词虚化为引物介词的演化。

在汉语发展史中，形成了大量双音“动＋动”并列结构，其在语音、语位、语法、语义、语用五个条件的相互作用下多词汇化为双音实词，少词汇化为双音实词后又语法化为双音虚词。下面仅通过对双音“动＋动”并列结构“除去、除却、依据、依照、经过、通过”词汇化与语法化的考察分析，探索汉语双音动词结构动词化与介词化的模式。

一、动词结构“除去／除却”动词化与介词化

除，本义同“陛”，表名词“宫殿的台阶”义。《说文·阜部》：“除，殿陛也。”段注：“殿谓宫殿，殿陛谓之除。”《史记·魏公子列传》：“赵王埽除自迎。”张衡《东

*　本文为国家社科基金项目“汉语双音形式词汇化与语法化”（编号：14BYY116）第一章《汉语双音语法形式词汇化与语法化》中《汉语双音动词结构词汇化与语法化》少部分研究内容。

京赋》："登自东除。"因每日都要打扫"殿阶"，故"除"由名词"殿阶"义引申为动词"扫除"义。《国语·齐语》："恐宗庙之不扫除，社稷之不血食。"《周礼·天官·冢宰》："凡寝中之事，埽除、执烛、共炉炭。"动词"除"从"扫除"的目的引申为"除去、除掉"义。《诗经·小雅·斯干》："风雨攸除，鸟鼠攸去。"《尚书·周书·泰誓》："树德务滋，除恶务本。"《周礼·天官·冢宰》："除其不蠲，去其恶臭。"

去，本表动词"离开、离去"义。《说文·手部》："去，人相违也。"《诗经·魏风·硕鼠》："逝将去女，适彼乐国。"《尚书·夏书·胤征》："伊尹去亳适夏。"《庄子·内篇·人间世》："治国去之，乱国就之。"动词"去"由表"离开、离去"义引申为"除去、除掉"义。《诗经·小雅·大田》："去其螟螣，及其蟊贼，无害我田稚。"《左传·隐公三年》："君人者将祸是务去。"《国语·鲁语上》："武王去民之秽。"《尚书·虞书·大禹谟》："任贤勿贰，去邪勿疑。"

却，本表动词"退去、退却"义。《广韵·药韵》："却，退也。"《国语·晋语七》："魏颗以其身却退秦师于辅氏。"《老子》四十六章："天下有道，却走马以粪。"《墨子·备穴》："窦则塞，引版而却。"《庄子·外篇·达生》："生之来不能却。"《韩非子·初见秦》："弃甲兵弩，战竦而却。"动词"却"由表"退去、退却"义引申为表"除去、除掉"义。《太平经》卷五十："明案吾文以却咎。"《太平经》卷九十三："案行真道，共却邪伪。"《论衡·变虚》："景公却荧惑之异。"《论衡·治期》："贤君之德，不能消却。"

（一）动词结构"除去"动词化与介词化

1. 动词结构"除去"语法语义

上古时期，在汉语双音句节韵律之制约下，两个单音动词"除"与"去"开始同义组成双音"动＋动"并列结构"除去"，表示两个相同的"除掉、消除"意义，在句中常在名词性宾语前作动语。例如：

（1）仁人之所以为事者，必兴天下之利，除去天下之害。（《墨子·兼爱中》）

（2）天子有疾病祸崇，……则天能除去之。（《墨子·天志中》）

（3）若也可依匿者，尽除去之。（《墨子·备城门》）

（4）墙垣树木小大俱坏伐，除去之。（《墨子·备城门》）

（5）夫痈气之息者，宜以针开除去之。（《黄帝内经·素问·病能论》）

上举例（1）动词结构"除去"在定中"天下之害"前作动语；例（2）动词结构"除去"在代替"疾病祸崇"的代词"之"前作动语；例（3）动词结构"除去"

在代替“可依匿者”的代词“之”前作动语；例（4）动词结构“除去”在代替“墙垣树木”的代词“之”前作动语；例（5）动词结构“除去”在代替“痈气之息”的代词“之”前作动语。

2. 动词结构“除去”动词化

上古末期，随着“除去”应用范围的扩大与使用频率的增高开始结构词汇化，由双音“动+动”并列结构逐渐固化为双音动词，由表示两个相同的动词“除掉、去除”意义逐渐融合为表示一个动词“除掉、消除”意义，在句中常作动语，后带名词性宾语。例如：

（1）余悉除去秦法，诸吏人皆案堵如故。（刘邦《入关告谕》）

（2）除去阴刑，害民者诛。（晁错《贤良文学对策》）

（3）（二世）尽除去先帝之故臣。（《史记·李斯列传》）

（4）上以振威天下，下以除去上生平所不可者。（《史记·秦始皇本纪》）

上举例（1）动词结构“除去”在总括副状“悉”后、定中宾“秦法”前作动语；例（2）动词结构“除去”在定中宾“阴刑”前作动语；例（3）动词结构“除去”在总括副状“尽”后、定中宾“先帝之故臣”前作动语；例（4）动词结构“除去”在“者”字结构宾“上生平所不可者”前作动语。

中古初期，在汉文典籍中，动词结构“除去”词汇化为动词的增多，常在宾语前作动语，表示“除掉、消除”意义。例如：

（1）太宗至仁，除去收孥。（杨终《建初元年大旱上书》）

（2）外所求年，盈岁数，除去之。（《汉书·律历志》）

（3）此有七人，各除一病，这除去七病。（《太平经》卷七十二）

（4）水弱得过，除去危难。（《青衣尉赵孟麟羊窦道碑》永元十一年）

上举例（1）动词“除去”在动宾“收孥”前作动语；例（2）动词“除去”在代宾“之”前作动语；例（3）单音动词“除”与双音动词“除去”同义相对于前后句定中宾“一病”与“七病”前作动语；例（4）动词“除去”在形宾“危难”前作动语。

中古初期，在汉译佛经中，动词结构“除去”词汇化为动词的很多，常在宾语前作动语，表示“除掉、消除”意义。例如：

（1）到已除去坐具，于露地布坐具。（安世高译《阿难同学经》）

（2）除去睡阴盖，莫呼佛常在。（《六度集经》卷六）

（3）除去众想，佛无色貌，离于相好。（竺法护译《仁贤经》）

（4）除去欲贪，放逸恩爱。（《大哀经》卷七）

（5）除去自大，身常卑顺。（《兴显经》卷一）

上举例（1）动词“除去”在定中宾“坐具”前作动语；例（2）动词“除去”在定中宾“睡阴盖”前作动语；例（3）动词“除去”在定中宾“众想”前作动语；例（4）动词“除去”在动宾“欲贪”前作动语；例（5）动词“除去”在形宾“自大”前作动语。

3. 动词“除去”虚化的基础

上古末期，动词结构“除去”词汇化为双音动词后，常在复句前个动宾分句之首作动语，后带名词性宾语，表示“除去”某种事物；后个分句表示前个分句“除去”某种事物后产生的结果；前后两个分句均为除去对象与结果语义关系。例如：

（1）除去天地之害，谓之义。（《礼记·经解》）

（2）除去收帑污秽之罪，使各反其乡里。（贾谊《过秦论》）

（3）除去与《新序》复重者，其余者浅薄不中义理。（刘向《说苑叙录》）

上举例（1）动词“除去”在前个动宾分句之首作动语，后带定中宾“天地之害”；例（2）动词“除去”在前个动宾分句之首作动语，后带定中宾“收帑污秽之罪”；例（3）动词“除去”在前个动宾分句之首作动语，后带“者”字结构宾“与《新序》复重者”，例中后个分句都表示前个分句除去某种事物后所产生的结果，前后两个分句均为除去对象与结果语义关系。

中古初期，在汉文典籍高频率的语用中，动词“除去”常在复句前个动宾分句之首作动语，后带名词性宾语，表示“除去”某种事物；后个分句表示前个分句“除去”某种事物后产生的结果；前后两个分句是除去对象与结果语义关系。例如：

（1）除去秦地，而齐乃与诸侯计利便也。（《汉书·高帝纪》）

（2）除去灾变，安天下。（《太平经》卷四十六）

（3）除去桎梏，狱讼勿考。（东汉·李尤《中东门铭》）

（4）除去汤武圣人之君任贤之功，近观齐桓中才之主耳。（曹魏·杜恕《君第一》）

上举例（1）动词“除去”在前个动宾分句之首作动语，后带定中宾“秦地”；例（2）动词“除去”在前个动宾分句之首作动语，后带定中宾“灾变”；例（3）动词“除去”在前个动宾分句之首作动语，后带名宾“桎梏”；例（4）动词“除去”在前个动宾分句之首作动语，后带定中宾“汤武圣人之君任贤之功”，例中后个分句都表示前个分句“除去”某种事物后产生的结果，前后两个分句均为除去对象与结果语义关系。

中古初期，在汉译佛经中动词“除去”应用频率很高，多在复句前个动宾分句之首作动语，后带名词性宾语，表示“除去”某种人或事物；后个分句表示前个分句“除去”某种事物后产生的结果；前后两个分句是除去对象与结果语义关系。例如：

（1）除去七病，得七福报。（安世高译《温室经》）

（2）除去睡阴之盖，当造光明智慧之本。（《六度集经》卷六）

（3）除去臭秽身，得成为沙门。（支谦译《百缘经》）

（4）除去阴盖，逮致三昧。（《一切智德经》卷四）

（5）除去欲尘魔，故得无忧患。（《普曜经》卷六）

上举例（1）动词“除去”在定中宾“七病”前作动语；例（2）动词“除去”在前个动宾分句之首作动语，后带定中宾“睡阴之盖”；例（3）动词“除去”在定中宾“臭秽身”前作动语；例（4）动词“除去”在定中宾“阴盖”前作动语；例（5）动词“除去”在定中宾“欲尘魔”前作动语，例中后个分句都表示前个分句“除去”某种事物后所产生的结果，前后两个分句均为除去对象与结果语义关系。

上古末中古初，在复句前个动宾分句之首作动语的“除去”为其动词介词化提供了先决条件，动词“除去”就是于前个动宾分句动语位置上逐渐实现语法化而由涉物动词虚化为引物介词的。

4. 动词“除去”虚化为介词

中古以降，在语音、语位、语法、语义、语用五个条件的相互作用下，动词“除去”开始于复句前个动宾分句之首动语位置上逐渐语法化而由涉物动词逐渐虚化为引物介词，由在名性宾语前作动语逐渐虚化为在名性宾语前作介语，其所在由动宾结构逐渐转变为介宾结构，由作复句前个分句逐渐演化为作后句的句首状语。

中古前期，在两晋汉译佛经高频率的应用中，动词“除去”语法化为介词的较多，一般与名词性语词构成介宾结构在谓语句前作句首状语，引介人物动作行为所排除的对象。例如：

（1）除去一切凡常人类，亦复不闻女人之声。（《除盖障菩萨所问经》卷二十）

（2）除去皮肉外诸不净及白骨，唯观心识在何处住。（《长阿含经》卷十二）

（3）菩萨尔时，除去皮肉，唯观白骨。（《涅槃经》卷十二）

（4）除去出家事，余皆无所惜。（《大庄严经》卷六）

（5）除去一切人，悉解诸系缚。（《自说本起经》卷八）

（6）除去一切尘劳罪事，皆以能达众生之义。（《度世品经》卷二）

上举例（1）介词“除去”与定中宾“一切凡常人类”组成介宾结构作句首状语，引介人物“亦复不闻女人之声”所“排除”的对象。例（2）介词“除去”与并列宾“皮肉外诸不净及白骨”组成介宾结构作句首状语，引介诸沙门婆罗门“唯观心识在何处住”所“排除”的对象；动宾“观心识在何处住”前有副状“唯”限定范围，表示状语与中心语是排除对象与唯一结果语义关系。例（3）介词“除去”与并列名宾“皮肉”组成介宾结作句首状语，引介菩萨“唯观白骨”所“排除”的对象；动宾“观白骨”前有副状“唯”限定范围，表示状语与中心语是排除对象与唯一结果语义关系。例（4）介词“除去”与定中宾“出家事”组成介宾结构作句首状语，引介大王“皆无所惜”所排除的对象；主语“余”后、动宾“无所惜”前有总括副状“皆”表示全部范围，表示状语与中心语是排除对象与全部结果语义关系。例（5）介词“除去”与定中宾“一切人”组成介宾结构作句首状语，引介佛“悉解诸系缚”所排除的对象；动宾“解诸系缚”前有总括副状“悉”表示全部范围，表示状语与中心语是排除对象与全部结果语义关系。例（6）介词“除去”与定中宾“一切尘劳罪事”组成介宾结构作句首状语，引介菩萨“皆以能达众生之义”所排除的对象；状动宾“以能达众生之义”前有总括副状“皆”表示全部范围，表示状语与中心语是排除对象与全部结果语义关系。

中古晚期，在佛教文献与汉文典籍频繁的语用中，动词“除去”于动宾分句动语位置上继续语法化，由涉物动词继续虚化为引物介词，由在名性宾语前作动语继续转化为在名性宾语前作介语，其所在的动宾结构分句继续转变为介宾结构，由作复句后个结果分句的前个分句继续演化为作其后句子的句首状语。例如：

（1）除去“问岐伯曰余”五字并“问”字上所空二格外，下共缺一百零一字，应空一百零一格。（隋·杨上善编注《黄帝内经太素·针之二刺法》）

（2）除去繆，直是铭长三尺也。（唐·孔颖达《毛诗注疏》卷十）

（3）金矿精加铸炼，除去砂砾，唯有真金。（《大宝积经》卷二十）

（4）除去皮肤，唯有心实，坚固而住。（《大宝积经》卷六十一）

（5）除却蓑衣，无可传。（唐·释德诚《拨棹歌》）

（6）除去诸恶山石草木，处处示现诸劫波树、流泉、浴池。（《宝雨经》卷十）

（7）除去一切床座资具及诸侍者卫门人等，唯置一床。（《说无垢称经》卷三）

上举例（1）介词“除去”与并列名宾“‘问岐伯曰余’五字并‘问’字上所空

二格”构成介宾结构与方位名词“外”形成介方构式作句首状语，引介《黄帝内经太素》“下共缺一百零一字”所“排除”的对象。例（2）介词“除去”与名宾“緣”构成介宾结构作句首状语，引介名宾“直是长三尺”所“排除”的对象；动宾前有副状“直（只）”限定范围，表示状语与中心语是排除对象与唯一结果语义关系。例（3）介词“除去”与名宾“砂砾”构成介宾结构作句首状语，引介金矿“唯有真金”所“排除”的对象；动宾句前有副状“唯”限定范围，表示状语与中心语是排除对象与唯一结果语义关系。例（4）介词“除去”与名宾“皮肤”构成介宾结构作句首状语，引介身“唯有心实”所“排除”的对象；动宾“有心实”前有副状“唯”限定范围，表示状语与中心语是排除对象与唯一结果语义关系。例（5）介词“除却”与名宾“蓑衣”构成介宾结构作句首状语，引介禅师再“无可传（法物）”所“排除”的对象，表示状语与中心语是排除对象与唯一结果语义关系。例（6）介词“除去”与定中宾“诸恶山石草木”组成介宾结构作句首状语，引介三千大千世界“处处示现诸劫波树、流泉、浴池”所“排除”的对象；动宾前有周遍副词“处处”作状语，表示状语与中心语是排除对象与普遍结果语义关系。例（7）介词“除去”与并列名宾“一切床座资具及诸侍者卫门人等”构成介宾结构作句首状语，引介“唯置一床”所“排除”的对象；动宾“置一床”前有副状“唯”限定范围，表示状语与中心语是排除对象与唯一结果语义关系。

近古前期，在长期反复的语用中，动词“除去”于动宾分句动语位置上继续词汇语法化，由涉物动词继续虚化为引物介词，由在名性宾语前作动语继续转化为在名性宾语前作介语，其所在的动宾结构分句继续转变为介宾结构，由作复句后个结果分句的前个分句继续演化为作其后句子的句首状语。例如：

（1）仰便据年额请免，除去簿书，不得更行文牒。（李僎《南郊赦文》）

（2）除去一分外，所存三分，有八十一分。（南宋·赵彦卫《云麓漫钞》卷四）

（3）程易除去解《易》文义处，只单说道理处。（《朱子语类》卷六十七《程子易传》）

上举例（1）介词“除去”与定中宾“簿书”组成介宾结构作句首状语，引介人物“不得更行文牒”所“排除”的对象；例（2）介词“除去”与数量宾“一分”组成的介宾结构后与方位名词“外”形成介方构式作句首状语，引介“所存三分，有八十一分”所“排除”的对象；例（3）介词“除去”与定中宾“解《易》文义处”组成介宾结构作句首状语，引介程易“只单说道理处”所“排除”的对象，后句首有副状“只单”限定范围，表示状语与中心语是排除对象与唯一结果语义关系。

近古晚期，在口语较强的文献中，动词“除去”于动宾分句之首动语位置上多实现了语法化，由涉物动词虚化为引物介词，由在名性宾语前作动语转变为在名性宾语前作介语，其所在的动宾结构转化为介宾结构，由作后个分句的前个分句演变为作其后句子的状语。例如：

（1）除去盘缠使用，足足赚个对合有余。（《醒世恒言》卷三十五）

（2）除去佞臣，吾等皆愿效命于朝廷也。（《杨家将》第五回）

（3）除去棺价六十，交与如玉一百六十两。（《绿野仙踪》第四十二回）

（4）除去贾赦入官的人，尚有三十余家共男女二百十二名。（《红楼梦》第一百零六回）

（5）除去柴米，还做得甚么事！（《儒林外史》第五十五回）

（6）除却勤俭二字，别无做法。（《曾国藩家书》第十二章《治家》）

（7）除去民权学堂的学生，真正他们同志也就有限了。（《文明小史》第二十六回）

上举例（1）介词“除去”与定中宾“盘缠使用”组成介宾结构作句首状语，引介人物“足足赚个对合有余”所“排除”的对象；例（2）介词“除去”与名宾“佞臣”组成介宾结构作句首状语，引介吾等“皆愿效命于朝廷”所“排除”的对象；例（3）介词“除去”与定中宾“棺价六十”组成介宾结构作句首状语，引介人物“交与如玉一百六十两”所“排除”的对象；例（4）介词“除去”与定中宾“贾赦入官的人”组成介宾结构作句首状语，引介贾府被抄入官者“尚有三十余家共男女二百十二名”所“排除”的对象；例（5）介词“除去”与并列名宾“柴米”组成介宾结构作句首状语，引问人物“还做得甚么事”所“排除”的对象；例（6）介词“除却”与定中宾“勤俭二字”组成介宾结构作句首状语，引介人物“别无做法”所“排除”的对象；例（7）介词“除去”与定中“民权学堂的学生”组成介宾结构作句首状语，引介人物“真正他们同志也就有限”所“排除”的对象。

近古晚期，在口语较强的文献中，介宾结构“除去X”常与方位名词“外（之外、以外、的话）”形成介方构式“除却X外（之外、以外、的话）”作句首状语，表示人物行为、事物性状所“排除”的对象。

（1）内，除去不真的外，有三十事，得《大明历》入转后天。（《元史·郭守敬传》）

（2）除去一万银子之外，我还要有个条件。（《案中冤案》第十四章）

（3）除去二寨主之外，你还认识别位吗？（《三侠剑》第一回）

（4）除去兴儿之外，就是三班六房。(《彭公案》第七回)

（5）除去外国的话，我却不知。(《七剑十三侠》第二十一回)

（6）一路除去盘费之外，尚有白银二百余两。(《康熙侠义传》第五回)

（7）诵咒时，除去上述各要项外，有捏决一事也很重要。(《符咒秘法·诵咒捏决》)

上举例（1）介方构式“除去不真的外”在句首方位状语“内”后作状语，介词“除去”引介“有三十事”所“排除”的对象“不真的（事）”；例（2）介方构式“除去一万银子之外”在句前作状语，介词“除去”引介“我还要有个条件”所“排除”的对象“一万银子”；例（3）介方构式“除去二寨主之外”在句前作状语，介词“除去”引问“你还认识别位吗”所“排除”的对象“二寨主”；例（4）介方构式“除去兴儿之外”在句前作状语，介词“除去”引介“就是三班六房”所“排除”的对象“兴儿”；例（5）介方构式“除去外国的话”在句前作状语，介词“除去”引介“我却不知”所“排除”的对象“外国”；例（6）介方构式“除去盘费之外”在句前作状语，介词“除去”引介“尚有白银二百余两”所“排除”的对象“盘费”；例（7）介方构式“除去上述各要项外”在句前时间状语“诵咒时”后作状语，介词“除去”引介“有捏决一事也很重要”所“排除”的对象“上述各要项”。

（二）动词结构“除却”动词化与介词化

1. 动词结构“除却”语法语义

中古以降，在汉译佛经中，两个单音动词“除”与“却”开始同义构成双音“动＋动”并列结构“除却”，常在句中作谓语，表示两个相同的“除掉、除去”意义。例如：

（1）因欲犯者，名为小犯，难得除却。(《决定毗尼经》一卷)

（2）有利者令入，无益者除却。(《大智度论》卷十九)

（3）叶叶除却，不得坚实。(《摩诃般若经》卷二十四)

（4）瞋恼心生，即应除却。(《禅法要解》卷上)

（5）所生诸虫，终不除却。(《正法念经》卷四十六)

（6）或有他患，皆能除却。(《大集经》卷三十九)

上举例（1）动词结构“除却”在情态副状“难”与能愿状“得”后作谓语；例（2）动词结构“除却”在主语“无益者”后作谓语；例（3）动词结构“除却”在名主语“叶叶”后作谓语；例（4）动词结构“除却”在时间副状“即”与能愿状

“应”后作谓语；例（5）动词结构“除却”在副状“终不”后作谓语；例（6）动词结构“除却”在总括副状“皆”与能愿状“能”后作谓语。

中古以降，在汉译佛经中，双音“动＋动”并列结构“除却”常在句子谓词性宾语前作动语，表示两个相同的“除掉、除去”意义。例如：

（1）发起萌类，除却放逸。（《慧上菩萨问大善权经》卷上）

（2）当先庄严房室，除却污秽。（《大智度论》卷四）

（3）是人于乐受中除却爱结。（《持世经》卷一）

（4）除却障碍，消灭烦恼。（《大集经》卷十一）

（5）我今相为除却彼怨。（《正法念经》卷四十八）

（6）不自矜高，除却憍慢。（《无上依经》卷下）

上举例（1）动词结构“除却”在动宾“放逸”前作动语；例（2）动词结构“除却”在形宾“污秽”前作动语；例（3）动词结构“除却”在动宾“爱结”前作动语；例（4）动词结构“除却”与“消灭”同义并列在前后句动词“障碍”与“烦恼”前作动语；例（5）动词结构“除却”在定中宾“彼怨”前作动语；例（6）动词结构“除却”在形宾“憍慢”前作动语。

2. 动词结构“除却”动词化

中古中期，在汉译佛经高频率的语用中，动词结构“除却”开始词汇化，由双音“动＋动”结构逐渐固化为一个双音动词，由表示两个相同的“除掉、除去”意义融合为表示一个“除掉、除去”意义，在句中常位于名词性宾语前作动语。例如：

（1）此人亦除却八十亿劫生死之罪。（《观佛经》卷二）

（2）我欲往洗，即时除却余人。（《十诵律》卷十六）

（3）填平坑壍，除却守人。（《中阿含经》卷二十五）

（4）利益人物，除却怨贼。（《大智度论》卷四十六）

（5）王即下舆，除却仪饰。（《因果经》卷四）

（6）扫治街巷，除却瓦砾。（《月灯三昧经》卷二）

上举例（1）动词“除却”在定中宾“八十亿劫生死之罪”前作动语；例（2）动词“除却”在定中宾“余人”前作动语；例（3）动词“除却”在定中宾“守人”前作动语；例（4）动词“除却”在定中宾“怨贼”前作动语；例（5）动词“除却”在定中宾“仪饰”前作动语；例（6）动词“除却”在名宾“瓦砾”前作动语。

中古中期，在汉译佛经中，双音动词“除却”常在复句前个动宾分句之首作动语，后多带名词性宾语，表示“除掉、除去”意义。例如：

（1）除却四十万劫生死之罪，又得亲近九十亿佛。（《出生菩萨经》一卷）

（2）除却侍卫，脱诸仪服，前太子所。（《因果经》卷三）

（3）除却何法，获无忧？（《别译杂阿含经》一卷）

（4）除却汝等疑网之心，不晌菩萨既蒙听许。（《大集经》卷七）

（5）除却法悭，终不作灭佛法因缘。（《宝云经》卷四）

（6）除却三垢犹如眼，世间离垢眼普净。（《诸法行经》卷四）

上举例（1）动词“除却”在定中宾“四十万劫生死之罪”前作动语；例（2）动词“除却”在名宾“侍卫”前作动语；例（3）动词“除却”在定中宾“何法”前作动语；例（4）动词“除却”在定中宾“汝等疑网之心”前作动语；例（5）动词“除却”在动宾“法悭”前作动语；例（6）动词“除却”在定中宾“三垢”前作动语。

3. 动词“除却”虚化的基础

中古中期，在汉译佛经中，双音动词“除却”常在复句前个动宾分句之首作动语，后带名词性宾语，表示“除去”某种人或事物；后个分句表示前个分句“除去”某种人或事物后产生的结果，前后两个分句为除去对象与结果语义关系。例如：

（1）除却邪态八十四姤，定意一心是为端正。（东晋·昙无兰译《玉耶经》）

（2）除却千劫极重恶业，后世生处心无所著。（《观佛经》卷四）

（3）除却五十一劫生死之业，命终之后得生梵世。（《千佛因缘经》一卷）

（4）除却五盖，其心安隐，清净快乐。（《大智度论》卷一十七）

（5）除却形色，廓然无像，令其空心虚静。（《注维摩诘经》卷九）

（6）除却一切女身，乃至菩提般涅槃更不复受。（《大乘悲分陀利经》卷四）

上举例（1）动词“除却”在动宾分句之首作动语，后带定中宾“邪态八十四姤”；例（2）动词“除却”在前个动宾分句之首作动语，后带定中宾“千劫极重恶业”；例（3）动词“除却”在前个动宾分句之首作动语，后带定中宾“五十一劫生死之业”；例（4）动词“除却”在前个动宾分句之首作动语，后带定中宾“五盖”；例（5）动词“除却”在前个动宾分句之首作动语，后带并列名宾“形色”；例（6）动词“除却”在前个动宾分句之首作动语，后带定中宾“一切女身”，例中后个分句都表示在前个分句“除去”某种人或事物后产生的结果，前后两个分句均为除去对象与结果语义关系。

中古中期，在汉语佛经中，除去对象与结果语义关系复句前个动宾分句是动词

"除却"语法化的基础，动词"除却"就是在除去对象与结果语义关系复句前个动宾分句之首动语位置上逐渐实现了语法化，由涉物动词逐渐虚化为引物介词，由在名性宾语前作动语逐渐演化为在名性宾语前作介语，其所在由动宾结构转变为介宾结构而由作后个结果分句的前个分句转化为作其后句子的句首状语。

4. 动词"除却"虚化为介词

中古中期，在佛教文献高频率的语用中，动词"除却"在复句前个动宾分句之首动语位置上开始语法化，由涉物动词虚化为引物介词，由位于名词性宾语前作动语转化为位于名词性宾语前作介语，与其后名词性语词构成介宾结构在谓语句前作状语，其后谓语前常有限定副词"唯、但、只、纯"作状语，表示状语与中心语为排除对象与唯一结果语义关系。例如：

（1）除却汝国三十五亿，唯留一亿与一舍利。(《阿育王传》卷一）

（2）除却众人，唯有一人着故弊衣在佛前坐听法。(《十诵律》卷十八）

（3）除却本生、阿波陀那，但取要用作十部。(《大智度论》卷一百）

（4）心眼观察额上一寸，除却皮肉，但见赤骨。(《思惟经》一卷）

（5）除却男子，纯与女人五乐自娱。(《毗婆沙论》卷三十二）

上举例（1）介词"除却"与定中宾"汝国三十五亿"组成介宾结构作句首状语，引介"唯留一亿与一舍利"所"排除"的对象；例（2）介词"除却"与名宾"众人"组成介宾结构作句首状语，引介"唯有一人着故弊衣在佛前坐听法"所"排除"的对象；例（3）介词"除却"与并列名宾"本生、阿波陀那"组成介宾结构作句首状语，引介"但取要用作十部"所"排除"的对象；例（4）介词"除却"与名宾"皮肉"组成介宾结构作句首状语，引介"但见赤骨"所"排除"的对象；例（5）介词"除却"与名宾"男子"组成介宾结构作句首状语，引介"纯与女人五乐自娱"所"排除"的对象，例中后个谓语成分前分别有副状"唯"、"但"、"纯"限定谓语行为状态的范围，表示前后两个成分是排除对象与唯一结果语义关系。

中古末期，在唐代诗歌高频率的语用中，动词"除却"在动宾分句之首动语位置上多语法化为介词，由位于名词性宾语前作动语转化为位于名词性宾语前作介语，其所在由动宾结构演转化为介宾结构而由作后个主谓分句或谓语分句的前个分句转化为作后个主谓句或谓语句的句首状语，由表示复句两个分句为"除去"条件与结果语义关系演化为表示单句状语与中心语排除对象与行为状态语义关系。

在中唐白居易诗歌前句诗首动语位置上，动词"除却"多语法化为介词，与其后名性语词构成介宾结构作句首状语，语义指向其后的诗句，引介其后诗句表示的人物行为、事物状态所“排除”的对象。例如：

（1）除却三山五天竺，人间此会更应无。（白居易《吴、吉、郑、刘、卢、张等六贤……纪之传好事者》）

（2）除却崔常侍，无人共我争。（白居易《七年元日对酒五首》之三）

（3）除却玄晏翁，何人知此味。（白居易《寄皇甫宾客》）

（4）除却刘与吴，何人来问我。（白居易《懒放二首，呈刘梦得、吴方之》之二）

（5）除却余杭白太守，何人更解爱君闲。（白居易《题石山人》）

（6）除却吟诗两闲客，此中情状更谁知？（白居易《奉和思黯……呈梦得》）

（7）除却悠悠白少傅，何人解入此中来。（白居易《题龙门堰西涧》）

上举例（1）介词“除却”与并列名宾“三山五天竺”组成介宾结构作句首状语，引介“人间此会更应无”所“排除”的对象；例（2）介词“除却”与名宾“崔常侍”组成介宾结构作句首状语，引介“无人共我争”所“排除”的对象；例（3）介词“除却”与名宾“玄晏翁”构成介宾结构作句首状语，引介“何人知此味”所“排除”的对象；例（4）介词“除却”与并列名宾“刘与吴”组成介宾结构作句首状语，引介“何人来问我”所“排除”的对象；例（5）介词“除却”与定中宾“余杭白太守”组成介宾结构作句首状语，引介“何人更解爱君闲”所“排除”的对象；例（6）介词“除却”与定中宾“吟诗两闲客”组成介宾结构作句首状语，引介“此中情状更谁知”所“排除”的对象；例（7）介词“除却”与定中宾“悠悠白少傅”组成介宾结构作句首状语，引介“何人解入此中来”所“排除”的对象。

中古末期，在中唐诗歌高频率语用中，动词“除却”或在后句诗首动语位置上虚化为介词，与名性语词构成介宾结构作句首状语，语义指向其后的谓语成分，引介谓语表示的人物行为、事物状态所“排除”的对象。例如：

（1）旋翻新谱声初足，除却梨园未教人。（王建《霓裳辞十首》之四）

（2）曾经沧海难为水，除却巫山不是云。（元稹《离思五首》之四）

（3）同年同病同心事，除却苏州更是谁？（白居易《寄刘苏州》）

（4）知君暗数江南郡，除却余杭尽不如。（白居易《答微之夸越州州宅》）

（5）曾游仙迹见丰碑，除却麻姑更有谁？（刘禹锡《麻姑山》）

上举例（1）介词“除却”与名宾“梨园”构成介宾结构作状语，引介“未教人”所“排除”的对象；例（2）介词“除却”与名宾“巫山”组成介宾结构作状语，引介“不是云”所“排除”的对象；例（3）介词“除却”与名宾“苏州”组成介宾结构作状语，引介“更是谁”所“排除”的对象；例（4）介词“除却”与名宾“余杭”组成介宾结构作状语，引介“尽不如”所“排除”的对象；例（5）介词“除却”与名宾“麻姑”组成介宾结构作状语，引介“更有谁”所“排除”的对象。

近古初期，在晚唐五代佛教文献中，动词“除却”于复句前个动宾分句之首动语位置上多语法化为介词，与名性语词构成介宾结构作句首状语，语义指向其后的主谓句或谓语句，引介人物行为、事物状态所“排除”的对象。例如：

（1）除却虚日，在路行正得卅四日也。（《入唐求法巡礼行记》卷三）

（2）除却两人，降此已下任你大悟去。（《祖堂集》卷四）

（3）除却今日，别更有时也无？（《祖堂集》卷九）

（4）除却这个色，还更有色也无？（《祖堂集》卷十八）

（5）除却这里，别更有意旨不？（《祖堂集》卷十八）

上举例（1）介词“除却”与时间名宾“虚日”组成介宾结构作句首状语，引介“路行正得卅四日”所“排除”的时间；例（2）介词“除却”与定中宾“两人”组成介宾结构作句首状语，引介“降此已下任你大悟去”所“排除”的对象；例（3）介词“除却”与时间名宾“今日”组成介宾结构作句首状语，引介“别更有时也无”所“排除”的时间；例（4）介词“除却”与定中宾“这个色”组成介宾结构作句首状语，引介“还更有色也无”所“排除”的对象；例（5）介词“除却”与定中宾“这里”组成介宾结构作句首状语，引介“别更有意旨不”所“排除”的对象。

近古初期，在晚唐五代北宋诗词中，动词“除却”于前个动宾分句动语位置上多语法化为介词，与名性语词组成介宾结构作句首状语，语义指向其后的谓语句或主谓句，引介人物行为、事物性状所“排除”的对象。例如：

（1）除却阴符与兵法，更无一物在仪床。（曹唐《哭陷边许兵马使》）

（2）除却洛阳才子后，更谁封恨吊《怀沙》。（褚载《相逢多是醉》）

（3）除却栖禅客，谁非南陌人。（李频《友人话别》）

（4）除却天边月，没人知。（韦庄《女冠子》）

（5）除却五侯歌舞地，人间何处不相随？（石象之《咏愁》）

（6）除却虚名外物，不知文太师何以加此。（苏轼《与王庆源十三首》之四）

（7）除却幽花软草，此情未许人知。（吕渭老《木兰花慢·石榴花谢了》）

上举例（1）介词“除却”与并列名宾“阴符与兵法”组成介宾结构作句首状语，引介“更无一物在仪床”所“排除”的对象；例（2）介词“除却”与定中宾“洛阳才子”组成介宾结构作句首状语，引介“更谁封恨吊《怀沙》”所“排除”的对象；例（3）介词“除却”与定中宾“栖禅客”组成介宾结构作句首状语，引介“谁非南陌人”所“排除”的对象；例（4）介词“除却”与定中宾“天边月”组成介宾结构作句首状语，引介“没人知”所“排除”的对象；例（5）介词“除却”和定中宾“五侯歌舞地”组成介宾结构作句首状语，引介“人间何处不相随”所“排除”的对象；例（6）介词“除却”和并列名宾“虚名外物”构成介宾结构作句首状语，引介“不知文太师何以加此”所“排除”的对象；例（7）介词“除却”和并列名宾“幽花软草”组成介宾结构作句首状语，引介“此情未许人知”所“排除”的对象。

近古初期，在晚唐五代北宋诗词中，动词“除却”于后句诗首动语位置上多虚化为介词，与名性语词构成介宾结构作句首状语，语义指向其后的谓语成分，引介谓语所表示的动作行为或性状变化“排除”的对象。例如：

（1）交游话我凭君道，除却鲈鱼更不闻。（杜牧《卢秀才将出……江南相逢赠别》）

（2）轻如隐起腻如饴，除却鲛工解制稀。（皮日休《奉酬鲁望见答鱼笺之什》）

（3）三梁四柱列火然，除却双勾两日全。（佚名《大明寺壁语》）

（4）坐中若打占相令，除却尚书莫点头。（洛中举子《又赠》）

（5）若教为女嫁东风，除却黄莺难匹配。（庾传素《木兰花》）

（6）如今休听长安事，除却云山总不思。（王松《宿山寺偶题》）

（7）阳关三叠君须秘，除却胶西不解歌。（苏轼《和孔密州五绝》）

上举例（1）介词“除却”与名宾“鲈鱼”组成介宾结构作句首状语，引介“更不闻”所“排除”的对象；例（2）介词“除却”与名宾“鲛工”组成介宾结构作句首状语，引介“解制稀”所“排除”的对象；例（3）介词“除却”与定中宾“双勾”组成介宾结构作句首状语，引介“两日全”所“排除”的对象；例（4）介词“除却”与名宾“尚书”组成介宾结构作句首状语，引介“莫点头”所“排除”的对象；例（5）介词“除却”与名宾“黄莺”组成介宾结构作句首状语，引介“难匹配”所“排除”的对象；例（6）介词“除却”与名宾“云山”组成介宾结构作句首状语，引介“总不思”所“排除”的对象；例（7）介词“除却”与定中宾“胶西”组成介宾结构作句首状语，引介“不解歌”所“排除”的对象。

近古初期，在晚唐五代文献中，介宾结构“除却X”常与方位名词“外”形成介方构式“除却X外”作句首状语，表示人物行为或事物性状所“排除”的对象。此类多出现于晚唐五代诗词中，少出现于佛教文献中。例如：

（1）除却数函图籍外，更将何事结良朋。（陆龟蒙《奉和袭美卧疾感春见寄次韵》）

（2）除却数般伤痛外，不知何事及王孙。（陆龟蒙《徐方平后闻赦因寄袭美》）

（3）除却伴谈秋水外，野鸥何处更忘机。（陆龟蒙《酬袭美夏首病愈见招次韵》）

（4）除却今年仙侣外，堂堂又见两三春。（赵嘏《成名年献座主仆射兼呈同年》）

（5）除却祖师心法外，浮生何处不堪愁。（韩偓《游江南水陆院》）

（6）除却扬眉动目一切之事外，直将心来。（《祖堂集》卷五）

上举例（1）介词“除却”引介“更将何事结良朋”所“排除”的对象“数函图籍”；例（2）介词“除却”引介“不知何事及王孙”所“排除”的对象“数般伤痛”；例（3）介词“除却”引介主动宾“野鸥何处更忘机”所“排除”的对象“伴谈秋水”；例（4）介词“除却”引介“又见两三春”所“排除”的对象“仙侣”；例（5）介词“除却”引介“浮生何处不堪愁”所“排除”的对象“祖师心法”；例（6）介词“除却”引介“直将心来”所“排除”的对象“扬眉动目一切之事”。

近古中期，在南宋金元诗词曲令高频率语用中，动词“除却”多于前个动宾分句动语位置上虚化为介词，与名性语词构成介宾结构作句首状语，语义指向其后的谓语句或主谓句，引介谓语句或主谓句所表示的人物行为或事物性状“排除”的对象。此类多出现在南宋诗词中，少出现于元代剧曲小令中。例如：

（1）除却清风并皓月，脉脉此情谁识。（朱敦儒《念奴娇·别离情绪》）

（2）除却衰翁和月，更谁知。（范成大《虞美人·落梅时节冰轮满》）

（3）除却西湖句子，此后无诗。（徐鹿卿《汉宫春·和冯宫教咏梅》）

（4）除却五车书，都无物。（辛弃疾《满江红·寿赵茂嘉郎中》）

（5）除却故人曹孟德，更与谁争。（刘辰翁《浪淘沙·秋夜感怀》）

（6）除却五侯门，无车迹。（侯置《满江红·老矣何堪》）

（7）除却渠侬，没事多。（沈瀛《减字木兰花·以下竹斋侑酒辞》）

（8）除却西湖，不记谁家。（赵师侠《一剪梅·莆中赏梅》）

（9）除却灵均，兰佩荷衣，谁制谁纫？（阿鲁威《大司命》）

上举例（1）介词“除却”与并列名宾“清风并皓月”组成介宾结构作句首状语，引介“脉脉此情谁识”所“排除”的对象；例（2）介词“除却”与并列名宾

“衰翁和月”组成介宾结构作句首状语，引介“更谁知”所“排除”的对象；例（3）介词“除却”与定中宾“西湖句子”组成介宾结构作句首状语，引介“此后无诗”所“排除”的对象；例（4）介词“除却”与定中宾“五车书”组成介宾结构作句首状语，引介“都无物”所“排除”的对象；例（5）介词“除却”与定中宾“故人曹孟德”组成介宾结构作句首状语，引介“更与谁争”所“排除”的对象；例（6）介词“除却”与定中宾“五侯门”组成介宾结构作句首状语，引介“无车迹”所“排除”的对象；例（7）介词“除却”与并列代宾“渠侬”组成介宾结构作句首状语，引介“没事多”所“排除”的对象；例（8）介词“除却”与名宾“西湖”组成介宾结构作句首状语，引介“不记谁家”所“排除”的对象；例（9）介词“除却”与名宾“灵均”组成介宾结构作句首状语，引介“兰佩荷衣，谁制谁纫”所“排除”的对象。

近古中期，在禅宗语录与《朱子语类》中，动词“除却”多于前个动宾分句动语位置上虚化为介词，常与名性语词构成介宾结构作句首状语，语义指向其后的谓语句或主谓句，引介谓语句或主谓句所表示的人物行为或事物性状“排除”的对象。例如：

（1）除却者两个，有百千万亿。（《古尊宿语录》卷十三）

（2）除却觅底病，狂心遂息。（《古尊宿语录》卷三十一）

（3）除却华山陈处士，何人不带是非行？（《五灯会元》卷十八）

（4）除却星与焰，那个是火？（《五灯会元》卷五）

（5）除却身，只是理。（《朱子语类》卷九十九《张子书二》）

（6）除却此四者，更有何物须是仁？（《朱子语类》卷六十八《易四》）

上举例（1）介词“除却”与定中宾“者两个”组成介宾结构作句首状语，引介“有百千万亿”所“排除”的对象；例（2）介词“除却”与定中宾“觅底病”组成介宾结构作句首状语，引介“狂心遂息”所“排除”的对象；例（3）介词“除却”与定中宾“华山陈处士”组成介宾结构作句首状语，引介“何人不带是非行”所“排除”的对象；例（4）介词“除却”与并列名宾“星与焰”组成介宾结构作句首状语，引问“那个是火”所“排除”的对象；例（5）介词“除却”与名宾“身”组成介宾结构作句首状语，引介“只是理”所“排除”的对象；例（6）介词“除却”与定中宾“此四者”组成介宾结构作句首状语，引问“更有何物须是仁”所“排除”的对象。

近古中期，在南宋金元诗词与禅宗语录等文献中，动词“除却”于后句动宾分句动语位置上多虚化为介词，常与名性语词构成介宾结构作句首状语，语义指向其后的谓语成分，引介谓语所表示的动作行为或性状变化“排除”的对象。例如：

（1）短篷炊饮鲈鱼熟，除却松江枉费诗。（辛弃疾《鹧鸪天·送欧阳国瑞入吴中》）

（2）水晶宫畔西湖上，除却两邦无此情。（周必大《池阳四咏》其二）

（3）不知何事未还乡，除却青春谁作伴。（赵长卿《玉楼春·春半》）

（4）倾国称姝，除却扬州是无处。（向子諲《丑奴儿·采桑子》）

（5）曾经大海休夸水，除却须弥不是山。（《五灯会元》卷十六）

（6）秋声又比春□苦，除却渊明劝得谁。（金·李龏《秋日子规》）

（7）今人合笑古人拙，除却雅言都不知。（元好问《论诗三十首》）

上举例（1）介词“除却”与名宾“松江”组成介宾结构作句首状语，引介“枉费诗”所“排除”的对象；例（2）介词“除却”与定中宾“两邦”组成介宾结构作句首状语，引介“无此情”所“排除”的对象；例（3）介词“除却”与名宾“青春”组成介宾结构作句首状语，引介“谁作伴”所“排除”的对象；例（4）介词“除却”与名宾“扬州”组成介宾结构作句首状语，引介“是无处”所“排除”的对象；例（5）介词“除却”与名宾“须弥”组成介宾结构作句首状语，引介“不是山”所“排除”的对象；例（6）介词“除却”与名宾“渊明”组成介宾结构作句首状语，引问“劝得谁”所“排除”的对象；例（7）介词“除却”与名宾“雅言”组成介宾结构作句首状语，引介“都不知”所“排除”的对象。

近古中期，在南宋金元诗词与禅宗语录等文献中，介宾结构“除却X”常与方位名词“外”形成介方构式“除却X外”作句首状语，表示人物行为或事物性状所“排除”的对象。例如：

（1）除却江南黄九外，有何人敢与花酬酢。（刘克庄《贺新郎·用前韵赋黄荼蘼》）

（2）眼中除却壶山外，多是新知少旧知。（刘克庄《三月二十五日饮方校书园十绝》之四）

（3）此心除却嫦娥外，惟许崚嶒瘦影知。（方回《八月十五夜对月》）

（4）除却咸平处士外，何人更此筑吟庵。（方回《乙巳三月十五日……记之》）

（5）除却黄龙头角外，自余浑是赤斑蛇。（《五灯会元》卷十六）

（6）除却两个心腹之外，他人全皆不知。（《河防通议》卷下）

（7）除却君臣父子夫妇长幼外，皆入朋友之伦。（《读四书丛说》卷三）

上举例（1）介方构式“除却江南黄九外”在句首作状语，介词“除却”引介“有何人敢与花酬酢”所“排除”的对象“江南黄九”；例（2）介方构式“除却壶山外”在句首作状语，介词“除却”引介“多是新知少旧知”所“排除”的对象“壶山”；例（3）介方构式“除却嫦娥外”在句首主语“此心”后作状语，介词“除却”引介“惟许崚嶒瘦影知”所“排除”的对象“嫦娥”；例（4）介方构式“除却咸平处士外”在句首作状语，介词“除却”引介“何人更此筑吟庵”所“排除”的对象“咸平处士”；例（5）介方构式“除却黄龙头角外”在句首作状语，介词“除却”引介“自余浑是赤斑蛇”所“排除”的对象“黄龙头角”；例（6）介方构式“除却两个心腹之外”在句首作状语，介词“除却”引介“他人全皆不知”所“排除”的对象“两个心腹”；例（7）介方构式“除却君臣父子夫妇长幼外”在句首作状语，介词“除却”引介“皆入朋友之伦”所“排除”的对象“君臣父子夫妇长幼”。

近古晚期，在白话较强的文献中，动词“除却”于前个动宾分句动语位置上虚化为介词后，与名性语词构成介宾结构作句首状语，语义指向其后的谓语句或主谓句，引介人物行为或事物性状“排除”的对象。例如：

（1）除却万人雄，天下惟有我。（《鸣凤记》第十三出）

（2）除却下士心，都是拈花意。（《后西游记》第三十九回）

（3）古人中，除却柳下惠，只怕没有第二个人了。（《喻世明言》卷十三）

（4）秦观的文才，在大苏小苏之间，除却二苏，没人及得。（《醒世恒言》卷十一）

（5）除却书本子，则更无诗。（《姜斋诗话》下卷）

（6）除却上界真仙，无能当此剑锋。（《八仙得道》第二十一回）

（7）除却后山，万不能上去。（《施公案》第三百九十八回）

（8）除却世弟，他人竟配不上去结识五官。（《绘芳录》第二十八回）

上举例（1）介词“除却”与定中宾“万人雄”组成介宾结构作句首状语，引介“天下惟有我”所“排除”的对象；例（2）介词“除却”与定中宾“下士心”组成介宾结构作句首状语，引介“都是拈花意”所“排除”的对象；例（3）介词“除却”在句首状语“古人中”后与名宾“柳下惠”组成介宾结构作状语，引介“只怕没有第二个人”所“排除”的对象；例（4）介词“除却”与定中宾“二苏”组成介宾结构作句首状语，引介“没人及得”所“排除”的对象；例（5）介词“除却”与附缀名宾“书本子”组成介宾结构作句首状语，引介“则更无诗”所“排除”的对象；例（6）介词“除却”与定中宾“上界真仙”组成介宾结构作句首状语，引介

“无能当此剑锋”所“排除”的对象；例（7）介词“除却”与定中宾“后山”组成介宾结构作句首状语，引介“万不能上去”所“排除”的对象；例（8）介词“除却”与定中宾“世弟”组成介宾结构作句首状语，引介“他人竟配不上去结识五官”所“排除”的对象。

近古晚期，在白话较强的文献中，介宾结构“除却X”常与方位名词“外”形成介宾方外构式“除却X外”作句首状语，语义指向其后的句子，表示人物行为或事物性状所“排除”的对象。例如：

（1）除却天子之外，任是将相王侯地，吾可当之。（《地理人子须知》卷五《论曜星》）

（2）除却妄心之外，安有少许实法可得耶。（《楞严经文句》上卷）

（3）终朝终日，除却三餐之外，惟有吃烟的工夫。（《黑籍冤魂》第八回）

（4）除却凌烟诸叟外，登科一一是闲名。（黄道让《春日再游岳麓》）

（5）除却二三同志外，草堂韵事有谁知。（刘廷枚《西园杂咏》其二）

（6）除却将军之外，却没有第二人了。（《汉宫艳史》第一百一十四回）

上举例（1）介方构式“除却天子之外”在句首作状语，介词“除却”引介“任是将相王侯地，吾可当之”所“排除”的对象“天子”；例（2）介方构式“除却妄心之外”在句前作状语，介词“除却”引介“安有少许实法可得”所“排除”的对象“妄心”；例（3）介方构式“除却三餐之外”在句前作状语，介词“除却”引介“惟有吃烟的工夫”所“排除”的对象“三餐”；例（4）介方构式“除却凌烟诸叟外”在句前作状语，介词“除却”引介“登科一一是闲名”所“排除”的对象“凌烟诸叟”；例（5）介方构式“除却二三同志外”在句前作状语，介词“除却”引介“草堂韵事有谁知”所“排除”的对象“二三同志”；例（6）介方构式“除却将军之外”在句前作状语，介词“除却”引介“却没有第二人”所“排除”的对象“将军”。

动词结构“除去”开始形成于上古中晚期，其词汇化为动词始于上古末期，其完成动词化于中古中期；动词结构“除却”开始形成于中古初期，其词汇化为动词始于中古初期，其完成动词化于中古中期；中古中期，在排除条件与结果语义关系复句前个动宾分句动语位置上的“除去、除却”为其词汇语法化奠定了基础，动词“除去、除却”就是在排除条件与结果语义关系复句前个动宾分句动语位置上逐渐实现了语法化，由涉物动词逐渐虚化为引物介词，由在名性宾语前作动语逐渐演化为在名性宾语前作介语，其所在由动宾结构逐渐转变为介宾结构而由作后个结果分句的前个分句逐渐转化为作其后主谓句或谓语句的状语。中古中期介词“除去、去却”刚始产生，应用范围较窄、使用频率较低，近古晚期介词“除去”应用范围开始扩大、使用频率开始提高，在现代汉语中介词“除去”应用广泛、使用频率很高；中古末期介词“除却”应用范围开始扩大、使用频率开始提高，近古时期介词“除却”应用较广泛、使用频率较高，在现代汉语中介词“除却”应用范围越来越小，使用频率越来越低。

“除去、除却”结构动词化、动词介词化，是在语音、语位、语法、语义、语用五个条件的相互作用下实现的；汉语双音句节韵律是“除去、除却”结构动词化、动词介词化的制约条件，其由双音动词结构词汇化为双音动词、又由双音动词语法化为双音介词，均是在汉语双音句节韵律的制约下实现的；排除条件与结果语义关系复句前个“动＋名”动宾分句之首的动语位置，是“除去、除却”动词介词化的先决条件，动词“除去、除却”都是在排除条件与结果语义关系复句前个“动＋名”分句之首动语位置上实现介词化的；动词“除去、除却”之“除掉”语义是其语法化的基础条件，其都是在“除掉”语义基础上语法化为排除介词的；动词“除去、除却”所在的动宾结构是其介词化的必要条件，其均是在动宾结构向介宾结构的转化中实现动词介词化的；动词“除去、除却”语法化为排除介词均是人们在语言与言语应用中通过主观认知得以实现的，高频率的语用是其结构动词化、动词介词化的完成条件。

二、动词结构“依据/依照”动词化与介词化

依，本表动词“倚靠、依凭、依傍”义。《说文·人部》：“依，倚也。”《诗经·小雅·鱼藻》：“鱼在在藻，依于其蒲。”《国语·周语上》：“夫国必依山川。”《孙子·行军》：“凡处军相敌，绝山依谷。”动词“依”由“倚靠、依凭”义引申为“依据、依照”义。《诗经·商颂·那》：“既和且平，依我磬声。”《论语·述而》：“依于仁，游于艺。”《庄子·内篇·养生主》：“依乎天理，批大郤，道大窾，因其固然。”《荀子·修身》：“依乎法而又深其类。”西汉时期，动词“依”在连动结构第一个动语位置上开始语法化为介语，引介人物行事“依据、依照”的对象。司马相如《封禅文》：“依类托寓，谕以封峦。”刘向《别录》：“孔依壁内篇次及序为文，郑依贾氏所奏《别录》为次。”扬雄《太官令箴》：“初，扬雄依《虞箴》作十二州、二十五《官箴》。”

据，繁体写作“據”，本表动词“依扶、倚杖”义。《说文·手部》：“据，杖持也。”《周易·下经·困卦》：“据于蒺藜，乘刚也。”《庄子·杂篇·盗跖》：“据轼低头，不能出气。”《战国策·燕策一》：“冯几据杖，眄视指使。”动词“据”由“依扶、倚杖”义引申为“依靠、凭借”义。《诗经·邶风·柏舟》：“亦有兄弟，不可以据。”《左传·僖公五年》：“神必据我。”《史记·平原君虞卿列传》：“诚能据其势。”动词“据”由“依靠、凭借”义引申为“依据、根据”义。《论语·述而》：“志于道，据于德。”《韩非子·诡使》：“据法直言，名刑相当。”《战国策·楚策四》：“据本议制断君命。”《淮南子·主术训》：“据义行理而志不慑。”西汉以降，动词“据”在连动宾结构第一个动语位置上语法化为介词，位于名性语词前作介语，引介人物行事所“依据、依照”的对象。王莽《受宰衡上书》：“据元始三年，天下岁已复，官属宜皆置。”刘秀《行禘祫祭诏》：“宜据经典详为其制。”朱勃《诣阙上书理马援》：“今合录之，复据《东观记》补足三语。”郑玄《六艺论》：“据兹三义之说，易之道，广矣大矣。”

照，本义表动词“照射、照耀”义。《诗经·陈风·月出》：“月出照兮，佼人燎兮。”《周易·下经·恒卦》：“日月得天而能久照。”《战国策·齐策六》：“名高天下，光照邻国。”动词“照”由“照射、照耀”义引申为“照形、照影”义。《淮南子·齐俗训》：“夫明镜便于照形。”《晋书·王衍传》：“在车中揽镜自照。”李白《梦游天姥吟留别》：“湖月照我影，送我至剡溪。”动词“照”由“照影、照形”义引申为“对照、比照”义。《韩非子·外储说右下》：“夫人主之所以镜照者，诸侯之士徒也。”《淮南子·说山训》：“夫照镜见眸子，微察秋毫。”《后汉书·冯勤传》：“忠臣孝子，览照前世。”动词“照”由“对照、比照”义引申为“依照、按照”义。《金刚经旨赞》卷下：“清净色根，依照名眼。”《重雕补注禅苑清规》第五卷：“茶药照牌煞茶。”《福惠全书·筮仕部·起程》：“一一照号开记。”近古晚期，动词“照”于连动结构前个动语位置上语法化为介词，引介人物“依据”某事物而行事。《西游记》第十回：“依前披挂，照样画了，贴在门上。”《牡丹亭》第四十七出：“要你南朝照样打造一付送我。”《金瓶梅》第十三回：“整衣而起，照前越墙而过。”

（一）动词结构“依据”动词化与介词化

1. 动词结构“依据”语法语义

上古时期，不见单音动词“依”与“据”同义顺序并列组成的动词结构，仅见单音动词“据”与“依”同义逆序连动形式“据依”，表示两个相同的动词“依靠、依凭”意义。例如：

（1）出令不信，刑政放纷，动不顺时，民无据依。（《国语·周语下》）

（2）民各有心而无所据依。（《国语·晋语一》）

上举例（1）连动“据依”在否定动语“无”后作宾语；例（2）连动“据依”与特指代词“所”组成名性结构“所据依”，在否定动语“无”后作宾语。因两个单音动词“据”与“依”自上古中期到近古末期同义连用很少，故其一直未凝结固化，更谈不上动词化与介词化了。

中古初期，始见单音动词“依”与“据”同义顺序组成的双音“动+动”并列结构“依据”，表示两个相同的动词“依凭、凭据”意义。在中古文献中，动词结构“依据”常与特指代词“所”组成名性结构“所依据”作主语或宾语，或与特指代词“者”组成名性结构“依据者”作主语。例如：

（1）基，据也，在下物所依据也。（《尔雅·释言》）

（2）本奏诏书，所当依据。（蔡邕《戍边上章》）

（3）诸议所依据，各参错。（曹叡《答议牲色诏》）

（4）钵处虚无，无所依据而不堕落。（《普超三昧经》中卷）

（5）足下相难，依据者何经？（《世说新语·言语》）

（6）虽无学术，有所依据，然师心独见，暗与理合。（《隋书·循吏列传》）

上举例（1）动词结构“依据”与特指代词“所”组成名性结构“所依据”，位于定语“在下物”后作判断谓语中心语，“在下物所依据也”意为“是在下边物凭据的（东西）”；例（2）动词结构“依据”与能愿动“当”构成状中结构“当依据”，再与特指代词“所”组成名性结构“所当依据”作谓语中心语，“所当依据”意为“应当依据的（东西）”；例（3）动词结构“依据”与特指代词“所”组成名性结构“所依据”，位于定中“诸议”后作主语中心语，“诸议所依据”意为“诸议依据的（东西）”；例（4）动词结构“依据”与特指代词“所”组成名性结构“所依据”，位于否定动语“无”后作宾语，“无所依据”意为“没有依据的（东西）”；例（5）动词结构“依据”与特指代词“者”组成名性结构“依据者”，位于疑问判断谓语“何经”前作主语，“依据者何经”意为“依据的是什么经”；例（6）动词结构“依据”与特指代词“所”组成名性结构“所依据”，位于存在动语“有”后作宾语，动宾“有所依据”意为“有依据的（东西）”。

2. 动词结构“依据”动词化

中古以降，在经常反复的语用中，动词结构“依据”开始词汇化，由两个单音动词弱化为两个动词素而固化为一个双音动词，由表示两个相同的动词“依凭、凭据”意义融合为表示一个动词“依凭、凭据”意义，常在能愿动状后作谓语。例如：

（1）虽有粗形，皆不精审，不可依据。（魏晋·裴秀《禹贡九州地域图序》）

（2）考括坟籍，博采群议，既无异端，谓粗可依据。（北魏·刘芳《郊坛疏》）

（3）若所亲见，不容不同；若所测量，宁足依据！（《颜氏家训·归心》）

（4）合朔顺天，何氏所劣，宾等依据，循彼迷踪。（隋·刘孝孙《驳张宾历》）

（5）斯事毕举，孰可仿之？如有一阙，则难依据。（唐·李靖《天老神光经表》）

上举例（1）动词“依据”位于否定能愿状“可”后作谓语，“可依据”前有否定副状“不”表示否定，状动谓“不可依据”意为“不能依据”；例（2）动词“依据”位于能愿动状“可”后作谓语，“可依据”前有程度副状“粗”修饰，状动谓“粗可依据”位于动语“谓”后作宾语，“粗可依据”意为“略能依据”；例（3）动词“依据”位于疑问副状“宁”与能愿状“足”后作谓语，状动谓“宁足依据”意为“岂能依据”；例（4）动词“依据”位于主语“宾等”后作谓语，“宾等依据”意为“张宾等依据何氏劣说”；例（5）动词“依据”位于副状“难”后作谓语，状动谓“则难依据”意为“就难以依据”。

中古以降，动词结构“依据”词汇化为双音动词以后，在句中常位于宾语前作动语，表示“依凭、凭据”意义。例如：

（1）其制度，皆太常贺循依据汉、晋之旧也。（《宋书·礼志三》）

（2）攸之起事……结寨于三溪，依据深险。（《南齐书·萧嶷传》）

（3）自西海之东，依据山谷，往往不绝。（《隋书·铁勒传》）

（4）刑名事重，止可依据籍书。（《唐律疏议》卷六）

（5）据势，依据川之形势也。（《文选·左思〈魏都赋〉》李善注）

（6）譬如师子依据山窟，菩萨如是常能安住智慧岩窟。（《宝雨经》卷五）

上举例（1）动词“依据”在定中宾“汉、晋之旧”前作动语，前有副状“皆”表示全部范围；例（2）动词“依据”在形宾“深险”前作动语；例（3）动词“依据”在名宾“山谷”前作动语；例（4）动词“依据”在名宾“籍书”前作动语，前有限定副状“止（只）”与能愿状“可”修饰；例（5）动词“依据”在定中宾“川之形势”前作动语；例（6）动词“依据”在定中宾“山窟”前作动语。

3. 动词“依据”虚化的基础

中古以降，动词“依据”常在复句前个动宾分句之首作动语，后带名性宾语，表示“依照”的对象。例如：

（1）依据《六经》，参诸国志，错综阴阳，以制声律。（北魏·公孙崇《请以高肇监乐务表》）

（2）依据此文，又从遗册之旨，虽存衰服，不废万机，无阙庶政，得展罔极之思。（《魏书·礼志四》）

上举例（1）动词“依据”在名宾“《六经》”前作动语，“依据《六经》”、“参诸国志”、“错综阴阳”为三个动宾分句，是并列关系；例（2）动词“依据”在定中宾“此文”前作动语，动宾分句“依据此文”与状动宾分句“又从遗册之旨”是并列关系。有学者认为例（1）与例（2）中“依据”是介词，笔者认为此两例“依据”是动词，尚未虚化为介词，是动词介词化的基础。

（3）故诸所造色，依据大种，方乃得生。（《法苑义林章》卷三）

上举例（3）动词“依据”在条件复句前个动宾条件分句定中宾“大种”前作动语，前后两个分句是依据对象与结果语义关系。动词“依据”就是在动宾分句动语位置上语法化为介词，由动宾结构转化为介宾结构，由作后个结果分句的前个条件分句演化为作其后句子的句首状语。

（4）持此法者如教实语发大悲心，依据一切诸佛菩萨摩诃萨住。（《真言经》卷十六）

上举例（4）动词“依据”在“动＋名＋动”连动结构中作第一个动语，后带定中宾“一切诸佛菩萨摩诃萨”，动词“住”为第二动语，动词“依据”也是在连动结构第一个动语位置上语法化为介词，由“动＋名＋动”连动结构转化为“介＋名＋动”状中结构的。

4. 动词“依据”虚化为介词

中古以降，在长期频繁的语用中，动词“依据”于复句前个动宾分句动语位置上开始语法化，由依物动词逐渐虚化为引物介词，由在名性宾语前作动语演化为在名性宾语前作介语；其所在由动宾结构转变为介宾结构，由作复句后个分句的前个分句转化为作其后句子的状语，引介人物行事“依照”的对象。例如：

（1）皇后无号，公主无邑……依据典礼，庶请具陈，足寤圣心。（曹魏·胡综《请立诸王表》）

（2）上《官司论》七篇，依据典故，议所因革。（东晋·常璩《华阳国志·陈寿传》）

（3）依据昔代（之乐），义舛事乖，今宜厘改权称。（刘宋·建平王《庙乐议》）

（4）依据金册遗旨，中代成式，求过葬即吉。（北魏·拓跋宏《变服从练礼诏》）

（5）依据律文，不追戮于所生，则从坐于所养，明矣。（北魏·李冲《奏养子不从坐》）

（6）太常所定仪制，依据三公上仪，其间或有增损，事体深为折衷。（唐·段平仲《厘革太常仪注奏》）

上举例中“依据”均已由动词虚化为介词，与名性语词构成介宾结构作句首状语，语义指向其后的谓语成分或句子，引介人物行事“依照”的对象；例（1）介词“依据”与名宾“典礼”组成介宾结构作句首状语，引介“庶请具陈”所“依照”的对象；例（2）介词“依据”与名词“典故”组成介宾结构作句首状语，引介“议所因革”所“依照”的对象；例（3）介词“依据”与名宾“昔代（之乐）”组成介宾结构作句首状语，引介“义舛事乖”所“依照”的对象；例（4）介词“依据”与定中“金册遗旨”组成介宾结构作句首状语，引介状动宾“中代成式”所“依照”的对象；例（5）介词“依据”与定中宾“律文”组成介宾结构作句首状语，引介“不追戮于所生”所“依照”的对象；例（6）介词“依据”与定中“三公上仪”组成介宾结构作句首状语，引介“其间或有增损”所“依照”的对象。

中古时期，动词“依据”于动宾分句动语位置上语法化为介词，由在名性宾语前作动语转化为在名性宾语前作介语，与其后的名性宾语构成介宾结构在主语或状语后作状语，语法语义均指向其后的谓语成分或句子，表示人物行事所“依照”的对象。例如：

（1）（孝廉之举）宜依据经礼，分别州国之吏与散官不同。（西晋·（无姓氏）震《周表察举议》）

（2）郑康成依据纬候，以正朔三而改，自古皆相变。（《左传正义·隐公元年》）

（3）自历代以来，杂用王郑二义……今请依据古典，崇建七庙。（隋·许善心《七庙议》）

（4）今宜依据《礼》典，务从简约，仰效先哲，垂法将来。（《贞观政要·文史·礼乐》）

上举例（1）介词“依据”与并列名宾“经礼”组成介宾结构在能愿状“宜”后作状语，引介“分别州国之吏与散官不同”所“依照”的对象；例（2）介词“依据”与并列名宾“纬候”组成介宾结构在主语“郑康成”后作状语，引介“正朔三而改”所“依照”的对象；例（3）介词“依据”与定中宾“古典”组成介宾结构在时间状“今”与表敬副状“请”后作状语，引介“崇建七庙”所“依照”的对象；例（4）介词“依据”与定中宾“《礼》典”组成介宾结构在时间状“今”与能愿副状“宜”后作状语，引介“务从简约”所“依照”的对象。

近古初期，动词“依据”于动宾分句动语位置上继续语法化为介词，由在名性宾语前作动语转化为在名性宾语前作介语，与其后的名性宾语构成介宾结构在主语或状语后作状语，语法语义均指向其后的句子或谓语成分，表示人物行事所“依照”的对象。例如：

（1）将来举人，并依据地理远近，于十月三旬下纳文解。（晚唐·（阙名）《请禁师生称谓奏》）

（2）（唐）中宗命冲与左仆射魏元忠及史官张锡、徐坚、刘宪等八人，依据《氏族志》，重加修撰。（《旧唐书·柳冲传》）

（3）太常所定仪制，依据三公上仪，其间或有增损，事体深为折衷，酌为永制，可以施行。（《唐会要》卷五十七）

（4）依据故事，以臣名唐，今窃思之不敢慕古，请改名孝（章）从之。（《册府元龟》卷八百二十五《名字》）

（5）古之所谓小人儒者，亦不过依据末节细行以自律。（《陆象山文选》卷一《与曾宅之数》）

上举例（1）介词“依据”与定中宾“地理远近”组成介宾结构作状语，引介“于十月三旬下纳文解”所“依照”的对象；例（2）介词“依据”与名宾“《氏族志》”组成介宾结构作状语，引介“重加修撰”所“依照”的对象；例（3）介词“依据”与名宾“三公上仪”组成介宾结构作状语，引介“其间或有增损，事体深为折衷，酌为永制，可以施行”所“依照”的对象；例（4）介词“依据”与名宾“故事”组成介宾结构作状语，引介“以臣名唐”所“依照”的对象；例（5）介词“依据”与定中宾“末节”组成介宾结构作状语，引介“细行以自律”所“依照”的对象。

近古中晚期，动词“依据”于动宾分句动语位置上进一步语法化为介词，由在名性宾语前作动语转化为在名性宾语前作介语，与其后的名性宾语构成介宾结构或在句首或在主语及状语后作状语，语法语义均指向其后的谓语成分或句子，修饰其后的谓语成分或句子，表示人物行事所“依照”的对象。例如：

（1）依据上述铁路未修筑以前的驿站路程，旧日由徐水到经平的驿站，约

述如下。（金元·张德辉《岭北纪行》）

（2）泽之愚见，只是依据三传及汉儒之说，定以夫子《春秋》。（明·黄瑜《双槐岁钞》）

（3）依据此，审定痈疽浅深、病从何脏腑发。（《普济方·痈疽门》）

（4）依据科仪，建立法事，立尊者为班首。（《东度记》第一回）

（5）依据故书，如周礼之类，创为新说。（《经学通论》卷二）

（6）今依据两书，参以目验。（清·徐珂《清稗类钞》）

上举例（1）介词"依据"与定中宾"上述铁路未修筑以前的驿站路程"组成介宾结构作句首状语，引介"旧日由徐水到经平的驿站，约述如下"所"依照"的对象；例（2）介词"依据"与定中宾"三传及汉儒之说"组成介宾结构作状语，引介"定以夫子《春秋》"所"依照"的对象；例（3）介词"依据"与定中宾"此"组成介宾结构作状语，引介"审定痈疽浅深、病从何脏腑发"所"依照"的对象；例（4）介词"依据"与名宾"科仪"组成介宾结构作状语，引介"建立法事，立尊者为班首"所"依照"的对象；例（5）介词"依据"与定中宾"故书，如周礼之类"组成介宾结构作状语，引介"创为新说"所"依照"的对象；例（6）介词"依据"与定中宾"两书"组成介宾结构作状语，引介"参以目验"所"依照"的对象。

（二）动词结构"依照"动词化与介词化

1. 动词结构"依照"语法语义

中古末期，单音动词"依"与"照"开始同义构成双音"动＋动"并列结构"依照"，表示"依据"意义。在唐代佛教文献中，并列结构"依照"在句中常作动语，后带事物宾语，表示人物行事"依据"某物。例如：

（1）清净色根，依照名眼。（《金刚经旨赞》卷下）

（2）依照法心，成法施行。（《华严探玄记》卷八）

上举例（1）动词结构"依照"在定中宾"名眼"前作动语；例（2）动词结构"依照"在定中宾"法心"前作动语；例中名性宾语"名眼"与"法心"均表示僧侣修行所"依据"之物。

2. 动词结构"依照"动词化

近古初期，随着应用频率的提高，动词结构"依照"开始词汇化，由双音"动＋动"并列结构固化为双音动词，在佛教文献中常作谓语，表示人物行事的"依据"。

例如：

（1）此依照起用，此义不尔。（《华严经疏决择》卷四）

（2）辨二智体一，但依照成二。（《肇论新疏游刃》上卷）

（3）勅宜依照，务其搜集，专彼研寻。（《宋高僧传》卷十五）

（4）若但依照，且非是定。（《华严经疏决择》卷四）

上举例（1）两个动词“依照”与“起用”并列作谓语；例（2）动词“依照”与动宾结构“成二”并列在限定副状“但”后作谓语；例（3）动词“依照”在能愿状“宜”后作谓语；例（4）动词“依照”在限定副状“但”后作谓语；例中动词所“依据”的事物均显现于前文。

3. 动词“依照”虚化的基础

近古前中期，在宋元佛教文献中，动词“依照”常作“动 + 名 + 动（+ 名）”连动谓语前个动语，后带事物宾语，表示人物“依据”某物而行事。例如：

（1）住持接入问讯，依照牌归位立定。（《校定清规总要》卷上）

（2）次第进前，依照位立。（《补注禅苑清规》卷五）

（3）依照牌立定，却从四颂。（《入众须知》一卷）

（4）人各入座，依照牌立定。（《律苑事规》卷七）

（5）各依照牌入位。（《禅林备用》卷八）

上举例（1）动词“依照”在连动谓语“依照牌归位立定”中作第一个动语，后带名宾“牌”；例（2）动词“依照”在连动谓语“依照位立”中作第一个动语，后带名宾“位”；例（3）、例（4）动词“依照”在连动谓语“依照牌立定”中作第一个动语，后带名宾“牌”；例（5）动词“依照”在连动谓语“各依照牌入位”中作第一个动语，后带名宾“牌”。

上举例中动词“依照”所在“动 + 名 + 动（+ 名）”连动谓语第一个动语位置，为其动词语法化为介词奠定了基础，动词“依照”就是在“动 + 名 + 动（+ 名）”连动谓语的前个动语位置上逐渐语法化，由依物动词虚化为引物介词的。

4. 动词“依照”虚化为介词

近古晚期，因动词“依照”经常作“动 + 名 + 动（+ 名）”连动谓语的前个动语，后带事物宾语，表示人物“依据”某事物而产生了其后的行动，其后的动语是句子的语义中心所在，故在长期反复的语用中，动词“依照”于“动 + 名 + 动（+ 名）”连动谓语的前个动语位置上逐渐语法化，由依物动词虚化为引物介词；其所在由“动 + 名”动宾结构演化为“介 + 名”介宾结构，由表示人物“依据”某事物而演变为表示引介人物“依据”的对象。例如：

（1）（花灯节）照依东京体例，通宵不禁，十三至十七，放灯五夜。（《水浒传》第六十六回）

（2）孙杰依照东家嘱咐，突然上前用力抱住，同时伸出右手，将预备的锅焦塞入他口中。（《八仙得道传》第十回）

（3）黄三溜子依照二掌柜的主意，花一万银子打了两张票子。（《官场现形记》第二十一回）

（4）我日本于明治二十七年与英国续修条约，将约束客民之权利，依照万国公法改正施行。（《皇朝经世文新编续编》卷十五）

（5）按上中下则，共收押荒银二万两，查出私开地亩；依照上则，共收押荒银四百两零。（《清同治实录》卷八十六）

（6）此乃确实依照一七三一年前任驻俄中国大使之建议办理。（《故宫俄文史料》第一辑）

上举例中“依照”均已动词语法化为介词，与名性语词构成介宾结构作状语，引介人物行事所“依据”的对象；例（1）介词“照依”与定中宾“东京体例”组成介宾结构作状语，引介其后并列复句所表示的人物动作行为“依据”的对象；例（2）介词“依照”与定中宾“东家嘱咐”组成介宾结构作状语，引介其后顺承复句所表示的人物连续动作行为“依据”的对象；例（3）介词“依照”与定中宾“二掌柜的主意”组成介宾结构作状语，引介人物行为“花一万银子打了两张票子”所“依据”的对象；例（4）介词“依照”与定中宾“万国公法”组成介宾结构作状语，引介人物行为“改正施行”所“依据”的对象；例（5）前个分句单音介词“按”与定中宾“上中下则”组成介宾结构作状语，引介人物行为“共收押荒银二万两，查出私开地亩”所“依据”的对象；后个分句双音同义介词“依照”与定中宾“上则”组成介宾结构作状语，引介人物行为“共收押荒银四百两零”所“依据”的对象；例（6）介词“依照”与定中宾“一七三一年前任驻俄中国大使之建议”组成介宾结构作状语，引介人物行为“办理”所“依据”的对象。

中古东汉时“依据”开始并列形成双音动词结构，中古三国时“依据”开始结构动词化，中古魏晋时“依据”开始动词介词化；双音介词“依据”自中古中期产生直至近古末期使用频率一直不高，因同义单音介词“依”应用频率很高。中古末期“依照”开始并列形成双音动词结构，近古初期“依照”开始结构动词化，近古晚期“依照”开始动词介词化；近古时期双音介词“依照”应用频率较低，现代以降双音介词“依照”开始日益发展，应用频率不断提高。

汉语“依据、依照”是在语音、语位、语法、语义、语用五个条件的相互作用下实现结构动词化、动词介词化的；汉语双音句节韵律是其结构动词化、动词介词化的制约条件，其由两个单音动词并列组成双音动词结构、由双音动词结构词汇化为双音动词、由双音动词语法化为双音介词，均是在汉语双音句韵律的制约下实现的；动词“依据、依照”所在“动＋名＋动＋(名)”连动结构前个动语位置，是其语法化为介词的先决条件，动词“依据、依照”是于“动＋名＋动＋(名)”连动结构前个动语位置上实现介词化的；人物行事“依照、依据”某物是动词“依据、依照”介词化的语义基础，动词“依据、依照”是在表示人物行事“依照、依据”某物语义基础上虚化为引介人物行事“依照、依据”对象之介词的；动词“依照、依据”所在的“动＋名”动宾结构是其介词化的必要条件，其是在“动＋名”动宾结构向“介＋名”介宾结构转化中实现动词介词化的；动词“依照、依据”语法化为介词是人类在语用中通过主观认知实现的，长期反复的语用是其结构动词化、动词介词化的完成条件。

三、动词结构“通过/经过”动词化与介词化

通，本为动词“道路无阻”即“通达、通畅”义。《说文·辵部》：“通，达也。”《周易·系辞上》：“往来不穷谓之通。”《孙子·地形》：“我可以往，彼可以来，曰通。”《韩非子·说林下》：“知伯将伐仇由，而道难不通。”《吕氏春秋·季春纪·圜道》：“无所壅者，主道通也。”“通”由动词“通达、通畅”义引申为动词“到达”义。《国语·晋语二》：“道远难通，望大难走。”《庄子·杂篇·天下》：“昔禹之湮洪水，决江河而通四夷九州也。”“通”由动词“通达、通畅”义引申为动词“通行、通过”义。《周易·系辞下》：“舟楫之利，以济不通。”《尉缭子·分塞令》：“非将吏之符节，不得通行。”

经，本为名词“经线、纵线”即“织布机上的纵线”义。《说文·糸部》：“经，织也。”“经”与“纬”相对，“纬”为名词“纬线、横线”即“织布机上的横线”义。《玉篇》：“经纬以成缯帛也。”《文心雕龙·情采》：“经正而后纬成。”名词“经”与“纬”由“纵线”与“横线”义引申为“纵路”与“横路”义。《周礼·考工记·匠人》：“国中九经九纬，经涂九轨。”《大戴礼记·易本命》：“东西为纬，南北为经。”因“道路”与人物行走相关而由名词“道路”义转喻引申为动词“经过、通

过”义。《庄子·外篇·田子方》：“其神经乎大山而无介，入乎渊泉而不濡。”屈原《招魂》：“经堂入奥，朱尘筵些。”《吕氏春秋·孝行览·本味》：“求之其本，经旬必得。”东方朔《七谏·谬谏》：“经浊世而不得志兮，愿侧身岩穴而自托。”

过，本义为动词，表示人物在路途上“行过、经过”某处义。《尚书·夏书·禹贡》：“岷山之阳，至于衡山，过九江，至于敷浅原。”《论语·宪问》：“有荷蒉而过孔氏之门者。”《国语·周语中》：“秦师将袭郑，过周北门。”屈原《九章·哀郢》：“过夏首而西浮兮，顾龙门而不见。”《孟子·滕文公上》：“禹八年于外，三过其门而不入。”

（一）动词结构“通过”动词化与介词化

1. 动词结构“通过”语法语义

中古以降，在汉语双音句节韵律之制约下，单音动词“通”与“过”同义组成双音“动＋动”并列结构“通过”，表示人物“经过”某处或“穿过”某物义。在中古汉译佛典中，动词结构“通过”常作谓语，表示“经过、穿过”意义。例如：

（1）其明通过，照于三千大千世界，至无择狱极于上方。（《阿差末菩萨经》卷一）

（2）譬如飞鸟飞行虚空，岂畏为径通过。（《如幻三昧经》上卷）

（3）于此墙壁山薮溪谷，通过无碍，出无间、入无孔。（《生经》卷二）

（4）山石壁障，身皆通过。（《根本说一切有部毗奈耶》卷十四）

上举例（1）动词结构“通过”在定中主语“其明”后作谓语；例（2）动词结构“通过”在副状“径”后作谓语；例（3）动词结构“通过”与动宾“无碍”并列作谓语；例（4）动词结构“通过”在副状“皆”后作谓语，例中动词结构“通过”宾语某处、某物均显现于前文。

中古时期，动词“通过”语义逐渐泛化，由表示人物“经过”某处或“穿过”某物义扩大引申为表示“经过、穿过”某抽象事物或某时间方位，在句中常作谓语。例如：

（1）西方有白虹十二道，南北通过。（《广弘明集》卷十一）

（2）染净二障，此位通过。（《华严经探玄记》卷十九）

（3）华色虽异一一之线，皆悉通过。（《新华严经论》卷十二）

（4）次一句所依定过，次二句所发通过。（《华严经探玄记》卷十九）

上举例（1）动词“通过”在方位状“南北”后作谓语；例（2）动词“通过”

在定中状“此位”后作谓语；例（3）动词“通过”在并列副状“皆悉”后作谓语；例（4）动词“通过”在定中主语“次二句所发”后作谓语。

2. 动词结构“通过”动词化

中古以降，在频繁语用中，“通过”开始结构词汇化，由双音“动 + 动”结构固化为一个双音动词，在句中常作动语，后带名词性宾语，表示人物“经过、穿过”某处、某物、某时。例如：

（1）夫八斋法，通过中不食。（《报恩经》卷六）

（2）通过诸黑山，一切诸佛国，悉现如一土。（《普曜经》卷五）

（3）破塞养通过四百由旬。（《摩诃止观》卷七）

（4）以南北东西，通过大道，名为四衢。（《新华严经论》卷三十六）

（5）如来鉴见，伸手安慰，通过石壁，摩阿难顶。（《大唐西域记》卷九）

上举例（1）动词“通过”位于时间宾“中”前作动语；例（2）动词“通过”位于定中宾“诸黑山”前作动语；例（3）动词“通过”位于数量宾“四百由旬”前作动语；例（4）动词“通过”位于名宾“大道”前作动语；例（5）动词“通过”位于名宾“石壁”前作动语。

3. 动词“通过”虚化的基础

中古中期，动词“通过”开始在复句前个动宾分句作动语，后带事物宾语；前后两个分句表示人物“通过”某种事物而产生某种行为、实现某种目的、达到某种结果。例如：

（1）彻越虚空，通过墙壁，入出太山，须弥铁围，无所罣碍。（《智德经》卷二）

（2）蠲除众覆，蔽结垢暗，通过诸碍，离于秽浊。（《童子经法》下卷）

（3）诸比丘大通过十小劫下，明正成道。（《法华文句》卷七上）

（4）此则通过一切，语言道断，心行处灭，遍无所依。（《华严五十要问答》后卷）

（5）（菩萨）通过诸国，来觐如来，稽首归命，听说经典。（《大宝积经》卷一百一十八）

上举例（1）动词“通过”位于名宾“墙壁”前作动语；例（2）动词“通过”在定中宾“诸碍”前作动语；例（3）动词“通过”位于定中宾“十小劫”前作动语；例（4）动词“通过”在代全部事物宾“一切”前作动语；例（5）动词“通过”在定中宾“诸国”前作动语，例句前后两个分句均表示人物“通过”某种事物而产生某种行为、实现某种目的、达到某种结果，为动词“通过”语法化为介词奠定了基础。

4. 并列动词“通过”介词化

中古末期，在长期反复的语用中，动词“通过”在前个动宾分句事物宾语前动语位置上开始语法化，由动词逐渐虚化为介词；其所在由动宾结构转化为状中结构，由作复句的前个分句转化为作其后句子或谓语的状语，由表示人物“通过”某种事物而产生某种行为、实现某种目的、达到某种结果，演化为表示人物“通过”某种事物为媒介而产生某种行为、实现某种目的、达到某种结果。在中唐汉文典籍中，偶见动词“通过”语法化为介词。例如：

去七月二十日毕功，通过商旅骡马，担驮往来。（封敖《修斜谷路奏》）

上例中，动词“通过”已语法化为介词，与定中宾“商旅骡马”构成介宾结构，在连动谓语“担驮往来”前作状语，表示人物“通过”媒介“商旅骡马”而产生了“担驮往来”的动作行为。

近古晚期，在汉文文献中，动词“通过”继续语法化为介词，与名性宾语构成介宾结构，位于句子或谓语前作状语，表示人物“通过”某种事物为媒介而产生某种行为、实现某种目的、达到某种结果。例如：

（1）练国事欲通过“青宫”即“梃击”一案，弄清真象，铲除奸党，以正朝纲。（《四忆堂诗集校笺》卷四）

（2）旁边丫鬟忙着倒上茶来，吃了一口，又通过手帕去抹鼻涕。（《侠女奇缘》第十二回）

（3）通过科举考试而获取功名。（《曾国藩家书·劝学·致诸弟述学之法》）

（4）想通过这个折子稍微挽回一下风气。（《曾国藩家书·为政·致诸弟戒除骄矜》）

上举例（1）介词“通过”与定中宾“‘青宫’即‘梃击’一案”组成介宾结构作状语，表示人物“通过”以“‘青宫’即‘梃击’一案”为媒介而实现“弄清真象，铲除奸党，以正朝纲”的目的；例（2）介词“通过”与名宾“手帕”组成介宾结构作状语，表示人物“通过”以“手帕”为媒介而产生“去抹鼻涕”的行为；例（3）介词“通过”与定中宾“科举考试”组成介宾结构作状语，表示人物“通过”以“科举考试”为媒介而达到“获取功名”的目的；例（4）介词“通过”与定中宾“这个折子”组成介宾结构作状语，表示人物“通过”以“这个折子”为媒介而达到“稍微挽回一下风气”的结果。

（二）动词结构“经过”动词化与介词化

1. 动词结构“经过”语法语义

中古初期，在汉语双音句节韵律之制约下，单音动词“经”与“过”开始同义组成双音“动+动”并列结构“经过”，表示人物“行过、路过”某处义。

在中古前期文献中，动词结构“经过”应用较普遍，使用频率较高，在句中常作谓语，表示“行过、路过”意义。例如：

（1）经过至我碣石，心惆怅我东海。（曹操《步出夏门行·艳》）

（2）西游咸阳中，赵李相经过。（阮籍《咏怀诗二十八首》其五）

（3）一部贾客，独自经过。（《正法华经》卷十）

（4）互经，互相经过也。（司马相如《上林赋》郭璞注）

（5）行道经过，莫不致祀焉。（《抱朴子·内篇·道意》）

（6）诸商人等，经过良久，我方出定。（《大涅槃经》中卷）

上举例（1）动词结构“经过”与动宾结构“至我碣石”联合作谓语；例（2）动词结构“经过”在主语“赵李”与副状“相”后作谓语；例（3）动词结构“经过”在主语“贾客”与副状“独自”后作谓语；例（4）动词结构“经过”在副状“互相”后作谓语；例（5）动宾结构“行道”与动词结构“经过”联合作谓语；例（6）动词结构“经过”在主语“诸商人等”后、在副补“良久”前作谓语，例中动词结构“经过”某处所宾语均显现于前文。

2. 动词结构“经过”动词化

中古以降，在频繁的语用中，“经过”逐渐结构词汇化，由双音“动+动”并列结构固化为一个双音动词，在句中常作谓语，表示“行过、路过”意义。例如：

（1）凡人暂经过，无不中伤。（《抱朴子·内篇·至理》）

（2）临风尘而不得经过。（《后汉书·蔡邕传论》）

（3）有冢间旷远，诸比丘经过，不敢起止。（《五分律》卷二十）

（4）竟陵郡丞陈怀真，宪子也，闻胡经过。（《宋书·邓琬传》）

（5）虽于俭年糊饘不继，宾客经过，必倾所有。（《魏书·吴悉达传》）

（6）巴西郡居益州之半，又当东道冲要，刺史经过。（《梁书·张齐传》）

上举例（1）动词“经过”意为“行过”，在时间副状“暂”后作谓语；例（2）动词“经过”在否定能愿状“不得”后作谓语；例（3）动词“经过”在定中主语“诸比丘”后作谓语；例（4）动词“经过”在主谓结构“胡经过”中作谓语；例

（5）动词“经过”在名词主语“宾客”后作谓语；例（6）动词“经过”在名词主语“刺史”后作谓语，例中动词“经过”某处所宾语均显现于前文。

中古以降，并列结构“经过”词汇化为动词，在汉文典籍中常作动语，后带处所宾语，表示人物“行过、路过”某处义。例如：

（1）臣往年出使，经过雄郡。（孟达《在魏奏荐王雄》）

（2）及经过尊门，冠盖车马，填塞街衢。（傅咸《与汝南王亮笺》）

（3）昭穆既远，以为路人，经过浔阳，临别赠此。（陶潜《赠长沙公序》）

（4）若有行人经过其旁，皆以长绳相引。（《搜神记》卷十二）

（5）操常感其知己。及后经过玄墓，辄凄怆致祭。（《后汉书·桥玄传》）

（6）太宗遣荆州典签邵宰乘驿还江陵，经过襄阳。（《宋书·邓琬传》）

上举例（1）动词“经过”作动语，后带处所宾“雄郡”；例（2）动词“经过”作动语，后带处所宾“尊门”；例（3）动词“经过”作动语，后带处所宾“浔阳”；例（4）动词“经过”作动语，后带方所宾“其旁”；例（5）动词“经过”作动语，后带处所宾“玄墓”；例（6）动词“经过”作动语，后带处所宾“襄阳”。

中古以降，在汉译佛经中，动词“经过”常作动语，后带处所宾语，表示人物“行过”某处义。例如：

（1）人持重财，经过恶道，财物畜甚安隐。（支谦译《梵网经》）

（2）道经过诸释死处，释中尚有能语者。（《义足经》卷下）

（3）大群象经过此地。（《修行经》卷六）

（4）经过店肆，近众人行。（《中阿含经》卷二十二）

（5）时，有商贾五百乘车经过其土。（《长阿含经》卷七）

（6）远行住止，经过居宿，皆悉给施身。（《出曜经》卷一）

上举例（1）动词“经过”在定中处所宾“恶道”前作动语;（2）动词“经过”在定中处所宾“诸释死处”前作动语;（3）动词“经过”在定中处所宾“此地”前作动语;（4）动词“经过”在名词处所宾“店肆”前作动语；例（5）动词“经过”在定中处所宾“其土”前作动语；例（6）动词“经过”在定中处所宾“居宿”前作动语。

3. 动词“经过”虚化的基础

中古时期，在经常反复的语用中，动词“经过”逐渐抽象化，由表人物“行过、路过”某处义引申为人物“经过、通过”某时某事某人某物义，常在复句前个动宾分句作动语，后带名性宾语，表示“经过”某段时间、某种事情、某类人物而产生了某种行为、实现了某种目的、达到了某种结果。例如：

（1）此比丘为贾客，入海采宝，经过五难，乃至宝所，得一宝珠。（《功德经》卷五）

（2）水道甚远，经过六月，粮食将尽，不可得达。（《因缘僧护经》一卷）

（3）经过二载，而先生抗志弥高。（《后汉书·申屠蟠传》）

（4）经过七日，大海水悉皆变作黄金色。（《心地观经》卷四）

（5）既烧胃已，经过小肠，从下部出。（《起世经》卷二）

（6）经过五众，成一百一十之法门，至慈氏之园。（《新华严经论》卷一）

上举例（1）动词“经过”位于事物宾语“五难”前作动语；例（2）动词“经过”位于时间宾语“六月”前作动语；例（3）动词“经过”位于时间宾语“二载”前作动语；例（4）动词“经过”位于时间宾语“七日”前作动语；例（5）动词“经过”位于脏物宾语“小肠”前作动语；例（6）动词“经过”位于事物宾语“五众”前作动语，例中前后两个分句均表示“经过”某事物、某时段而产生了某种行为、实现了某种目的、达到了某种结果，此为动词“经过”语法化为介词奠定了基础。

4. 动词“经过”虚化为介词

中古末近古初，在高频率的语用中，动词“经过”于复句前个动宾分句之首动语位置上而实现了语法化，由涉物动词逐渐虚化为引物介词，其所在由在名性宾语前作动语逐渐演化为在名性宾语前作介语，由动宾结构逐渐转化为介宾结构，由作后个结果分句的前个分句逐渐转变为作其后句子或谓语的状语，由表示“经过”某类人、某事物、某时段而产生了某种行为、实现了某种目的、达到了某种结果，演化为表示“通过”某类人、某事物、某时段为媒介而产生某种行为、实现某种目的、达到某种结果。

在唐五代文献中，动词“经过”于动宾分句动语位置上开始语法化为介词，与表时间、人类、事物宾语构成介宾结构，位于句子或谓语前作状语，表示“通过”某时段、某类人、某事物为媒介而产生某种行为、实现某种目的、达到某种结果。例如：

（1）经过燕太子，结托并州儿。（李白《少年行三首》之一）

（2）经过商人，颇乖法理。（裴休《请革横税私贩奏》）

（3）经过彼县日，得百姓僧道等。（崔致远《桂苑笔耕》卷十二）

（4）经过诸司，无至停滞。（李存勖《禁征纳礼钱敕》）

（5）经过量事通得车马外，方当农时。（石敬瑭《幸汴州敕》）

上举例（1）介词“经过”与名宾“燕太子”组成介宾结构作状语，表示“通过”媒介“燕太子”而实现了“结托并州儿”的目的；例（2）介词“经过”与名宾“商人”组成介宾结构作状语，表示“通过”媒介“商人”而产生了“颇乖法理”的行为；例（3）介词“经过”与定中宾“彼县日”组成介宾结构作状语，表示“通过”媒介“彼县日”而达到了“得百姓僧道等”的结果；例（4）介词“经过”与定中宾“诸司”组成介宾结构作状语，表示“通过”媒介“诸司”而达到了“无至停滞”的结果；例（5）介词“经过”与定中宾“量事”组成介宾结构作状语，表示“通过”媒介“量事”而达到了“通得车马”的结果。

在宋元文献中，动词“经过”于动宾分句动语位置上继续语法化为介词，与表时间、人类、事物宾语构成介宾结构，在句子或谓语前作状语，表示“通过”某时段、某类人、某事物为媒介而产生某种行为、实现某种目的、达到某种结果。例如：

（1）至六月九日敕，准式，经过四考，加年劳一阶。（《唐会要》卷六十九）

（2）仍许般载脚户、经过店主并脚下人力等纠告，等第支与优给。（《旧五代史·食货志》）

（3）其合经过中书门下两省准例，各供宣黄。（《册府元龟》卷六百三十六《铨选部·考课》）

（4）落日经过桃叶，不管插花归去。（朱敦儒《水调歌头·淮阴作》）

（5）从前经过旧恩情，要我还俗呵。（关汉卿《鲁斋郎》第四折）

上举例（1）介词“经过”与定中宾“四考”组成介宾结构作状语，表示“通过”媒介“四考”而获得“加年劳一阶”的结果；例（2）介词“经过”与并列名宾“店主并脚下人力”组成介宾结构作状语，表示“通过”媒介“店主并脚下人力”而实现“等第支与优给”之目的；例（3）介词“经过”与定中宾“中书门下两省准例”组成介宾结构作状语，表示“通过”媒介“中书门下两省准例”而实现“各供宣黄”之目的；例（4）介词“经过”与名宾“桃叶”组成介宾结构作状语，表示“通过”媒介“桃叶”而达到“不管插花归去”的结果；例（5）介词“经过”与定中宾“旧恩情”组成介宾结构作状语，表示“通过”媒介“旧恩情”而达到“要我还俗”之目的。

在明清文献中，动词“经过”进一步语法化为介词，与名性宾语构成介宾结构，位于句子或谓语前作状语，表示“通过”某时段、某类人、某事物为媒介而产生某种行为、实现某种目的、达到某种结果。例如：

（1）这等一个会场，经过两个这等大禅师，那有个法门不盛演也！（《西洋记》第四回）

（2）仰经过驿递起夫马迎送。（《金瓶梅》第五十五回）

（3）此石生于天地玄黄之外，经过地水火风，炼成精灵。（《封神演义》第十三回）

（4）经过这一回事之后，他是极感激我的。（《二十年目睹之怪现状》第七十七回）

（5）小爷在开封府经过那样风波，如今到了大理寺。（《三侠五义》第八十二回）

上举例（1）介词“经过”与定中宾“两个这等大禅师”组成介宾结构作状语，表示“通过”媒介“两个这等大禅师”而达到了“法门不盛演”的结果；例（2）介词“经过”与定中宾“驿递起夫马”组成介宾结构作状语，表示“通过”媒介“驿递起夫马”而产生了“迎送”的行为；例（3）介词“经过”与并列名宾“地水火风”组成介宾结构作状语，表示“通过”媒介“地水火风”而实现“炼成精灵”的目的；例（4）介词“经过”与定中宾“这一回事之后”组成介宾结构作状语，表示“通过”媒介“这一回事”而达到“他极感激我”的结果；例（5）介词“经过”与在定中宾“那样风波”组成介宾结构作状语，表示“通过”媒介“那样风波”而达到“如今到了大理寺”的结果。

中古前期“通过、经过”开始结构动词化，中古末期“通过、经过”开始动词介词化；“通过、经过”结构动词化、动词介词化的过程，是其语义逐渐广泛化、抽象化、弱化的过程，是由表示“通过、经过”某处到表示“通过、经过”某时段某类人某事物而再到借“通过、经过”某时段某类人某事物为媒介而产生某种行为、实现某种目的、达到某种结果的过程；这一过程是在语音、语位、语法、语义、语用五个平面的相互作用下连续发生的，五个平面是“通过、经过”结构动词化、动词介词化连续链形成的五个必要条件，汉语双音句节韵律是其结构动词化、动词介词化的制约条件，汉语复句前个“动＋名”动宾分句动语位置是其动词介词化的先决条件，复句前个“动＋名”动宾分句语法构式是其动词介词化的必要条件，表示人物“经过、通过”某处到“经过、通过”某时段、某类人、某事物的语义演变是其动词介词化的基础条件，人类在长期语用中的主观认知是其结构动词化、动词介词化的实现条件，语音、语位、语法、语义、语用五个条件相辅相成，伴随着“经过、通过”结构动词化、动词介词化的整个过程。

汉语“除去、除却、依据、依照、通过、经过”结构动词化、动词介词化是漫长的，均需经历双音动词结构与双音动词、双音动词与双音介词同形并用的过程后方能走完结构动词化、动词介词化的里程。

参考文献

陈宝勤　2011　《汉语词汇的生成与演化》，商务印书馆。
于省吾　1979　《甲骨文字释林》，中华书局。
周法高　1975　《金文诂林》，香港中文大学。

唐石经《论语》一字记录多词现象及相关问题*

李冬鸽
（河北师范大学文学院，石家庄，050024）

提　要：唐石经《论语》中的一字记录多词包括源字记录源词与派生词，一字记录本词与他词，一字记录本词、派生词、他词等 9 种情况，共 101 字，占比为 8.3%，这大致上可以代表一字记录多词在汉字中的整体情况。唐石经《论语》，由于隶变结束与形声字增加减缓，文字借用比秦汉时期显著减少；由于不广泛使用已产生的孳乳字，兼用的数量比之前有所增加。

关键词：唐石经《论语》；一字记录多词；兼用；借用

唐石经，又称开成石经，始刻于大和七年（公元 833 年），完成于开成二年（公元 837 年）。共十二经，白文无注，字体皆用正楷。《论语》所据版本为何晏集解本，共 16509 字。严可均《唐石经校文叙》说："夫石经者，古本之终，今本之祖。"于大成（2018：1076—1077）指出"唐石经为后来印板经书之所自出"，"宋以后辗转诸刻，推其根源，皆以唐石经为之祖"。确实，从《论语》原文来看，唐代以后的国内传本与唐石经的一致性是非常高的。

对于唐石经的字用问题，学者有过专门研究。向熹（2007）分析了唐石经《诗经》中避讳改字、错别字、异体字和俗字、本字等。吴丽君（2013）以《周礼注》《春秋左传集解》为例对唐石经中的异写字、异构字、异位字描写分析，探讨其汉字规范观念。毛承慈（2012）统计唐石经《诗经》的字量、字频，研究《诗经》中同一个词不同的书写形式及演变规律。王颖（2012）对唐石经《尚书》的字频进行统

* 本文系河北省社科基金项目"历代儒家石经文字研究"（编号：HB18YY020）的成果。

计与研究，以唐石经为参照描写不同文本间文字的书写差异、用字差异，用字差异包括本字——通假字、母字——分化字、同源字——同源字。上述对唐石经字用的研究，使用的理论、方法都不太相同。专门针对唐石经《论语》字用的系统研究，目前还未见。

本文以高峡主编《西安碑林全集》（1999）作为唐石经《论语》的版本来源，采用李运富的汉字职用理论，分析唐石经《论语》的一字记录多词现象及其反映的问题。

一、本文的理论方法及需要说明的问题

本文将唐石经《论语》中的一字记录多词分为三种情况：一是包括兼用的一字记录多词，该字记录这些词分别为本用、兼用，或均为兼用；二是包括借用的一字记录多词，该字记录这些词分别为本用、借用，或均为借用；三是包括兼用、借用的一字记录多词，该字记录这些词有本用、兼用、借用。

李运富（2016：40—45）指出，本用、借用、兼用是汉字记录职能的三种基本情况。本用，是指用本字来记录本词的用法。“立足于某词，根据该词的音义而造专用来记录该词的字形叫该词的本字；立足于某字，与该字的构形理据密切相关的语词就是该字本来应该记录的本词。”“兼用，指用本字记录另一个跟本词有音义联系的派生词[①]的现象。词义引申如果伴随读音或字形的变化，往往会派生出新词。”派生词如果仍用源词的本字记录，就是本字的兼用。虚化也是一种派生，一个实词虚化为虚词，都用源字记录，也是文字的兼用。“借用，是将字形当作语音符号去记录与该字形体无关但音同音近的语词”，包括本无其字的假借与本有其字的通假。

关于兼用，我们与李文的处理不完全相同。对于兼用的判断，还是着眼于“派生词”的产生。陆宗达、王宁（1994：367—368）指出“随着社会的发展和人类认识的发展，词汇要不断丰富。在原有词汇的基础上产生新词的时候，有一条重要的途径，就是在旧词的意义引申到距本义较远之后，在一定条件下脱离原词而独立，有的音有稍变，更造新字，因成它词。……也有的音虽无变，字分两形，遂为异语”。派生词是否出现，以当时是否产生新字形或改变读音为准。如果派生词已经产生，仍然用源字记录，对于源字来讲，是兼用；如果新字新读音已经出现，并记录源词，

---

① 同源词中，直接派生他词的词为源词，由源词派生出来的词叫派生词。专门记录源词的字称为源字，记录派生词的字称为孳乳字。

也是兼用。那么，实词虚化的过程中，如果没有产生新字也没有读音的改变，则不判定为兼用，仍为本用。

本文判断词的本义主要依据出土材料，同时参考《说文》。王宁（1996：43）指出训诂学中的本义是与字形相贴切的、是它所记录的词的一个义项，这个义项是观察词义引申的出发点。随着出土材料的日渐丰富与研究的日趋深入，很多学者指出《说文》训释与出土材料不符。我们不太主张用出土材料否定《说文》，而是将其看作两个不同但有联系的系统。本文以出土材料为背景判断词的本义，如该词出土材料未见，或出土材料已见但其本义难以确定，以《说文》所释为其本义。之所以这样处理，是因为出土材料的本义有时候可以帮助我们发现更多词义之间的联系。

唐石经《论语》中不重复的单字计1351个，排除专名（人名、地名、国名、官职名等）用字141个，得到1210字，是本文考察一字记录多词的对象。

二、唐石经《论语》一字记录多词现象描写

（一）包括兼用的一字记录多词

1. 源字记录源词与派生词

杀

《说文·杀部》：“殺[①]，戮也。从殳杀声。”

唐石经《论语》“杀”共出现9次：

①杀害、杀死，8次，如《微子》[②]：“止子路宿，杀鸡为黍而食之，见其二子焉。”

②减少、裁去，1次，如《乡党》：“非帷裳，必杀之。”刘宝楠正义：“郑注云：帷裳谓朝祭之服，其制正幅如帷也。非帷裳者，谓深衣也。杀之者，削其幅，使缝齐倍要者也。”

孙玉文指出杀，原始词[③]，义为使人失去生命、杀戮、杀死，动词，所八切；滋生词，义为减省、削减，动词，所拜切。“杀”的“致死”义和“减省”义之间有引

① 本文使用简化字，对于某些可能引起误解的使用繁体字。

② 因为本文以唐石经《论语》为主要研究对象，需大量引用《论语》，为行文简练，引用《论语》径称其篇名。

③ “变调构词跟其他音变构词一样，其中有一个是基式，另一个是在基式的基础上滋生出来的；前者叫原始词，后者叫滋生词。”原始词的词义不一定是字的本义，也可能是引申义。（孙玉文，2007：导言）

申关系，“咸”“砍”可以平行互证（孙玉文，2015：1276）。“杀”在唐石经《论语》记录源词与派生词，派生词的产生是因为读音的变化。

孙

《说文·系部》：“孙，子之子曰孙。从子从系。系，续也。”

唐石经《论语》中“孙”出现17次，8次用作人名，此外有两个义项：

①子之子，2次，本用，如《季氏》：“今不取，后世必为子孙忧。”

②谦逊，7次，如《述而》：“奢则不孙，俭则固。”

《说文》“孙”下段注曰：“子卑于父，孙更卑焉。故引申之义为孙顺、为孙遁。”《说文·心部》：“愻，顺也。从心孙声。”段注：“训顺之字作愻，古书用字如此，凡愻顺字从心，凡逊遁字从辵。今人逊专行而愻废矣。”孙、愻同源，谦逊义按照《说文》作“愻”。唐《张伯陇墓志》：“况为人愻悌，闾里称其奇。”“孙”记录谦逊义为本字记录派生词，派生词是因为出现新字形同时读音变化而独立。

食

《说文·食部》：“食，一米也。从皀亼声。或说亼皀也。”甲骨文作（合11485），从亼（倒口）从皀（簋），会进食义。本义为吃。

唐石经《论语》中“食”共出现42次。

①吃，23次，如《述而》：“子食于有丧者之侧，未尝饱也。”

②食物、粮食，16次，如《为政》：“有事，弟子服其劳；有酒食，先生馔，曾是以为孝乎？”

③俸禄，1次，《卫灵公》：“子曰：事君敬其事而后其食。”朱熹集注：“食，禄也。”

④给……吃，1次，《微子》：“止子路宿，杀鸡为黍而食之，见其二子焉。”陆德明释文：“食音嗣。”

⑤日月亏缺，1次，《子张》：“君子之过也，如日月之食焉。”《说文·虫部》：“蝕，败创也。从虫、人、食，食亦声。”段注：“《春秋经》曰，鼷鼠食郊牛角。又曰，日有食之。字或作蚀。”蝕，秦简作（岳麓秦简叁 同0419）。

前三个意义为源字“食”记录源词，本用，后两个为源字记录派生词，兼用，两个派生词一个是音变，一个是字变。

2. 源字记录派生词与派生词

去

《说文·去部》：“去，人相违也。从大凵声。”甲骨文作（合7312），裘锡圭（1992：647）指出从大从口，非从凵，它应该是当开口讲的“呿”的初文。“‘去’

字在‘口’上加‘大’，字形所要表示的意义应该就是开口。”“‘张开’‘离开’二义相因（例如人张口则两唇相离）。‘去’字的‘离去’义可能就是由‘张开’义引申出来的。”

唐石经《论语》中“去”出现 13 次：

①离开，4 次，如《微子》：“微子去之，箕子为之奴，比干谏而死。”

②去除，9 次，如《八佾》：“子贡欲去告朔之饩羊。”

“去”为“呿”本字，“呿”出现后，“去”主要记录离开一类的意义，二词分化，源字“去”记录派生词。孙玉文（2015：562）指出离开为原始词，去声；除去、去掉为滋生词，上声。“去”与“呿”分化后，又发生了变调构词，所以“去”字在唐石经《论语》中记录两个派生词。

3. 孳乳字记录派生词与源词

仁

《说文・人部》：“仁，亲也。从人从二。”战国时期作[illegible]，《古玺汇编》4879 秦印“忠仁思士”，即指“仁”这种道德规范。

唐石经《论语》中“仁”共出现 108 次，其用法有：

①儒家所倡导的道德标准，104 次，如《尧曰》：“欲仁而得仁，又焉贪！”

②具有仁德的人，3 次，如《微子》：“微子去之，箕子为之奴，比干谏而死。孔子曰：殷有三仁焉！”

③人，1 次。《里仁》：“子曰：人之过也，各于其党。观过，斯知仁矣。”刘宝楠正义：“人与仁通用字。”《礼器碑》：“于是四方士仁，闻君风耀，敬咏其德。”高文（1997：192）指出“士仁”，当为“士人”。

李家浩（1987：12）指出：“‘仁’可能是由‘人’分化出来的一个字。古文字中的‘仁’写作从‘人’从两短横，这两短横是表示区别于‘人’字而仍因‘人’字以为声的标记。后来这两短横讹作‘二’，遂成为现在的‘仁’。”唐石经《论语》“仁”记录派生词与源词。

4. 本字记录本词与同源词

同源词之间除了有源词与派生词之间的推源，还有派生词与派生词之间的系源。没有派生关系的同源词与记录它们的字之间也会产生复杂的字词关系。因为没有源词，所以我们笼统地称这些词为同源词，专门记录这些词的字，为避免再增加术语，从没有借用的角度也笼统地称为本字。如果一字记录与它没有派生关系的同源词，也是兼用。如：

邦

《说文·邑部》:“邦，国也。从邑丰声。”西周金文作[金文]（史墙盘），多用其本义。

唐石经《论语》中“邦”出现48次：

①邦国，47次，如《公冶长》:“子曰：宁武子，邦有道，则知；邦无道，则愚。”

②封域，1次，《季氏》:“且在邦域之中矣，是社稷之臣也。”何晏集解：“孔曰，鲁七百里之封，颛臾为附庸，在其域中。”邦，用作“封”。

《说文·土部》:“封，爵诸侯之土也。从之从土从寸，守其制度也。公侯百里，伯七十里，子男五十里。”西周金文作[金文]（六年琱生簋），会聚土种树以为封界之义。二者同源（王力，1982：388），但没有派生关系。邦，表示封域，为记录同源词，兼用。

（二）包括借用的一字记录多词

1. 一字记录本词与他词

若

《说文·艸部》:“若，择菜也。从艸右。右，手也。”甲骨文作[甲骨文]（合21128），西周金文有[金文]（毛公鼎）形。叶玉森（1924）谓“契文若字，并象一人跽而理发使顺形。《易》有孚永若，荀注：若，顺也。卜辞之若，均含顺意”。从出土材料看“若”本义为顺。择菜“有将菜择净弄顺的意思”，所以有“顺”义（陆宗达、王宁，1994：274），《说文》所释与出土材料的解释二者具有意义联系。

唐石经《论语》中“若”共出现16次，除去两次作人名“有若”，其余使用情况如下：

①像、如同，8次，如《泰伯》:“曾子曰：以能问于不能，以多问于寡，有若无，实若虚，犯而不校，昔者吾友尝从事于斯矣。”

②及、赶得上，2次，如《微子》:“且而与其从辟人之士也，岂若从辟世之士哉？”

③至于，1次，《述而》:“若圣与仁，则吾岂敢？”

④近指代词，3次，如《公冶长》:“子谓子贱，君子哉若人！”

“若”的前三个义项“如”也有。如《学而》:“《诗》云：如切如磋，如琢如磨，其斯之谓与？”《子路》:“樊迟请学稼，子曰：吾不如老农。”《先进》:“如其礼乐，以俟君子。”“若”的“顺”义可以引申出“顺从”“好像”义，跟“如”一样又引申出“比得上、赶得上”。“如”表示另起话题的“至于”，可能跟“至”一样，是源于都可以表示“往、到”义，而“若”没有这一用法。“至于”的用法也可能是由“好像”而来，一事物与另一事物有类似性，包含着由此及彼，可能发展出转向另一话题的用法。“若”的上述前三个义项均为本用，表示近指代词为借用。

2. 一字记录他词与他词

难

《说文·鸟部》：“鸈，鸟也。从鸟堇声。难，鸈或从隹。”段注：“今为难易字，而本义隐矣。”

唐石经《论语》中共出现 22 次：

①困难，20 次，如《宪问》：“子曰：贫而无怨难，富而无骄易。”

②责难，1 次，《宪问》：“子曰：果哉！末之难矣！”（杨伯峻，1982：313）

③祸患、灾难，1 次，《季氏》：“孔子曰：君子有九思：视思明，听思聪，色思温，貌思恭，言思忠，事思敬，疑思问，忿思难，见得思义。”朱熹集注：“难，去声。”

“难”的本义是一种鸟，借为困难义。孙玉文（2015：1345—1349）指出“难”的变调构词体现为原始词为不容易、困难，平声，滋生词为使遇到困难、阻碍，去声。责难、灾难由使遇到困难、阻碍引申出来，去声。这样，“难”字借用后记录两个有派生关系的词，这两个词对于“难”来讲都是他词。

（三）包括兼用、借用的一字记录多词

1. 一字记录派生词与他词

要

《说文·臼部》：“要，身中也。象人要自臼之形。从臼，交省声。”为“腰”本字。北魏《元飏墓志》：“腰佩龟组，未以宠渥为贵。”腰字作[illegible]。

唐石经《论语》“要”出现 2 次：

①要挟，1 次，《宪问》：“子曰：臧武仲以防求为后于鲁，虽曰不要君，吾不信也。”朱熹集注：“要，有挟而求也。”

王凤阳（1993：586）指出：“‘要’是古‘腰’字，引申开来半路拦截、进行要挟也称‘要’，在胁迫下订的盟约称为‘要盟’，强制的约定称为‘要约’。”所以有所恃而求用“要”。“要”表示要挟，为源字记录派生词，兼用。

②通“约”，困顿，1 次，《宪问》：“见利思义，见危授命，久要不忘平生之言。”朱熹集注：“久要，旧约也。”杨树达（2007：235）指出：“《论语·里仁篇》云：‘不仁者不可以久处约，不可以长处乐。’孔安国解上句云：‘久困则为非。’皇疏云：‘约犹贫困也。’今谓本文之‘久要’即彼篇之‘久处约’也。古音‘要’与‘约’

同。”“要”表示困顿，是借作“约”，借用。

2. 一字记录同源词与他词

端

《说文・立部》：“端，直也。从立耑声。”本义为直。

端，在唐石经《论语》中共出现 3 次：

①祭服，1 次，《先进》：“宗庙之事，如会同，端章甫，愿为小相焉。”何晏集解：“端，玄端也。”

《说文・衣部》：“褍，衣正幅。从衣耑声。”段注：“凡衣及裳不衺杀之幅曰褍。《左传》‘端委’，杜注：礼衣端正无杀故曰端。《周礼》：‘士有玄端、素端。’郑云：端者，取其正也。”本字作褍，与“端”同源，但没有派生关系。

②顶端，事物的起点和终点，方面，2 次，如《子罕》：“我叩其两端而竭焉。”

“端”的这一意义，当是借作“耑”。“端”下段注曰：“用为发耑、耑绪字者叚借也。”《说文・耑部》：“耑，物初生之题也。上象生形，下象其根也。”段注：“题者，额也。人体额为最上，物之初见即其额也。古发端字作此。今则端行而耑废。”

3. 一字记源词、派生词、他词

恶

《说文・心部》：“恶，过也。从心亚声。”段注：“人有过曰恶。有过而人憎之亦曰恶。本无去入之别。后人强分之。”本义为罪过，引申指不好的、丑的。又引申为憎恶，同时读音变化。

唐石经《论语》中“恶”共出现 39 次：

①不好的、丑的，与美善相对，14 次，如《公冶长》：“子曰：伯夷、叔齐不念旧恶，怨是用希。”

②憎恶，24 次，如《里仁》：“贫与贱，是人之所恶也；不以其道得之，不去也。”读音发生变化，词的派生已经完成，源字记录派生词。

③疑问代词，哪里，1 次，如《里仁》：“君子去仁，恶乎成名？”为“恶”的借用用法。

唐石经《论语》中的一字记录多词主要体现为上述情况。

三、唐石经《论语》一字记录多词反映的文字问题

对唐石经《论语》一字记录多词的现象进行全面整理及数量统计，得到的结果如表 1：

表 1 唐石经《论语》一字记录多词统计表 （单位：个）

一字记录多词		数量
包含兼用	源字记录源词与派生词	52
	源字记录派生词与派生词	5
	孳乳字记录派生词与源词	3
	本字记录本词与同源词	4
包含借用	一字记录本词与他词	23
	一字记录他词与他词	6
包含兼用、借用	一字记录派生词与他词	3
	一字记录同源词与他词	1
	一字记录源词、派生词、他词	4

喻英贤、温敏（2016：375—391）依据李运富的字用理论分析了阮刻本《十三经》中《论语》的字用属性。放马滩秦简和北大汉简［三］也分别有蔡宏炜（2020）、王珊珊（2017）采用相同的理论对其进行过分析①，三种研究的结果如表 2：

表 2 其他三种材料的一字记录多词统计表 （单位：个）

		阮刻本《论语》②	放马滩秦简③	北大汉简［三］④
一字记录	本词、派生词	36	6	13
	本词、他词	28	27	82
	他词、他词	6	12	3
	派生词、他词	—	—	1
	本词、派生词、他词	—	—	1
	本词、他词、他词	—	—	1
总 数		70	45	101
字词关系所占比例		5.6%	4.7%	11.35%

通过本文的分析统计，再参考其他相关研究，我们可以得出如下结论⑤：

① 目前对某种材料的字词关系进行研究的论文还有一些，本文没有加以引用，主要是因为彼此使用的理论方法不完全一致，或是论文中没有统计数据。

② 喻英贤、温敏《阮刻本〈论语〉字词关系研究》，载李运富主编《汉字职用研究·使用现象考察》，中国社会科学出版社，2016 年，375—391 页。

③ 蔡宏炜《放马滩秦简字词关系及相关问题研究》，郑州大学硕士学位论文，2020 年，41 页。

④ 王珊珊《北京大学藏西汉竹书［三］字用研究》，河北师范大学硕士学位论文，2017 年，56 页。

⑤ 唐石经《论语》与另外三种材料中，一字同时有本用、兼用、借用的情况很少，下文暂不讨论。

（一）一字记录多词在汉字中的整体情况

唐石经《论语》中一字记录多词者101例，占总数的8.3%。本文的统计跟阮刻本《论语》的数据有一些差异，主要原因有四个：一是所用的版本不同，阮刻本《论语注疏》中的《论语》原文与唐石经《论语》肯定是有渊源关系的，但二者用字又有所不同。二是对于词的本义的判定，本文主要依据出土材料，而喻、温文虽然没有明确交代，但从其所举例子来看应该主要是以《说文》为依据。有些词的出土材料本义与《说文》本义是不同的，这会影响到字用属性的判断。三是对一些具体字的字用属性的判定不一致，例如“莫”表示无定代词、“齐”用作“斋”，我们都认为是兼用，而喻、温文都认为是借用。四是统计方法不完全相同，我们统计的一字记录多词与一字记录一词、多字记录一词是有重合的。如“归”字记录本词、他词“馈”，同时又与“馈”形成多字记录一词，我们在一字记录多词与多字记录一词两类中均包含了“归”。按照这样的处理，一字记录一词、一字记录多词就可以包括所有单字的字用情况，多字记录一词的例字在前两类中均统计。而喻、温文是将一字记录多词、多字记录一词与一字记录一词并列，像“归”这类只归到多字记录一词。虽然上述原因导致两种版本《论语》中的一字记录多词的比例有所差异，但差异并不大。另外两种材料，分别是秦、汉时期的竹简，无论竹简内容、时代均与唐石经《论语》不同。其一字记录多词的占比与本文的数据都有些差异，因为材料不多，这种差异是否反映时代的不同，不好遽定。

整体上看，上述三种研究与我们的统计数据相差不是很大，应该基本上能够反映一字记录多词在汉字中的情况。一字记录多词在秦、汉、唐三朝都是少量存在，它在保证汉字实现记词功能的前提下，体现了语言的经济性原则。

一字记录多词有些是固定的、基本稳定的，有些是临时的、可能会发生变化的。固定的、基本稳定的包括：有些词汇的派生通过改变读音来实现，并且一直没有新造字；有些是因为文字的借用，久借不归。临时的、后来发生变化的一字记录多词主要源于后来有专字体现词汇的派生与文字的借用。

（二）汉字的兼用与借用

唐石经《论语》中一字记录多词的兼用，我们又将其细化为源字记录源词与派生词、源字记录派生词与派生词、孳乳字记录本词与源词、本字记录本词与同源词。其他几种材料没有将这些小类单列。通过这种更加细致的分析，我们发现兼用中源字记录源词与派生词是普遍情况，占到81%。这在一定程度上说明，在词汇派生过程中，源字记录派生词是比较常见的，这也符合同源词的派生原理。

唐石经《论语》101例一字记录多词中包含兼用的64例，占63.4%，包含借用的29例，占28.7%。阮元刻本《论语》一字记录多词中，包含兼用的（一字记录本词与派生词）占52%，包含借用的（一字记录本词与他词，一字记录他词与他词）占48%。两种版本一致的都是其中的兼用要比借用多。产生差异的原因上文已经分析。放马滩秦简、北大汉简［三］的一字记录多词中借用明显高于兼用。

要评价兼用、借用在汉字中到底是什么情况，不能只关注一字记录多词。有必要参考它们在整个材料中的情况。

表3　四种材料兼用、借用总量统计表　（单位：%）

	兼用所占比例	借用所占比例
唐石经《论语》①	10	12
阮刻本《论语》②	3.3	6.7
放马滩秦简③	0.6	27
北大汉简［三］④	2	23.5

从一字记录多词扩展看去，唐石经《论语》中所有的借用比兼用要多一些，与一字记录多词的情况正相反。阮刻本《论语》整部书中借用要稍多一些，而一字记录多词中的兼用比借用多2例。两个版本的《论语》相参照，兼用、借用的比例都不高，而且二者的差别不大。

放马滩秦简与北大汉简［三］的情况就不一样了，无论是一字记录多词还是整部材料，借用都明显高于兼用。赵平安（1991：28）曾指出因为形声字的大量增加

① 我们统计唐石经《论语》中，借用148例，占12%；兼用124例，占10%。

② 喻英贤、温敏统计阮刻本《论语》中字的本用占94.8%，借用占5.2%，没有兼用，但在一字记录多词中有一字记录本词与派生词，多字记录一词中也有源本字与分化本字共同记录一词，这表明应该是有文字兼用的。根据其《〈论语〉字词关系统计结果》，可以计算出本用（本字记录本词）1101例，借用82例，包括借字记录他词35例、一字记录本词与他词28例、一字记录他词与他词6例，本字与通假字共同记录一词12例，假借字与假借字记录一词1例，兼用共40例，包括一字记录本词与派生词36例，源本字与分化字共同记录一词4例。

③ 蔡宏炜《放马滩秦简字词关系及相关问题研究》中的"字词关系对应统计表"，兼用只有一字记录本词与派生词的6例，借用共259字，包括借字记录他词160例、一字记录本词与他词27例、一字记录他词与他词12例，本字借字共同记录一词56例，借字与借字共同记录一词4例。不重复单字960个。

④ 王珊珊《北京大学藏西汉竹书［三］字用研究》中的"《北京大学藏西汉竹书［三］》字用属性统计表"，兼用共19字，包括一字记录一词的兼用5例、本用+兼用13例、兼用+借用1例。借用共209字，包括一字记录一词的借用123例、本用+借用82例、兼用+借用1例、借用+借用3例。不重复单字890个。

与古文字的隶变，“通假字的剧增大约在战国秦汉时期。战国楚简、帛书里就有不少通假字，到以后的秦汉简帛中，通假的规模达到了登峰造极的地步。”战国秦汉以后，形声字的增加减缓，隶变结束，通假字的数量显著减少。借用中的假借，数量最多的是甲骨文，后来产生的不多。所以唐石经《论语》中的借用随之下降。相比之下，唐石经《论语》兼用数量增加。兼用反映的是词汇派生，王宁（1996：147）指出汉语词汇的派生阶段主要是周秦时期，这一阶段，汉语由已有的旧词大量派生出单音节的新词，并促进了汉字的迅速累增。唐石经《论语》兼用增多，是因为新字已经产生，但仍然使用原字。对比一下敦煌本《论语》、吐鲁番本《论语》，这个现象就可以看得很清楚。

唐石经《论语》中的一字记录多词基本上能反映一字多词在汉字中的整体情况。结合唐石经《论语》整体的字用情况及阮刻本《论语》、放马滩秦简、北大汉简［三］，可以发现，唐石经《论语》中比较显著的变化是借用减少，兼用增多。借用的减少应该与形声字增加减缓、隶变结束有关，兼用增多是因为没有普遍使用已经出现的新孳乳字。

参考文献

（一）古籍

（清）段玉裁　1981 《说文解字注》，上海古籍出版社。

（清）刘宝楠　1990 《论语正义》，中华书局。

（清）阮　元校刻　2009 《十三经注疏》（清嘉庆刊本），中华书局。

（汉）许　慎　1963 《说文解字》，中华书局。

（宋）朱　熹　1983 《四书章句集注》，中华书局。

（二）现代论著、期刊论文

蔡宏炜　2020 《放马滩秦简字词关系及相关问题研究》，郑州大学硕士学位论文。

高　文　1997 《汉碑集释》，河南大学出版社。

高　峡主编　1999 《西安碑林全集》，广东经济出版社、海天出版社。

李家浩　1987 《从战国“忠信”印谈古文字中的异读现象》，《北京大学学报》（哲学社会科学版）第2期。

李运富主编　2016 《论汉字的记录职能》，《汉字职用研究·理论与应用》，中国社会科学出版社。

陆宗达、王　宁　1994 《训诂与训诂学》，山西教育出版社。

毛承慈　2012 《基于字料库的〈诗经〉文字研究》，北京师范大学博士学位论文。

裘锡圭　1992 《说字小记》，《古文字论集》，中华书局。

孙玉文　2007 《汉语变调构词研究》（增订本），商务印书馆。
孙玉文　2015 《汉语变调构词考辨》，商务印书馆。
王凤阳　1993 《古辞辨》，吉林文史出版社。
王　力　1982 《同源字典》，商务印书馆。
王　宁　1996 《训诂学原理》，中国国际广播出版社。
王珊珊　2017 《北京大学藏西汉竹书［三］字用研究》，河北师范大学硕士学位论文。
王　颖　2012 《基于字料库的〈尚书〉文字研究》，北京师范大学博士学位论文。
吴丽君　2013 《〈唐开成石经〉用字状况浅论》，《河北民族师范学院学报》第1期。
向　熹　2007 《唐石经〈诗经〉中的文字》，《语言历史论丛》第1辑。
杨伯峻　1982 《论语译注》，中华书局。
杨树达　2007 《积微居小学述林全编》，上海古籍出版社。
叶玉森　1924 《说契》，《学衡》第31期。
于大成　2018 《谈唐石经》，虞万里编著《二十世纪七朝石经专论》，上海辞书出版社。
喻英贤、温　敏　2016 《阮刻本〈论语〉字词关系研究》，载李运富主编《汉字职用研究·使用现象考察》，中国社会科学出版社。
赵平安　1991 《秦汉简帛通假字的文字学研究》，《河北大学学报》第4期。

中古石刻文献所见晋陕豫方言古文化词*

王力军　何　启

（山西大学，太原，030006）

提　要：中古石刻文献是挖掘和研究方言古文化词的崭新途径，文章从中古石刻文献中提炼方言古文化词用例进行语义考释，分析了这些古文化词在传世石刻文献中的用法，以及与今晋陕豫方言语义上的对应关系，并与当时的史料相互引证，阐释了方言古文化词所承载的文化意蕴和语料价值。

关键词：石刻；方言；古文化词

一、引言

中古石刻文献作为出土新材料，历史悠久、数量巨大、内容丰富、语料可靠，具有极高的史料价值和研究价值，为汉语语汇史研究提供了宝贵的语料。方言是语言发展史上的一面镜子，现代汉语中的方言，有很多古代汉语的通语成分，利用石刻文献材料印证方言古文化词是训释古代词语的一条重要途径。近年我国大力加快石刻文献的整理与数据库建设，石刻文献词汇量丰富，已经成为研究方言古文化词的珍贵语料库，越来越受到汉语词汇史特别是方言词汇史研究者的重视。汉魏六朝时期是中国石刻发展、勃兴的重要时期，碑志铭文有时会带有一定的口语化色彩，保留了方言古文化词的原始面貌，是研究中古语言的珍贵语料。本文从中古石刻文献中选释 12 例方言古文化词，分析其在传世石刻文献中的用法以及与今方言语义上的对应关系，以期为方言词汇史研究增添新的语料资源。

* 本文为 2022 年山西省人文社会科学重点研究基地项目“基于中古石刻文献的方言口传古文化词整理与研究”（编号：2022J006）；2022 年山西省“1331 山西方言口传文化典藏”综合调查研究骨干创新团队提质增效项目；2020 年教育部人文社会科学研究项目（编号：20YJA760081）阶段性成果。

二、古文化词用例

【宾服】义为“顺服，归服”。《尔雅·释诂》：“宾，服也。疏：宾者，怀德而服。”《新序》：“先王所以拱揖指挥，而四海宾者，诚德之至已形于外，故《诗》曰：王猷允塞，徐方既来。”（张玉书、陈廷敬主编，2008：1208）故“宾服”二字同义。《管子·小匡》：“故东夷、西戎、南蛮、北狄，中诸侯国，莫不宾服。”《汉书·食货志上》：“匈奴称藩，百蛮宾服。”（罗竹风主编，1986—1993：14181）在石刻文献中也有“宾服”古词用例，《汉语大词典》未收，可补其缺。东汉建宁四年（171）《西狭颂》：“维恩并隆，远人宾服。”（毛远明，2008：0108）[①]魏光和四年（181）《魏元丕碑》：“彝戎宾服，干戈戢臧。”（毛远明，2008：0136）彝戎即夷戎，《隶释》洪注：“夷戎，作彝戎，它碑所未尝用者。”东夷西戎，泛指边远的少数民族，意指少数民族臣服于汉民族。又引申为佩服、服气。《汉语大词典》所收为元代以后小说用例，《猿听经》第三折：“岂不闻为官者，打一轮皂盖，列两行朱衣，亲戚称羡，乡党宾服。”《红楼梦》第八四回：“那给人家作了媳妇儿，怎么叫公婆不疼、家里上上下下的不宾服呢？”萧军《八月的乡村》：“你不用不宾服，早早晚晚你一定能……那个时候你就服嘴了！”（罗竹风主编，1986—1993：14181）今在山西大同、太谷、忻州、交城，[②]以及陕西长安区、西安等地（熊贞主编，2015：30）的方言中仍保留此意。如：“他清高得很，对谁都不宾服。”“我宾服人家的头脑。”“刘四在学习上哩攒劲儿，谁也不宾服哩！”（李荣，2012a：254）方言中有时在其前加“气”字，如说“他不义地发了财，我总气不宾服”。

【希羡】义为羡慕。“希”，《汉语大词典》释义之一为“仰慕”。《后汉书·王畅传》：“府君不希孔圣之明训，而慕夷齐之末操，无乃皎然自贵于世乎？”晋左思《咏史》之三：“吾希段干木，偃息藩魏君；吾慕鲁仲连，谈笑却秦军。”“希”与“慕”并列出现，意义相近。许书无“希”字。许慎《说文解字·心部》：“慕，习也。”段玉裁《说文解字注》：“慕，习也。习其事者、必中心好之。”（段玉裁，2005：2025）“羡”，《诗·大雅·皇矣》：“无然歆羡，无然畔援。”毛传：“无是贪羡。”《说文解

---

① 《汉魏六朝碑刻校注》的标注为“参考文献+目录序号”。

② 本文在撰写过程中得到了方言学家陕西师范大学“长江学者”乔全生教授的大力支持，并提出了诸多宝贵意见，在此深表谢意！文中山西方言调查结论皆依据对“中国语言资源保护工程·山西汉语方言调查重大项目”的方言发音人的调查所得，文中不再标注出处。

字》释“羡”：“贪欲也。”后引申为“因喜爱而希望得到、羡慕。”《文选·张衡〈思玄赋〉》：“羡上都之赫戏兮，何迷故而不忘。”吕向注：“羡，慕也。”（罗竹风主编，1986—1993：12700）“希”与“羡”意义相近，“希羡”一词为并列结构。

“希羡”词条，《汉语大词典》仅收唐代出典，北魏墓志文献见有“希羡”一词，是目前所见最早的该词出典用例，可补其漏。北魏建义元年（528）《穆彦妻元洛神墓志》：“及其虔顺舅姑，抚遗接幼，居室弼谐，闺房悦睦。乃有识之所景行，达者之所希羡。”（毛远明，2008：0751）这里是赞颂穆彦妻元夫人尊老爱幼，持家有方，受人羡慕。唐永徽二年（651）《仇道及夫人袁氏墓志》：“君自幼及长，守兹仁信，言无二诺。道周百行，不希羡于富贵，又无闷于丘园。”（周绍良主编，1992：永徽023）[①] 这里“不希羡富贵”即不羡慕富贵。

“希羡”一词古今同义。今山西南部运城地区盐湖、临猗、万荣、永济一带，仍保留有这样的用语习惯。如：“我才不希羡呢，不就一个兀嘛！”意思是：“我才不羡慕呢，不就是个那嘛！”

【先时】义为以前、稍早的时候。《汉语大词典》所收清《红楼梦》出典用例较晚，中古石刻文献可见“先时”的古词用例，可作为早期例证增补。北魏永平四年（511）《郑羲下碑》：“先时，假公太常卿、荥阳侯。诣长安，拜燕宣王庙。还，解太常，其给事中、中书令、侯如故。”（毛远明，2008：0470）开元二十八年（740）《张光祐墓志》：“先时，长子简瑜、调补安陆尉，及夫尝药受□[②]，血泣跣从，皆次子简琇至孝之任也。”（周绍良主编，1992：开元518）唐天宝六年（747）《张思暕墓志》：“上党郡府君讳思暕，先时南阳白水人也。”（周绍良主编，1999：14477）唐贞元三年（787）《李绲及妻崔氏墓志铭》：“先时，公为监察御史，留务东洛，传车次于寿安。”（毛阳光、余扶危，2013：434）唐贞元九年（793）《于申墓志》：“先时，诏赐百寮宴麟德殿，上赋诗俾中外属而和之。”（周绍良主编，1992：贞元055）唐元和五年（810）《孙婉墓志铭》：“长史公先时娶河东裴氏夫人，夫人有子二人。”（周绍良主编，1992：元和039）以上诸例，“先时”都是泛指以前或某个时候之前。

“先时”指过去，常与“今”“今日”等表示现在的时间词相对，用来描述事情的发展变化。“先时”一词在史料中最早可见于战国时期，《韩非子·存韩第二》：“前时五诸侯尝相与共伐韩，秦发兵以救之……先时五诸侯共伐秦，韩反与诸侯先为

① 《唐代墓志汇编》的标注为“参考文献＋目录序号”。

② 本文缺字用“□”表示。

雁行以向秦军于关下矣。”“先时”与“前时”并举，意义相近。后世文献中的“先时”所表意义也十分明确。《汉书·高帝纪下》：“先时秦为亡道，天下诛之。”《后汉书·孟尝传》：“先时宰守并多贪秽，诡人采求，不知纪极。”《宋书·夷蛮传》：“臣国先时人众殷盛，不为诸国所见陵迫，今转衰弱，邻国竞侵。”《南齐书·张敬儿传》：“先时足下遣信，寻盟敦旧，厉以笃终，吾止附还白，申罄情本，契然远要，方固金石。今日举错，定是谁愿久言邪？”至明清时期的正史中还有“先时”一词，如《明史·真腊传》：“先时项挂一白线以自别。”《清史稿·姜希辙传》：“然先时传檄，使之预备。”同时，“先时”也大量用于民间戏曲小说，如《水浒传》二一回：“那厮倒直指望我一似先时前来下气。老娘如今却不要耍。”戏曲《精忠旗》第八折：“先时倩红那丫头对我说，要到门儿外与她丈夫说一句话。”《二刻拍案惊奇》卷十七：“魏撰之又把先时竹箭题字，杜子中拾得，掉在他手里，认做另有个姐姐，故把玉闹妆为聘的根由说了一遍。”（姚美玲，2004：27）《汉语大词典》所举例证为《红楼梦》第四九回：“先时你只疑我，如今你也没的说了。”（罗竹风主编，1986—1993：1986）可见自古至今“先时”词义并未发生改变，且文言白话皆可用之。发展至今，普通话口语不再使用“先时”，使用于书面语中读者还可理解其意思。茅盾《烟云》六：“夫人先时让他看着，只装不觉得，可是随即别过脸去，扑嗤地笑了。”（罗竹风主编，1986—1993：1986）今山西吕梁、离石，以及运城盐湖、临猗、垣曲、万荣、新绛、夏县、河津、永济、闻喜、芮城、平陆、绛县等地方言中仍保留有“先时”的说法。如“先时生活好艰难”、“先时说好了，如今又反悔了”。

【乡党】义为同乡、乡亲、家乡朋友。“乡、党”源于周代，为古代民户编制。《周礼·地官·大司徒》：“令五家为比，使之相保；五比为闾，使之相受；四闾为族，使之相葬；五族为党，使之相救；五党为州，使之相赒；五州为乡，使之相宾。”（罗竹风主编，1986—1993：14625）区域划分上的联系使“乡党”连结为叠韵词，表“乡亲邻里”之义，在春秋时期已有运用。《论语·乡党》：“孔子之于乡党，恂恂如也，似不能言者。”（罗竹风主编，1986—1993：14639）意思是孔子见了家乡人，谦卑而恭敬，仿佛不善言辞一样。

“乡党”一词在传世石刻文献中用例颇多，《汉语大词典》中未收石刻文献用例，可补其缺。东汉延熹元年（158）《郑固碑》：“含中和之淑质，履上仁之清操，孝友着乎闺门，至行立乎乡党。”（毛远明，2008：0082）汉熹平六年（177）《尹宙碑》：“君体温良恭俭之德，笃亲于九族，恂恂于乡党，交朋会友，贞贤是与。”（毛远明，2008：0128）汉建安四年（199）《郭择赵汜碑》：“轻财重义，乡党所称。”（冯广宏，2007：9）汉建安十年（205）《樊敏碑》："有夷史之直，卓密之风，乡党见归。"（毛远明，2008：0145）北魏熙平二年（517）《杨舒墓志》："闺门垂孝敬之誉，乡党流泛爱之仁。"（毛远明，2008：0534）北魏神龟三年（520）《辛祥墓志》："温恭信义之行，实资怀抱。是以宗族挹其风，乡党怀其惠。"（毛远明，2008：0571）南朝梁普通三年（522）《萧憺碑》："孝敬尽于君亲，仁义行于乡党。"（毛远明，2008：0316）北魏正光五年（524）《元昭墓志》："君得之不憘，失亦无怨。故州闾服其廉，乡党怀其义矣。"（毛远明，2008：0646）孝昌三年（527）《李达及妻张氏墓志》："事亲尽孝，交友以信。乡党仰而为则，邦壤化其成规。"（韩理洲等，2010：36）孝昌三年（527）《元融墓志》："故朋徒慕义，乡党归仁。"（毛远明，2008：0729）永安元年（528）《源延伯墓志》："色养尽于二亲，逊第率于乡党。"（齐运通，2012：28）太昌元年（532）《宋虎墓志》："内勤孝弟，闺门敬让。外施笃信，义结交友。故风亮泱泱，深为乡党之所雅器。"（毛远明，2008：0835）此句谓志主风节诚信，深为乡党所敬重。天平元年（534）《程哲碑》："泛爱乡党，蹈义恂恂。"（毛远明，2008：0889）西魏大统元年（535）《辛苌墓志》："才兼文武，器能大小，恂于乡党，自家卫国。"（赵力光，2007：21）东魏天平四年（537）《崔鸿妻张玉怜墓志》："承郎接妹，婉顺见美。故以流誉于乡党，传芳于州闾矣。"（毛远明，2008：0906）元象元年（538）《郭挺墓志》："恂巡乡党之亲，府仰邦家之爱。"（贾振林，2011：166）兴和三年（541）《房悦墓志》："宗族称其孝悌，乡党服其温良。"（毛远明，2008：0949）西魏大统十二年（546）《辛术墓志》："见异族亲，称仁乡党。"（王连龙，2013：108）北齐天保二年（551）《崔芬墓志》："恂恂乡党，讷言敏行。"（毛远明，2008：1082）东魏天统元年（565）《房周陁墓志》："乡党未有量其边幅，朋交不能测其浅深。"（毛远明，2008：1222）此句谓乡党未能了解志主学问、才识的宽宏与深广。"乡党"有时也讲"乡里乡党"。汉代碑志中有"州里乡党"和"乡党州邻"的用法，如东汉安二年（143）《景君碑》："遂不劾瘖，永潜长归。州里乡党，陨涕奔哀。"（毛远明，2008：0060）熹平三年（174）《娄寿墓碑》："乡党州邻，见亲爱怀。"（毛远明，2008：0121）

"乡党"作为方言古词自春秋至今久用不衰，也频繁使用于元杂剧，如《薛仁贵》剧楔子："你如今离了村庄，别了乡党，拜辞了年老爹娘。"《冻苏秦》剧第三折："为功名不遂离乡党，合着眼到处里撞。"至今陕西方言仍把老乡叫乡党，其他方言中则很少见。关中方言中同村的人离了村，同县的人在外地，以及在外省遇见本省人皆以"乡党"相称。（朱正义，2004：131）如秦腔《三滴血》剧中贾莲香（白）：

“咱俩都是乡党哩，你连这点儿忙都不帮吗？”陕西俗语云：“乡党见乡党，两眼泪汪汪。”今陕西长安区、西安、临潼、高陵、蓝田、户县、周至、咸阳、三原、泾阳、渭南、蒲城、宝鸡、岐山、扶风等地（熊贞主编，2015：465）都保留有“乡党”用法。

【鸱鸮】“鸱鸮”也作“鵄鸮、鸱枭”，义为猫头鹰。《诗经》中就有一首题目叫《鸱鸮》的诗，是周公时代的作品，距今已有三千多年。《诗经·豳风·鸱鸮》：“鸱鸮鸱鸮，既取我子，无毁我室。”《文选·曹植〈赠白马王彪〉诗》：“鸱枭鸣衡扼，豺狼当路衢。”李善注：“鸱枭、豺狼，以喻小人也。”（罗竹风主编，1986—1993：17883）明王錂《春芜记·解嘲》中把鸱枭与凤雏对举：“他奸谋恣行，恨鸱枭恶吻，把凤雏喧憎。”清储欣评韩愈《平淮西碑》“段文昌以骈四俪六蛙鸣鸱叫之音，易钧天之奏，真不识人间有廉耻事”，以青蛙鸣，鸮鸟叫，比喻段浅陋拙劣的文词。视鸱枭为恶的象征延续至今，陕西关中方言仍用“鸱鸮”比喻贪恶之人。

《汉语大词典》未收石刻文献出典，可补其缺。唐代圣历二年（699）《慕容知廉墓志》：“戴铁冠，执霜简，朝野竦听，台阁生风焉。或出监于军□纠射奸佞，非直熊罴增气，故亦鸱鸮革音矣。”（周绍良主编，1992：圣历032）开元十五年（727）《杨魏成及妻李氏墓志》：“朱轮首涂，清风已远。威惠深到，明允笃诚。鸱鸮革心，柘棘咸翦。”（吴钢主编，2006：149）[①]开元年间（713—741）《安南副都护毕君墓志》：“蛮夷慕教，鸱鸮变声。九真副岭，万里扬旌。”（董诰等，1983：卷293）[②]上述墓志中的“鸱鸮”用例，皆喻义为恶人或小人。今陕西关中方言还称猫头鹰的叫声为“鸱叫”，山西南部方言称猫头鹰为“鸱怪”，均保留了“鸱”的用法及意义。

【颡】本义为额，《说文解字》释：“颡，额也。从页，桑声。”段玉裁《说文解字注》：“颡，頟也。方言。中夏谓之頟。东齐谓之颡。九拜中之顿首必重用其颡。故凡言稽颡者，皆谓顿首。非稽首也。”《方言》第十：“頟，颜，颡也。东齐谓之颡。”（许宝华、宫田一郎主编，1999：7306）頟即额字。可见“颡”在古时即为齐国方言，表“额头”之义。《易·说卦》：“其于人也，为寡发，为广颡，为多白眼”。（罗竹风主编，1986—1993：17158）孔颖达疏：“为广颡，额阔为广颡。”石刻文献中直接用“颡”描述面部容貌，如隋大业七年（611）《廉平县君张涛妻礼氏墓铭》：“方颐大颡，表货殖之饶。修耳隆准，着年龄之远。”（王其祎、周晓薇，2007：342）[③]“方颐大颡”

---

① 《全唐文补遗》的标注为“参考文献＋册数＋页码”。

② 《全唐文》的标注为“参考文献＋卷号”。

③ 《隋代墓志铭汇考》的标注为“参考文献＋目录序号”。

指腮方额宽。天宝二年（743）《大唐广福寺静业和尚墓志》："颡高目秀，口方颧耸，眉长接鬓。"（周绍良主编，1992：天宝031）《唐汉东紫阳先生碑铭》："明堂平白，长耳广颡，挥手振骨，百关有声，殊毛秀采。"（董诰等，1983：卷350）唐周（690—705）《吉浑墓志铭》："身长八尺，明目广颡。"（周绍良主编，1999：14888）元和十三年（818）《唐兴福寺大德大义禅师碑铭》："峻顶方颡，莲目秀眉。"（董诰等，1983：卷715）开成元年（836）《唐大达法师元秘塔碑铭》："既成人，高颡深目，大颐方口，长六尺五寸，其音如钟。"（董诰等，1983：卷743）这些用例"颡"皆指人的额头宽大。但表"额"义的用例，今方言里已难觅其踪。

"颡"在古代文献中除直接表示"额头"义，还经常与"稽、启、顿"等动词结合，表"顿首"义，又引申为"尊敬、臣服"义。《汉语大词典》未收石刻用例出典，中古石刻文献中用例颇多，可为其再添例证。东汉延熹八年（165）《鲜于璜墓碑》："单于怖畏，四夷稽颡。皇上颂德，群黎慕涎。"（毛远明，2008：0094）北魏大统十四年（548）《辛延智造像记》："南化则滨□启误心，西涉则胡主启颡，北训夷狄体善，东据则现生季俗。"（毛远明，2008：0206）这里的"胡主启颡"为西域胡族磕头臣服之义。又如北魏孝昌三年（527）《青州齐郡临淄县造像题记》："然凝素淡泊，魔王伏之高；愧忼悉持，神叩心稽颡。"（韩理洲等，2010：518）东魏天平元年（534）《程哲碑》："与邓艾伐蜀，受律西征，恭行天诛。使城都自溃，刘禅稽颡。"（毛远明，2008：0889）北齐武平元年（570）《吴迁墓志》："公倜傥于皎絜之秋，雄豪于厏步之岁。叱咤则三军稽颡，单醪注水，使戎徒醉满。"（毛远明，2008：1261）武平二年（571）《裴良墓志》："贼魁十余人，感斯遗爱，相率稽颡，顷巢尽落，请罪军门。"（毛远明，2008：1268）大成元年（579）《尉迟运墓志》："秩满言归，华戎恋德，扶老携幼，诣阙稽颡，朝廷抑其固请，方申重寄。"（毛远明，2008：1401）隋大业八年（612）《韩暨墓志》："敕授都督，宣扬皇化，夷狄倾心，屈膝稽颡，咸希朝贺。"（罗新、叶炜，2005：601）万岁通天二年（697）《大周故□州□□□夫人康氏墓志铭》："恐后越常，希先肃慎，倾宗举族，稽颡来王。"（吴钢主编，1994—2007：5—231）景龙三年（709）《大唐阿弥陁石像塔铭》："南通火鼠之乡，咸皆启颡。"（吴钢主编，1994—2007：1—462）唐天宝四年（745）《张亮墓志铭》："捧灵儭以言旋，历惟桑而稽颡，情沦暗井，泪染荒蓁。"（吴钢主编，1994—2007：8—391）天宝九年（750）《陇西李系墓志铭》："时太夫人携孤返洛，侍从将行，稽颡山门，已泣高柴之血。"（周绍良主编，1992：天宝168）大历十四年（779）《唐赵益及妻杨氏墓志铭》："奉公之世系官叙，稽颡而后拜。"（周绍良主编，1992：

大历 081）贞元十五年（799）《唐智力禅师遗德之碑》:“闻名覩颜，启颡归一。”（吴钢主编，1994—2007 : 4—12）《韩国公张仁愿庙碑铭》:“北狄顿颡，山戎来庭。”（董诰等，1983 : 卷 318）

据以上石刻文献诸例，可见“启颡”、“稽颡”、“顿颡”意义相近，为古代一种跪拜礼，屈膝下拜，以额触地。居丧、请罪、投降时行之，本义皆为“磕头”、“叩首”。所谓“叩首”，即“拜手而拱手下至于地，头不徒下至地，且叩触其额，谓之顿首，亦谓之稽颡”。首、颡互称，可知“颡”可以局部代整体，表“头”义。唐李颀《送陈章甫》一诗中说:“陈侯立身何坦荡，虬须虎眉仍大颡。”即用“颡”指头。章炳麟《新方言・释形体》:“西安谓头曰颡。”（许宝华、宫田一郎主编，1999 : 7306）陕西关中方言至今还把头叫“颡（sa[24]）”，（北京大学中国语言文学系语言学教研室，2003: 10）是语音演变中阳声韵丢失韵尾，并入阴声韵的现象。俗语有“雀颡戴不起王帽”。《西安方言词典》中作“䫙”字:“～疼”、“～长得好看”，这些用例中也可说头，但“头发”、“头皮”、“剃头”不能说“䫙”。（李荣，2012b : 70）今陕西长安区、西安、户县、长武、泾阳、临潼、高陵、蓝田、大荔、华县、蒲城、澄城、渭南、铜川、宜君、宝鸡、麟游、商州、镇安、宁陕、白河、安康等地大面积保留。（熊贞主编，2015 : 363）

【戆】义为痴愚、愚笨。《说文解字》释:“戆，愚也。”“愚”与“戆”互训。段玉裁《说文解字注》:“愚者，智之反也。”（张玉书、陈廷敬主编，2008 : 2035）《荀子・儒效》:“狂惑戆陋之人，乃始率其群徒，辩其谈说。”（罗竹风主编，1986—1993 : 10404）荀子辱骂公孙龙是“狂惑戆陋之人”，意为公孙龙是个智障者。随着词义变化，“戆”渐渐带有一些正面色彩，表迂愚而刚直。《史记・高祖本纪》:“王陵可，然陵少戆，陈平可以助之。”《北史・高祖・神武帝》:“韩轨少戆，宜宽借之。”明何景明《进舟赋》:“戆必至于触藩兮，智或流于刻舟。”《清史稿・世祖本纪二》:“诸臣其直言无隐。当者必旌，戆者不罪。”

《汉语大词典》未收石刻用例出典，中古石刻文献用例可补其缺。东汉永兴元年（153）《乙瑛碑》:“臣雄、臣戒愚戆，诚惶诚恐，顿首顿首，死罪死罪。”（毛远明，2008 : 0072）唐大中八年（854）《孙綵妾王氏墓志铭》:“余昧戆且不能声尔令名，然旌尔德，焕尔行，当在子之京奴乎。”（吴钢，2006 : 387）这里的“愚戆”、“昧戆”皆为自贬之词，但可明显体会到并非纯然贬义。

今山西、陕西方言中用“戆”表示愣、鲁莽的意思。如“不要计较，他是个直戆戆”。陕西关中方言中把“傻”叫戆，把智障者叫戆子。山西南部临汾、洪洞等地，以及陕西关中长安区、西安、宝鸡地（熊贞主编，2015：126）还将傻、愣的鲁莽之人称为“二戆子”或“半戆子”。“戆”还保留在粤语中，如新派粤剧取名“刁蛮公主戆驸马”、“痴情英台戆山伯”。

“戆”发展至今又引申出“抬杠”、“争辩”义。萧驰《家事》：“老远的我就看着像，你爷偏和我戆。”王莹《宝姑》：“要老老实实听他俩个讲，陪小老五玩，不许跟他戆！”（罗竹风主编，1986—1993：10404）

【瞀】一义为垂目下视。《说文解字·目部》：“瞀，氐目谨视也。”（氐同低）。《集韵》：“莫侯切，音茂。”《荀子·非十二子》：“瞀瞀然，是子弟之容也。”一义为烦乱，用例较多。屈原《九章·惜诵》：“申侘傺之烦惑兮，中闷瞀之忳忳。”王逸注：“瞀，乱也。”《北史·房彦谦传》：“是非瞀乱。”瞀乱即烦闷、忧虑、心慌意乱。（任克，1995：129）

《汉语大词典》未收石刻用例出典，可补其缺。唐垂拱三年（687）《张成墓志铭》：“南瞻龟浦，则瞀雪飞天。”（周绍良主编，1992：垂拱038）开元六年（718）《许懿墓志》：“逮乎临终，神不瞀乱。”（吴钢主编，1994—2007：5—28）大和六年（832）《王衮墓志铭并序》：“公自外除疮巨之痛，结为痼疾，耿耿不寐，有时而作，盖君子终身之忧，加人数等焉。及此全归，终无瞀乱。”（吴钢主编，1994—2007：4—130）今陕西关中方言中此词义用得很多，例如：“最近麻烦事很多，瞀乱人的很。”

“瞀”又义为眼花目眩、模糊不清。《玉篇》：“瞀，目不明也。”《国语·吴语》：“王乃命有司大徇于军……曰：‘有眩瞀之疾者以告。’”（韦昭本）“瞀”与“眩”同义，指头昏眼花。“瞀病”即指眼花目眩的病症。《庄子·徐无鬼》：“予少而自游于六合之内，予适有瞀病。”成玄英疏：“瞀病，谓风眩冒乱也。”《新唐书·刘季述传》：“季述出百官奏，曰：‘陛下瞀，倦于勤，愿奉太子监国，陛下自颐东宫。’”（罗竹风主编，1986—1993：10842）陕西关中方言谓视觉模糊为“瞀”。如“眼瞀的看不清。”（朱正义，2004：203）

【后生】“后生”作名词讲，一义指后代子孙。《诗经·商颂·殷武》：“寿考且宁，以保我后生。”郑玄笺：“王乃寿考且安，以此全守我子孙。”一义为后辈、下一代。《论语·子罕》：“后生可畏，焉知来者之不如今也。”一义为弟子，学生。《墨子·非儒下》：“夫为弟子后生，其师，必修其言，法其行，力不足知弗及而后已。”孙诒让《墨子间诂》：“后生亦弟子也。”一义为来生。北齐颜之推《颜氏家训·归心》：“若引之先业，冀以后生，更为通耳。”（罗竹风主编，1986—1993：4364）

《汉语大词典》未收石刻文献出典，传世石刻文献中“后生”用例较多，可补其缺。东汉永寿三年（157）《许卒史安国祠堂碑》：“涕泣双并，传告后生。”（毛远明，2008：0081）光和三年（180）《赵宽墓碑》：“于是乃听讼理怨，教诲后生，百有余人，皆成俊艾。”（毛远明，2008：0131）建安十年（205）《樊敏碑》：“书载俊乂，股肱干桢，有物有则，模楷后生。”（毛远明，2008：0145）北魏正光四年（523）《马鸣寺根法师碑》：“大夏闲居，授讲后生。四方慕义，云会如至。”（毛远明，2008：0616）孝昌元年（525）《剧市墓志》：“朋旧伏其絜，后生仰其槩。”（齐运通，2012：19）普泰元年（531）《长孙子梵墓志》：“声价迈于后生，令美光于侪辈。”（韩理洲等，2010：307）太昌元年（532）《于祚妻和丑仁墓志》：“后生仰以为摸，乡邑被其清猷。”（毛远明，2008：0834）东魏武定八年（550）《关胜碑》：“刊石立碑，传示后生。”（毛远明，2008：1033）北齐武平五年（574）《李君颖墓志》：“先达许其致远，后生以为领袖。”（毛远明，2008：1314）等用例皆为后人、晚辈之义。

晋语、吴语、粤语、客家话中仍有“后生”一词，义为青年男子、小伙子，是长辈对男青年的通称。唐寒山《诗三百三首》之二二七：“三五痴后生，作事不真实。”《古今小说·张道陵七试赵升》：“真人年六十余，自服丹药，容颜转少，如三十岁后生模样。”（罗竹风主编，1986—1993：4364）平辈间也可如此称呼。秦腔《玉蝉泪》剧中曹芳儿（唱）：“筵席前老爹爹亲口答应，将奴身许配给沈门后生。碧玉蝉作聘礼又是媒证，这便是姻缘的前姻后情。”今晋陕豫方言仍大面积保留“后生”一词，后字“生”读作轻声。陕西延安、安塞、延川、延长、神木、米脂、清涧、绥德、榆林，（熊贞主编，2015：166）山西太原、祁县、文水、平遥、交城，以及河南南阳（卢甲文、胡曜汀、贾文，1984：46）等地“后生”都作为常用词使用。如“你们后生家。”

【孤堆】“孤堆”也作“骨（圪）堆”或“谷堆”，《汉语大词典》收“孤堆”有两个意思：一为地面上由土或沙堆积成的隆起部分；二为坟堆，借喻死人。（罗竹风主编，1986—1993：5290）但所举用例皆为元代戏曲小说，出典较晚，而该词早在唐代中古石刻文献中就已出现，如唐景龙二年（708）《张騭墓志铭》：“初议葬，小子梦度景于万安山南孤堆东峰之下。”（董诰等，1983：卷232）以及韩愈《饮城南道边古墓上逢中丞过赠礼部卫员外少室张道士》：“偶上城南土骨堆，共倾春酒三五杯。”这里的“骨堆”都指坟堆。宋道原《传灯录》：“浮山远答僧问，祖师西来意云：‘平地上起骨堆。’”（景尔强，2000：109）这句话表达的是“凭空发生祸端”之义。在今陕西关中方言俗语中有“你不能给人平地捏骨堆”的说法。

由文献例证可知，“孤堆”一词在唐宋以来都是作为常用语而使用的。今普通话中该词已消失，在山西方言与陕西关中方言，如山西阳泉、运城盐湖、临猗、万荣、新绛、垣曲、夏县、河津、永济、闻喜、芮城、平陆、绛县等地中则大面积保留，陕西关中俗语还有“二月响雷墓孤堆，三月响雷麦孤堆”的说法。

“骨”作为入声字，读音短促，“骨堆”也渐渐发展成为有晋语特色的词：“圪堆”。“骨堆”是两个合口音连读，两个音节都有［+后］［+高］［+圆唇］三个语音特征，读起来比较拗口，发音省力原理使得语音异化，前字介音丢失，读为“圪”。以“圪”作为前缀组成前加式附加词是晋语的特点之一。（乔全生，2000：2）随着语音演变，“圪堆”在晋语中丢失了“坟墓”义，演变为作量词的“一堆”之义、作名词的“堆儿”之义。如阳泉方言中说：“墙根前堆的那是一孤堆甚？”这是“孤堆”作量词的用法。大同方言中称坟墓为“坟圪堆”、“土圪堆”，这是“圪堆”作名词的用法。

【抽】义为举拔、提拔、擢授。篆文作。《说文解字》：“从手，秀声。”“秀”字，《说文解字》避汉光武帝名讳，没有解释。从古文字来看，“秀”字从“禾”从“引”，战国文字写作。禾类植物开花时花穗往上抽引，因此“秀”是“抽”的声符兼义符，故“抽”有自上而下施力之义。段玉裁《说文解字注》：“《郑风》‘左旋右抽’。《传》曰‘左旋、讲兵。右抽、抽矢以射’。”《楚辞·王褒〈九怀·思忠〉》：“抽库娄兮酌醴，援瓟瓜兮接粮。”王逸注：“引持二星以斟酒也。”（罗竹风主编，1986—1993：8435）“抽”字的施受双方渐渐由人与物扩展到人与人。譬如旧时征兵的方式：“抽丁”，宋文天祥《己未上皇帝书》：“古人抽丁之法，或取之三家，或取之五家。”（罗竹风主编，1986—1993：8435）可见“抽”一字的施者为权力大的一方，受者为权力小的一方。

《汉语大词典》未收石刻文献用例，可补其缺。北魏正始四年（507）《元绪墓志铭》：“及景明初登，选政亲贤，以君国懿道尊，雅声韶发，乃抽为宗正卿。非其好也，辞不得已而就焉。”（毛远明，2008：0430）熙平元年（516）《王昌墓志铭》：“年十有三，起家中散，抽贤之举，转员外散骑侍郎，寻加襄威将军。”（毛远明，2008：0513）熙平元年（516）《吐谷浑玑墓志》：“宣武皇帝简拔英奇，抽引内侍，遂授奉车都尉直寝，侯如故。”（毛远明，2008：0522）以上北朝墓志用例中的“抽”，作为选拔、调动之义，一般是从低级到高级的提拔。今山西、河南、陕西方言中均大面积保留此词义，如“他被（领导）抽走了”、“他被（上面）抽到省里了”。

【缠】义为缠绕、缠缚。《说文解字》“缠，绕也。”义符“糸”，表丝绳，声符

“廛”兼表义，意为古代城镇住宅，故“缠”本义即“盘绕”，后引申为“纠缠”、“搅绕”。《后汉书·班固传》：“汉兴以来，旷世历年，兵缠夷狄，尤事匈奴。”晋陶潜《岁暮和张常侍》：“民生鲜常在，矧伊愁苦缠。”明杨尔曾《韩湘子全传》第二十八回：“我两个是惯弄障眼法儿的，你们快去投别人做师父，莫在此胡缠乱搅。”（罗竹风主编，1986—1993：13568）今普通话中还保留有成语“胡搅蛮缠”。《汉语大词典》未收石刻用例出典，可补其缺。北魏太和二十三年（499）《韩显宗墓志》：“上天不吊，枕疾缠躯。人之云亡，永矣其徂。”（毛远明，2008：0371）这里的“枕疾缠躯”，即“卧病缠身”之意，指久病难治。正光二年（521）《张安姬墓志》：“春秋六十五，因抱缠疹，绸缪弥久，医寮白方，转加增慑。”（毛远明，2008：0593）这里的“疹”为皮肤病，因经久难治，所以说“缠疹”。正光四年（523）《渴丸环墓志》：“天不憖德，以去六月遘疾缠缨，奄然薨任。”（韩理洲等，2010：190）唐贞观十四年（640）《魏君妻雷氏墓志》：“夫人随男赴任，忽遇缠疴，虑月珠之坠深泥，恐白玉沉之秽处，遂舍官归邑，得届乡闾，召集群医，不蒙瘳愈。”（周绍良主编，1992：贞观070）总章二年（669）《杨义妻王氏墓志》：“忽逢疴瘵，久乃缠躬，请法医疗，渐加严而不愈。”（周绍良主编，1992：总章026）咸亨元年（670）《吕道及妻王氏墓志》：“君以屡缠疴瘵，频让弓旌。”（吴钢主编，1994—2007：2—229）永昌元年（689）《氾延仕墓志》：“无那年余耳顺，疾疫诤缠。”（侯灿、吴美琳，2003：584）贞元十六年（800）《赵珠什墓志铭》：“何图上苍不佑，忽染缠疴。”（中国文物研究所、常熟博物馆，2006：2）这些墓志中的用例，“缠”皆为久病缠身，难以治疗的意思。

今河南方言中仍保留有“纠缠”义，如“他得的病缠秧子，很难治”。《洛阳方言词典》中释“缠手”：事情难办，病难治。如：“这事太缠手，一时半时办不了。”“他害那病，缠手没法治。”（贺巍，1996：187）此外，陕西关中长安区、西安，（熊贞主编，2015：48）以及山西南部临汾等地也有这样的说法，如：“这孩子真缠人，我一会儿都走不开。”“这是个缠人佬病。”

三、结语

中古石刻是研究方言古文化词的很重要的一个领域，古代方言文化词蕴含着以往时代社会经济、伦理、习俗的大量信息，方言古文化词具有语言“活化石”的特性。从中古石刻文献中探索方言古文化词，是目前方言研究暂未开辟的研究方向，对深入挖掘方言语料，以及探索中古人文历史都具有全新的学术价值。

本文探讨了中古石刻文献中的12例方言古文化词用例，或被《汉语大词典》所漏收，或在《方言辞典》中无石刻语料，这些古文化词的材料真实可信，可以与当时的史料相引证，可以匡正传世纸本文献的不足。从石刻文献中挖掘新的词语、义项与书证，不仅可以对词典本身做出修订，还可以为近代汉语方言词汇研究增添新的语料。文中列举大量石刻出典用例，并不是简单的资料堆砌，而是想借以强调中古石刻中的方言古文化词作为当时的流行用语而被普遍使用。中古石刻中的方言古文化词作为口头语，很多也出现在当时的史料中，张能甫指出："这种口头语既包含当时的方言土语，也包括一个时代的流行用语。"（张能甫，2002：356）因此，石刻文献中的方言古文化词所承载的文化信息，可以让我们得以窥见当时的语言习惯与时代背景，可以充分还原历史、语言、文字、民俗等社会文化的演变过程，可以解释方言古文化词所承载的超越时空的文化意义。

参考文献

（一）古籍

（唐）董诰等　1983　《全唐文》，中华书局。
（清）段玉裁　2005　《说文解字注》，（台北）艺文印书馆。
（清）张玉书，陈廷敬主编　2008　《康熙字典》，社会科学文献出版社。

（二）现代论著、论文

北京大学中国语言文学系语言学教研室　2003　《汉语方音字汇》，语文出版社。
冯广宏　2007　《都江堰文献集成》，巴蜀书社。
韩理洲等　2010　《全北魏东魏西魏文补遗》，三秦出版社。
贺　巍　1996　《洛阳方言辞典》，江苏教育出版社。
侯　灿、吴美琳　2003　《吐鲁番出土砖志集注》，巴蜀书社。
贾振林　2011　《文化安丰》，大象出版社。
景尔强　2000　《关中方言词语汇释》，陕西人民出版社。
李　荣　2012a　《现代汉语方言大词典·西安方言词典》，江苏教育出版社。
李　荣　2012b　《现代汉语方言大词典·忻州方言词典》，江苏教育出版社。
卢甲文、胡曜汀、贾　文　1984　《河南方言资料》，河南人民出版社。
罗　新、叶　炜　2005　《新出魏晋南北朝墓志疏证》，中华书局。
罗竹风主编　1986—1993　《汉语大词典》，上海辞书出版社。

毛阳光、余扶危　2013　《洛阳流散唐代墓志汇编》，国家图书馆出版社。
毛远明　2008　《汉魏六朝碑刻校注》，线装书局。
齐运通　2012　《洛阳新获七朝墓志》，中华书局。
乔全生　2000　《晋方言语法研究》，商务印书馆。
任　克　1995　《关中方言词语考释》，西安地图出版社。
王连龙　2013　《新见北朝墓志集释》，中国书籍出版社。
王其祎、周晓薇　2007　《隋代墓志铭汇考》，线装书局。
吴　钢　2006　《全唐文补遗：千唐志斋新藏专辑》，三秦出版社。
吴　钢主编　1994—2007　《全唐文补遗》，三秦出版社。
熊　贞主编　2015　《陕西方言大辞典》，陕西人民出版社。
许宝华、（日）宫田一郎主编　1999　《汉语方言大词典》，中华书局。
姚美玲　2004　《唐代墓志词汇研究》，南京师范大学博士论文。
张能甫　2002　《〈旧唐书〉词汇研究》，巴蜀书社。
赵力光　2007　《西安碑林博物馆新藏墓志汇编》，线装书局。
中国文物研究所，常熟博物馆　2006　《新中国出土墓志·江苏（壹）常熟》，文物出版社。
周绍良主编　1992　《唐代墓志汇编》，上海古籍出版社。
周绍良主编　1999　《全唐文新编》，吉林文史出版社。
朱正义　2004　《关中方言古词论稿》，上海古籍出版社。

黑水城汉文文献《七宝供养》整理与校考*

刘 贺

（宁夏大学文学院，银川，750021）

提　要：黑水城汉文文献保存有TK75、A6V1、A11和A21.5四个编号的《七宝供养》，文献“七宝”是指“轮王七宝”，即以金、银、铜、珐琅制作或木雕用以供养的七件宝物。本文对四则《七宝供养》内容进行了整理与比勘，对文献缺字、误字、讹字进行了补充与校正，并对文中因讹化、换旁、简化及草化等原因形成的疑难俗字进行了考释。

关键词：黑水城汉文文献；七宝；疑难俗字；考释

《俄藏黑水城文献》汉文部分有四件内容为《七宝供养》的文献：

TK75《文殊菩萨修行仪轨》，第二册152页。《俄藏黑水城文献·叙录》：西夏写本，线订册页装，共20个整页（孟列夫、蒋维崧、白滨，2000：10），《七宝供养》为第10—11版页。孟列夫《黑城出土汉文遗书叙录》198号作《偈和陀罗尼文集》：“袖诊（珍）[①]祈祷书，以对文殊的称呼语‘愿证文殊’起头，往下是对文殊形象的描述和祈祷文。”（孟列夫，1994：169）

A6V1《供养偈》，第五册160—162页。《俄藏黑水城文献·叙录》（孟列夫、蒋维崧、白滨，2000：39）、孟列夫《黑城出土汉文遗书叙录》282号（孟列夫，1994：227）：“《供养偈》为《解释謌义壹畓》背间抄写文献。”

A11《密教念诵集》，第五册223—225页。《俄藏黑水城文献·叙录》：西夏写本，线订册页装，共33个整页，1个半页（孟列夫、蒋维崧、白滨，2000：40），《七宝供养》为第18—21版页。孟列夫《黑城出土汉文遗书叙录》198号作《仪轨》：

---

* 本文是国家社科基金专项“西域古写经文献汉字的整理、考释与研究”（编号：21VXJ020）的阶段性成果。

① 本文在误字后加括号“（ ）”表示对文献误字的校正，下同。

“叙述了用偈和陀罗尼起誓的仪轨。”（孟列夫，1994：199）

A21.5《供养陀罗尼》，第五册297—298页。《俄藏黑水城文献·叙录》：元写本，线订册页装，共20个整页（孟列夫、蒋维崧、白滨，2000：10），《七宝供养》为第19—21版页。孟列夫《黑城出土汉文遗书叙录》277号作《仪轨》：“描述了金刚天母，记述了崇拜她的道具和仪式。”（孟列夫，1994：222）

一、“七宝”释义

“七宝”指佛经中的七种珍贵之物，说法不一，但可以概括为“七种珍宝”“七种王者之宝”两大类。

第一类为七种珍宝，《佛学常见词汇》：“诸经所说的略有不同，《般若经》所说的是金、银、琉璃、珊瑚、琥珀、砗渠、玛瑙。《法华经》所说的是金、银、琉璃、砗渠、玛瑙、珍珠、玫瑰。《阿弥陀经》所说的是金、银、琉璃、玻璃、砗渠、赤珠、玛瑙。”（陈义孝、竺摩法师，1988：22）《新编佛教辞典》在引《法华经》《阿弥陀经》《般若经》的基础上，另引《无量寿经》作金、银、琉璃、玻璃、珊瑚、玛瑙、碎碟。（陈兵，1994：331）《佛学大辞典》在《法华经》《阿弥陀经》《般若经》《无量寿经》基础上，另引《智度论》作金、银、毗琉璃、颇梨、车渠、马瑙、赤真珠。（丁福保，1991：116）《汉语大词典》在《法华经》《无量寿经》基础上，另引《大阿弥陀经》作黄金、白银、水晶、琉璃、珊瑚、琥珀、砗磲为七宝，《恒水经》作白银、黄金、珊瑚、白珠、砗磲、明月珠、摩尼珠为七宝。（罗竹风主编，1986：168）

第二类为七种王者之宝，又作“轮王七宝”，《新编佛教辞典》：“轮王七宝：亦称七珍。佛经中所说转轮圣王由其福力自然而生的七种宝物：轮宝、摩尼宝、女宝、臣宝、象宝、马宝、将军宝。藏传佛寺中以木、铜等制成七宝形，用以供佛。”（陈兵，1994：331）朱芾煌《法相辞典》：“轮王七宝：《俱舍论》十二卷十二页云：经说轮王出现于世，便有七宝出现世间。其七者何？一者轮宝、二者象宝、三者马宝、四者珠宝、五者女宝、六者主藏臣宝、七者主兵臣宝。”（朱芾煌，1995：1341）《汉语大词典》引《轮王七宝经》作轮宝、象宝、马宝、主藏臣宝、主兵臣宝、摩尼宝、女宝。（罗竹风主编，1986：168）《佛学大辞典》引《长阿含》六卷《转论圣王修行经》作金轮宝、白象宝、绀马宝、神珠宝、玉女宝、居士宝、主兵宝。《俱舍论》作轮宝、象宝、马宝、珠宝、女宝、主藏臣宝、主兵臣宝。（丁福保，1991：2821）

黑水城汉文文献四则《七宝供养》中的“七宝”内容如下：

TK75：宝轮、宝珠、美女、补神（辅臣）、香象、良马、将军；

A6V1：轮宝（宝轮）、宝珠、女宝、臣僚宝、香象、胜马、大将；

A11：宝轮、宝珍、美女、辅臣、香象、良马、将运（军）；

A21.5：轮宝、宝珠、大丽女宝、大臣寮（僚）、大香像（象）、大胜马、大丘。

由上可知，黑水城汉文文献“七宝”与“轮王七宝”内容相同，指“七种王者之宝”。“A21.5”中的“大丘”亦当指“将军”“大将”，《供养陀罗尼》：“大丘此宝亦应施，他冤已害实□□。烦怨贼尚殊胜，新近真如愿证得。”（俄五 A21.5:298:23—21）[①]《供养偈·七宝供养》：“大将此宝以应施，他怨已害实退除。烦恼怨贼尚殊胜，睹近真如愿证得。”（俄五 A6V1:162:40—4）对应作“大将”。

二、黑水城汉文文献《七宝供养》校理

黑水城汉文文献四则《七宝供养》内容相近，通过对四则文献进行整理与对比，有助于相互补充与勘正。本文对四则《七宝供养》文献进行了整理，并对文献中的误字、讹字、缺文等进行了校正与补充，内容如下：

七宝 \ 文献	TK75 文殊菩萨修行仪轨	A6V1 供养偈	A11 密教念诵集	A21.5 供养陀罗尼
宝轮	所有一切如来前，奉献于此大宝轮。愿断相续轮回者，常得转于妙法轮。 唵萨嚩达怛揭怛拶吃啰捺云云	唵十方一切如来前，此大轮宝应供养。续有流转断灭时，愿常永转法轮住。 唵萨啰达曷末怛□曷怛啰捺	所有一切如来前，奉献于此大宝轮。愿断相续轮回有，常得转于妙法轮。 唵云云拶乞啰捺补拶云云	十方一切如来前，此大轮宝应供养。[②]续有流转断灭时，愿常永转法轮住。 唵拶割啰捺
宝珠	所有一切如来前，奉此如意大宝珠，断除饥渴贫乏苦，种种资财愿丰足。 麻你啰捺。 霓帝霓罗捺	唵十方一切明满前，如意宝珠以应施。食济饥馑贫乏者，种种资财愿具足。 啰捺	所有一切如来前，奉献于此大宝珍。愿除饥渴贫乏苦，种种资财愿丰足。 唵云云麻你灌捺云云吽	十方一切明满前，如意宝珠亦应施。实（食）济饥馑贫乏者，种种资财愿具足。 唵云云啰捺

① “俄五 A21.5:298:23—21”：“俄五”为《俄藏黑水城文献》第五册的简称；“A21.5”为文献编号；“298”为页数；“23—21”表示该文献图版共 23 页，例句出现在第 21 页。

② 本文缺字用“□”表示，对缺字进行补充以“养”形式表示，下同。

续表

文献 / 七宝	TK75 文殊菩萨修行仪轨	A6V1 供养偈	A11 密教念诵集	A21.5 供养陀罗尼
女宝	奉此美女大宝故，无明黑闇蠲除已。胜惠了达法界理，双证方便及智慧。 磨诃啰捺	唵大力（丽）女宝以应施，胜惠法界现行已。无明黑闇灭尽时，智惠方便愿双证。 悲底知啰捺	奉此美女火（大）宝故，无明点（黑）暗得蠲除。胜惠悟入法界理，双证方便及智惠。 唵云云觅底觅啰捺云云吽	大丽女宝亦应施，胜惠法界理□□。无明黑暗灭尽时，智惠方便愿双证。 唵云云彼底啰捺
臣僚	奉此补神（辅臣）大宝故，于内外密及三乘。以无量智坚固力，一切功德皆具足。 磨诃啰捺	唵大臣僚宝以应施，内外秘密三乘者，任持无量应直时，集诸功德愿具足。 么诃啰捺	奉此辅臣大宝故，于内外蜜（密）及三乘。以无量智坚持者，一切功德皆具足。 唵云云麻遏啰捺补云云吽	大臣尞（僚）宝亦应时（施），内外秘蜜（密）三乘者。任持无量应智时，集诸功德愿具足。 唵云云摩诃啰捺
象宝	奉此香象大宝故，令灭一切诸有见。跨于无比最上乘，速能往至一切智。 褐斯磨啰捺	唵大香象宝以应施，一切恶见实应断。此实无比实騄其（骑），巧住一切智中超。 曷西谛葛罗捺	奉此香象大宝故，令灭一切诸恶见。跨于无比最上乘，速能往至一切智。 唵云云曷斯啰捺云云	大香像（象）宝亦应时（施），一切恶见实应断。此真无彼实騄骑，巧住一切智中游。 唵云云喝哂底割啰捺
马宝	奉此良马大宝故，远离轮回诸有道。愿得最上神足力，速能往诣正觉土。 [illegible]葛马阿说啰捺	唵大胜马宝以应施，断灭有流转道尽。实得四禅足力时，正觉界中具游翫。 [illegible]罗葛罗捺	奉此良马大宝故，远离轮回诸有道。愿得最上神足力，速能往诣正觉土。 唵云云啰捺你浪葛阿说云云吽	大胜马宝亦应献，断灭有流转道尽。实得四神足力时，正觉戒中去游翫。 唵云云侣啰割啰捺
将军	奉此将军大宝故，于烦恼冤得胜势。摧灭诸余之冤敌，愿得最上无垢染。 葛帝遏啰捺	唵大将此宝以应施，他怨已害实退除。烦恼怨贼尚殊胜，覩近真如愿证得。 葛谛葛啰□捺	奉此将运（军）大宝故，于烦恼竟得胜势。摧灭诸余之竟（劲）敌，愿得最上无垢染。 唵云云葛帝啰捺云云	大丘此宝亦应献，他冤害已实退除。烦恼怨贼尚殊胜，新近真如愿得证。 唵云云割底割啰捺

三、《七宝供养》疑难俗字理据分析

1.《密教念诵集·七宝供养》："奉此羑女火（大）宝故，无明点（黑）暗得蠲除。胜惠悟入法界理，双证方便及智惠。唵云云觅底觅囉捺云云吽。"（俄五 A11: 224:34—19）

"羑"楷正作"羑"，本是"羹"字异写，此处当是"美"字讹俗字。"羹女"与文中"辅臣""香象""良马""将军"并列使用，当是指"美女"。《文殊菩萨修行仪轨·七宝供养偈》："奉此美女大宝故，无明黑暗蠲除已，胜惠了达法界理，双证方便及智惠。觅帝觅罗捺。"（俄二 TK75:153:20—12）对应作"美"。《供养陀罗尼·七宝供养》："大丽女宝亦应施，胜惠法界理□□，无明黑暗灭尽时，智惠方便愿双证。"（俄五 A21.5:298:23—20）对应作"丽女"。《汉语大词典》："丽女，犹丽人。汉蔡邕《协和婚赋》：'丽女盛饰，晔如春华。'南朝梁江淹《水上神女赋》：'一丽女兮，碧渚之崖。'""丽人，美人，佳人。"（罗竹风主编，1986：1294）"丽女"同"美女"。

"美"作"羑"，亦有其变化理据，当是"美"字俗字形与"羹"字俗字形近易误。《偏类碑别字·羊部·羹》引《唐楚州司马桓归秦墓志》："惜乎巨川且济，舟楫无所施其能，和羹尽作，盐梅不可尽其用。"（罗振玉、北川博邦，1975：178）"羹"作"羙"，《碑别字新编·十九画·羹字》引《魏元墓志》"羹"作"羮""羙"，（秦公，1985：431）从两"美"，上下结构，"羮"从羔从美，下部皆从"美"。《偏类碑别字·羊部·美》引《唐定襄县令张楚璋墓志》"美"作"羙"字形，（罗振玉、北川博邦，1975：177）《佛教难字字典·羊部·美》"美"作"羙"。（竹林居士，1988：253）可知"羹""美"俗字相近，下部皆从"美"有"羹"下部"美"字皆简化近似"天"形，如《六书正讹·平声·庚清耕》："鬻，居行切，五味和羹也。从鬲从羔，会意。俗作羙。"（周伯琦，1982—1986：57）《汉魏六朝碑刻异体字典》引《元钦墓志》："若人出处，所在文明。栋梁广厦，盐梅大羹。"（毛远明，2014：178）"羹"作"羑"字形，《碑别字新编·十九画·羹字》引《魏巨平县侯元钦墓志》"羹"作"羙"，（秦公，1985：431）故"美"字在俗字"羙""羙"基础上，受形近"羹"字俗字简化影响，作"羑"。可知"羑"当是"羹"的俗字。

2.《文殊菩萨修行仪轨·七宝供养》"奉此将军大宝故，于烦恼冤得胜势，摧灭诸余之冤敌，愿得最上无垢染。"（俄二 TK75:152:20—11）

“𢿦”当是“敵（敌）”字之讹，《俄藏黑水城汉文佛教文献释录》录作“欲”，（吴超、霍红霞，2018：788）《俄藏黑水城文献TK75〈文殊菩萨修行仪轨〉考释——兼论文殊信仰在西夏的流传》录作“敌”。（李政阳，2016：61）《密教念诵集·七宝供养》：“奉此将军大宝故，于烦恼竟得胜势。摧灭诸余之竟（劲）敌，愿得最上无垢染。”（俄五A11:225:34—21）对应作“敌”。“敌”字左部讹写难识，右部“攵”旁又俗作“犬”旁，《影戏俗字研究》：“姐姐了不得了，那人勇猛无敌。”（温振兴，2012：56）“敌”作“献”，所从“啇”与“𢿦”左部相近，《碑别字新编·十五画·敌字》引《唐玄秘塔碑》作“㪉”，（秦公，1985：322）所从“攵”与“𢿦”右部相同，故“𢿦”当是“敵（敌）”字。

3.《供养陀罗尼·七宝供养》：“大香像（象）宝亦应时（施），一切恶见实应断。此真无彼实騄骑，巧住一切智中游。唵云云喝哂底割囉捺。”（俄五A21.5:297:23—20）

“巧”楷正作“巧”，当是“巧”换构俗字。《供养偈·七宝供养》：“唵大香象宝以应施，一切恶见实应断，此实无比实妄□其，巧住一切智中超。”（俄五A6V1:161:40—3）对应作“巧”。

梁春胜《楷书部件演变研究》：“于，《说文》小篆作‘亐’，隶变作‘亏’，俗书又省作‘丂’。”（梁春胜，2012：140）认为“丂”为“亏”隶变简化。又“亏”“亐”形近易混，故“巧”改从构件“亐”，作“巧”，如《汉魏六朝碑刻校注》引《姚伯多兄弟造像碑》：“绮错尽穷巧之制，修奉清颜，有若真对。”（毛远明，2008：287）“巧”作“巧”，《佛教难字字典》：“巧，巧。”（竹林居士，1988：86）《敦煌俗字典》S2832《愿文等模板·亡兄弟》：“浮幻影于干城，保危形于朽宅；假八万劫，讵免沉沦？”（黄征，2019：897）“朽”作“朽”，《碑别字新编·五画·巧》：“巧，魏姚伯多造像。”（秦公，1985：14）《偏类碑别字·木部·朽》：“朽，隋造龙华碑。”（罗振玉、北川博邦，1975：105）可知“巧”字所从“丂”俗从“亐”，故“巧”为“巧”字俗字形。

4.《供养偈·七宝供养》：“唵十方一切如来前，此大轮宝应供养。續有流转断灭时，愿常永转法轮住。”（俄五A6V1:160:40—1）

“續”当是“續”字。《俄藏黑水城汉文佛教文献释录》录作“后有流转断灭时”。（吴超、霍红霞，2018：1242）《供养陀罗尼·七宝供养》：“十方一切如来前，此大轮宝（宝轮）应供养，续有流转断灭时，愿常永转法轮住。”（俄五A21.5:297:23—20）对应作“续”，《文殊菩萨修行仪轨·七宝供养》：“所有一切如来前，奉献于此大宝轮，愿断相续轮回有，常得转于妙法轮。”（俄二 TK75:152:20—11）对应作“相续”。

“[illegible]”当是“續”字草写字形，左部“糸”形常草作“亻”旁，右部当是“賣”字草写时发生讹变。如《木器等杂物账》：“木器伍拾□□黄绢束带壹条。”（俄四 TK213:218）“绢”作“[illegible]”，《释迦赞》：“彼佛号曰弥陀，三修净戒，□□到饶王佛前发誓愿，南无往生乐念，愿度有缘娑婆。”（俄五 A12.1:232:9—2）“缘”作“[illegible]”，《释迦赞》：“西方宝树，极裁玉叶金花枝，纤手拨开上弦管，南无往生乐念，法曲□有风吹。”（俄五 A12.1:233:9—3）“纖（纤）”作“[illegible]”，《密教仪轨》：“彼等有情欢喜感激恭敬，异口同音，以瑜伽金刚顶尊本续中所说偈句印法记，舒二中指二小指二母指诵：唵□□毕，麻辛怛娘铜。”（俄六 Инв. No. 272:273:4—2）“续”作“[illegible]”。

5.《供养偈·七宝供养》：“唵大臣僚宝以应施，内外秘密三[illegible]者。任持无量应直时，集诸功德愿具足。”（俄五 A6V1:161:40—3）

“[illegible]”当是“乘”字草写字形。《供养陀罗尼·七宝供养》：“大大臣僚亦应施，内外秘密三乘者。”（俄五 A21.5:297:23—20）《密教念诵集》：“奉此辅臣大宝故，于内外蜜（密）及三乘。”（俄五 A11:224:34—20）《文殊菩萨修行仪轨·七宝供养》：“奉此补神大宝故，于内外蜜（密）及三乘。”（俄二 TK75:152:20—10）皆对应作“三乘”。《新编佛教辞典》：“乘，意为运载、运度，谓乘之而能到达目的地，指佛教有关修行之道的教义体系，有二乘、三乘、一乘、五乘、九乘等说法。”（陈兵，1994：21）《佛光大辞典》“九乘次第”：九乘为佛教全部思想史的划分和总结概括，也是修学佛法的道次第，包括声闻乘、缘觉乘、菩萨乘、密、行密、瑜伽密、大瑜伽密、无比瑜伽密、无上瑜伽密。外密指显教声闻乘、缘觉乘、菩萨乘，内密指事作密、行密、瑜伽密。（星云大师，2014：226）

6.《供养偈·七宝供养》：“唵大[illegible]象宝以应施，一切恶见实应断，此实无比实[illegible]其（骑）①，巧住一切智中超。”（俄五 A6V1:161:40—3）

（1）“[illegible]”当是“香”字草写俗字。《供养陀罗尼·七宝供养》：“大香象宝亦应施，一切恶见实应灭。”（俄五 A21.5:297:23—20）对应作“大香象”，《文殊菩萨修行仪轨·七宝供养》：“奉此香象大宝故，令灭一切诸有见。”（俄二 TK75:152:20—11）对应作“香象”，《密教念诵集·七宝供养》：“奉此香象大宝故，令灭一切诸恶见。”（俄五 A11:224:34—20）对应作“香象”。

---

① 原文“实”字后原又一“[illegible]”字，当是“妄”字，衍文。

又如《支祭祀费用 5—2》："每岁致祭，社稷风雨雷师，已准诸路、散府、上中下州官□物钱数，置备牺物、币帛、香果，较之往日，即今增贵，收买不敷，拟合将量添给，如蒙准，呈移咨各省，照会本部，依上施行。"（中七 M1 · 1126[F116:W31]:1398）[①]"香"作"香"，《中国书法大字典 · 香部》"香"作"香""香"等（林宏元，1976：1535），与"香"形体相近。故"香"当是"香"字草写俗字。

（2）"騬"当是"騬"字草化，形体不易辨识。《供养陀罗尼 · 七宝供养》："大香象宝亦应施，一切恶见实应灭。此真无比实騬骑，巧住一切智中游。"（俄五 A21.5:297:23—20）对应作"騬骑"。《汉字古音手册》"骑"属羣声支韵，"其"属羣声之韵（郭锡良，2010：115、116），两字声同韵近，读音相近，故"騬其"当是"騬骑"。

"騬"字左部构件为"马"，同篇后文："唵大胜马宝以应施，断灭有流转道尽。"（俄五 A6V1:162:40—4）"马"作"马"，与之轮廓相近。"騬"右部构件"乘"当是"乘"字草写字形，《供养偈 · 七宝供养》："唵大臣僚宝以应施，内外秘密三乘者，任持无量应直时，集诸功德愿具足。"（俄五 A6V1:161:40—3）"乘"作"乘"，《敦煌俗字典》S. 6557《南阳和尚问答杂征义》："问：大乘最上乘，有何差别？"（黄征，2019：91）"乘"作"乘"。故"騬"当是"騬"字草化俗字。

7.《供养偈 · 七宝供养》："唵大将此宝以应施，他怨已害实退除，烦恼怨贼尚⿰歹米胜，覩近真如头证得，葛帝葛啰□捺。"（俄五 A6V1:162:40—4）

"⿰歹米"楷正作"⿰歹米"，即"殊"字俗字，当是"朱"旁上部"丿"在书写时发生异写，"丿"撇笔写成点笔、竖笔且横笔书写不规范导致"朱"近似"米"形。A21.5《供养陀罗尼》："烦恼怨贼尚殊胜，新近真如愿得证。"（俄五 A21.5:298:23—21）对应作"殊"。又如《敦煌俗字典》敦研 106《大般涅盘经》："尔时文殊师利白佛言。"（黄征，2019：732）"殊"作"⿰歹米"，《汉魏六朝隋唐五代字形表 · 殊》："⿰歹米，唐吴守忠墓志。"（臧克和，2011：611）所从"朱"作"米"。故"⿰歹米"当是"殊"字。

又《中华字海 · 歹部》："⿰歹米，mǐ，音米。米半坏。见《集韵》。"（冷玉龙，1994：801）《汉语大字典 · 歹部》："⿰歹米，米半坏。《集韵 · 荠韵》：'⿰歹米，米半坏。'"（《汉语大字典》编辑委员会，2010：1487）与文意不符。

故"⿰歹米"当是"殊"字，与表示"米半坏"的"⿰歹米"字同形。

---

① "中七"为《中国藏黑水城汉文文献》第七册简称，"M1 · 1126[F116:W31]"为文献编号，"1398"为页数。

参考文献

（一）古籍

（元）周伯琦　1982—1986 《六书正讹》（《文渊阁四库全书》影印本第228册），台湾商务印书馆。

（二）现代论著、期刊论文

陈　兵编著　1994 《新编佛教辞典》，中国世界语出版社。

陈义孝编，竺摩法师鉴定　1988 《佛学常见词汇》，文津出版社。

丁福保　1991 《佛学大辞典》，上海书店出版社。

俄罗斯科学院东方研究所圣彼得堡分所，中国社会科学院民族研究所，上海古籍出版社　1996—2000 《俄藏黑水城文献》（1—6），上海古籍出版社。

俄罗斯科学院东方研究所圣彼得堡分所，俄罗斯科学出版社东方文学部，上海古籍出版社　1992—2001 《俄藏敦煌文献》（1—17），上海古籍出版社。

郭锡良　2010 《汉字古音手册》（增订本），商务印书馆。

《汉语大字典》编辑委员会　2010 《汉语大字典》（第二版），四川辞书出版社、崇文书局。

黄　征　2019 《敦煌俗字典》，上海教育出版社。

冷玉龙　1994 《中华字海》，中国友谊出版公司。

李政阳　2016 《俄藏黑水城文献TK75〈文殊菩萨修行仪轨〉考释——兼论文殊信仰在西夏的流传》，《文殊研究》第3期。

梁春胜　2012 《楷书部件演变研究》，线装书局。

林宏元　1976 《中国书法大字典》，香港中外出版社。

罗振玉、（日）北川博邦　1975 《偏类碑别字》，雄山阁出版社。

罗竹风主编　1986 《汉语大词典》（第1卷、第12卷），上海辞书出版社。

毛远明　2008 《汉魏六朝碑刻校注》，线装书局。

毛远明　2014 《汉魏六朝碑刻异体字典》，中华书局。

（俄）孟列夫著，王克孝译　1994 《黑城出土汉文遗书叙录》，宁夏人民出版社。

（俄）孟列夫著，蒋维崧、白　滨译　2000 《俄藏黑水城文献·叙录》（《俄藏黑水城文献》第六册附录），上海古籍出版社。

秦　公　1985 《碑别字新编》，文物出版社。

塔　拉，杜建录，高国祥　2008 《中国藏黑水城汉文文献》（1—6），北京图书馆出版社。

温振兴　2012 《影戏俗字研究》，三晋出版社。

吴　超、霍红霞　2018 《俄藏黑水城汉文佛教文献释录》，学苑出版社。

星云大师　2014 《佛光大辞典》（增订版），佛光文化出版社。

臧克和　2011 《汉魏六朝隋唐五代字形表》，广东南方日报出版社。

朱芾煌　1995 《法相辞典》，上海佛学书局。

竹林居士　1988 《佛教难字字典》，（台北）常春树书坊。

山西晋城盆地方言泥来母分混的读音及其演变*

原慧艳
（晋中学院中文系，晋中，030619）

提　要：晋城盆地方言存在泥来母相混情况，这在山西晋语中显得比较特殊。文章通过对晋城盆地6个市区县75个乡镇方言深入调查，发现25个乡镇方言存在泥来母混读。总体上看，可以分为三种类型：泥来母不混型、泥母混入来母型、来母混入泥母型。通过研究分析，泥母混入来母无条件可因循，当是古音遗存；来母混入泥母是以阳声韵为条件，当是语音自身演变的结果；娘母字“碾黏挠”读同日母则保留了中古“泥娘分立”、“娘日不分”的痕迹。

关键词：晋语；晋城盆地方言；泥来母；分混；演变

一、引言

中古《切韵》时期，泥来母是不相混的，今多数官话方言仍保留着中古时期的不混，但在汉语方言中，有许多方言存在泥来母相混的情况，如赣语、闽语、粤语、西南官话、江淮官话和陕甘宁青新五省区的中原官话等。在山西方言中，中原官话汾河片“主要表现为泥母洪音字读同来母，读为 [l] 声母，细音读为 [ȵ] 声母”（王晓婷，2017：45），如：运城、芮城、平陆、临猗、夏县、闻喜、侯马等方言。而山西方言晋语区，根据《山西方言调查研究报告》记载，只有“东南区晋城片的高平 1 点，……n l 是否有区别，与韵母有关”。（侯精一、温端政主编，1993：23）

* 本文得到山西省哲学社会科学规划课题“区域方言学视角下沁水方言深度研究”（编号：2022YJ129）和晋中学院博士专项基金项目（编号：JUD2023001）的资助。

为了解晋城盆地泥来母的分混情况，笔者对晋城盆地6个市区县75个乡镇方言泥来母的读音情况进行全面调查，发现晋城盆地方言泥来母的读音情况可以分为三种类型：泥来母不混型、泥母混入来母型、来母混入泥母型。本文将后两种类型统称为泥来母相混型。具体见下文分析。

二、泥来母不混

与山西多数方言一致，晋城盆地多数方言泥母和来母不相混，来母读为[l]，泥母读为[n]或[ȵ]。主要有以下两种类型：

（一）泥母全部读为[n]

分布于胡底、固县、嘉峰、十里、土沃、中村以上属沁水；潞城、古郊、夺火以上属陵川；周村、大阳、川底、大东沟、柳树口、下村、大箕、李寨、山河以上属泽州等18个方言点。具体见表1：

表1　来母读[l]、泥母读[n]的读音情况

方言代表点	来母				泥母			
	老	路	林	龙	拿	暖	娘	女
	效开一	遇合一	深开三	通合三	假开二	山合一	宕开三	遇合三
嘉峰沁水	lɔ^{31}	lu^{53}	liŋ^{24}	lyŋ^{24}/luŋ^{24}	nɒ^{24}	nuæ^{31}	niʌŋ^{24}	ny^{31}
中村沁水	lɔ^{55}	lou^{454}	liŋ^{24}	lyŋ^{24}/luŋ^{24}	nɑ^{24}	nuæ̃^{55}	niʌŋ^{24}	ny^{55}
古郊陵川	lɔo^{55}	luə^{24}	liən^{53}	lyŋ^{53}/luŋ^{53}	nɯ^{24}	nɛ^{55}/nuɛ^{55}	niã^{53}	ny^{55}
川底泽州	lʊ^{212}	lu^{53}	lẽĩ^{24}	lyəŋ^{24}/luəŋ^{24}	nɒ^{24}	nuæ^{212}	niɔ̃^{24}	ny^{212}
大阳泽州	lʊ^{214}	lu^{53}	lẽĩ^{35}	liɔ̃ŋ^{35}	nɒ^{35}	nuæ^{214}	nioŋ^{35}	nyɤ^{214}

（二）泥母在今洪音前读舌尖鼻音[n]，在今细音前读舌面鼻音[ȵ]

分布于凤城、白桑、次营、东冶、董封、固隆、河北（镇）、横河、驾岭、芹池、寺头、町店、西河、演礼、蟒河、北留、润城以上属阳城；端氏、郑村、苏庄、龙港、樊村河、张村以上属沁水；平城、秦家庄以上属陵川；晋城城区；高都、金村、晋庙铺、南村、犁川、高都以上属泽州等32个方言点。具体见表2：

表 2　来母读 [l]、泥母洪音读 [n]、泥母细音读 [ȵ] 的读音情况

方言代表点	来母		泥母					
			洪音			细音		
	老	林	拿	内	暖	娘	女	镊
	效开一	深开三	假开二	蟹合一	山合一	宕开三	遇合三	咸开三
凤城$_{\text{阳城}}$	lo^{31}	liə̃ĩ^{33}	na^{33}	nae^{53}	nuɛ^{31}	ȵiʌŋ^{22}	ȵy^{31}	ȵiɐʔ$^{\underline{22}}$
润城$_{\text{阳城}}$	lɔ^{31}	liəŋ^{24}	nɒ^{24}	nae^{53}	nuæ^{31}	ȵiᴀŋ^{22}	ȵy^{312}	ȵiaʔ$^{\underline{22}}$
端氏$_{\text{沁水}}$	lɔ^{31}	liŋ^{24}	nɒ^{24}	nai^{53}	nuæ^{31}	ȵiɑŋ^{24}	n̩^{31}/ȵy^{31}	ȵiaʔ$^{\underline{22}}$
平城$_{\text{陵川}}$	lɔo^{312}	lɪ^{53}	nɑ^{53}	nuei^{24}	nɑŋ^{312}	ȵiɑŋ^{53}	ȵy^{312}	ȵiᴀʔ$^{\underline{33}}$
晋城城区	lo^{224}	lẽĩ^{224}	nɒ^{224}	nuɯ^{53}	nuɛ^{224}	ȵiɔ̃^{224}	ȵyə^{224}	ȵia^{55}
高都$_{\text{泽州}}$	lo^{312}	liẽ^{35}	nɑ^{35}	nuai^{53}	nuæ̃^{312}	ȵiɔ̃^{35}	ȵy^{312}	ȵia^{55}

三、泥来母相混

晋城盆地方言泥来母相混属于部分相混，主要分布于高平城区、神农、永禄、寺庄、原村、北诗、河西、陈区、石末、三甲、野川、米山、马村、建宁$_{\text{以上属高平}}$；西河底、附城、礼义、杨村、六泉、崇文、马圪当$_{\text{以上属陵川}}$；柿庄、郑庄$_{\text{以上属沁水}}$；北义城、南岭$_{\text{以上属泽州}}$等 25 个方言点，各方言点泥来母相混的韵摄有所不同，辖字数量不一。

（一）泥母混入来母

泥母读为 [l]，主要来源于果摄、蟹摄、效摄、流摄、宕摄、梗摄和咸山摄的入声、宕摄的入声，具体见表 3：

表 3　泥母混入来母的读音情况

方言代表点	果	蟹		效			流		宕	梗	咸入		山入	宕入
	挪糯	耐奈奶	内	脑恼	闹	尿	扭	纽	酿	宁	纳	镊聂	捏	诺
神农$_{\text{高平}}$	1	1	1	1	1	1	1	1	-	-	1	1	1	1
高平$_{\text{城区}}$	-	-	-	-	-	1	1	1	-	-	-	-	-	-
永禄$_{\text{高平}}$	-	-	-	-	-	1	1	1	-	-	-	-	-	-
寺庄$_{\text{高平}}$	-	-	-	-	-	1	1	1	-	-	-	-	-	-
原村$_{\text{高平}}$	-	-	-	-	-	1	1	1	-	-	-	-	-	-
北诗$_{\text{高平}}$	-	-	-	1	-	1	1	1	-	-	-	-	-	-
河西$_{\text{高平}}$	-	-	-	-	-	1	1	1	-	-	-	-	-	-
陈区$_{\text{高平}}$	-	-	-	-	-	1	1	1	-	-	-	-	-	-
石末$_{\text{高平}}$	-	-	-	-	-	1	1	1	-	-	-	-	-	-

续表

方言	果	蟹		效			流		宕	梗	咸入		山入	宕入
代表点	挪糯	耐奈奶	内	脑恼	闹	尿	扭	纽	酿	宁	纳	镊聂	捏	诺
三甲高平	-	-	-	-	-	1	1	1	1	-	-	-	-	-
野川高平	-	-	-	-	-	1	1	1	-	-	-	-	-	-
米山高平	-	-	-	-	-	1	1	1	-	-	-	-	-	-
北义城泽州	-	-	-	-	-	1	1	1	-	-	-	-	-	-
建宁高平	-	-	-	-	-	-	1	-	1	1	-	-	-	-
马村高平	-	-	1	-	-	1	-	-	1	1	-	-	-	-
柿庄沁水	1	-	-	-	-	1	1	1	-	-	-	1	-	-
西河底陵川	-	-	-	-	-	1	-	-	1	-	-	-	-	-
礼义陵川	1	1	-	-	-	-	1	1	1	-	-	-	-	-
附城陵川	-	-	-	-	-	1	1	1	-	-	-	-	-	-
南岭泽州	-	-	-	-	-	1	1	1	-	-	-	1	-	-

说明：表中“-”表示读 [n]。

表 3 中所列 19 个字是晋城盆地方言中泥母读 [l] 的所有字。来源于中古阴声韵的有 12 个字，中古阳声韵的有 2 个字，中古入声韵的有 5 个字；读洪音的有 11 个字，读细音的有 8 个字；涉及字数最多的是神农方言，有 17 个字读为 [l]，占比为 89.4%；涉及字数最少的是西河底方言，只有 2 个字，占比为 10.5%。分布最广的是“尿效扭流”，20 个方言点中有 18 个点读为 [l]。

另外，“鸟”是端母字，故表 3 中未列出。在高平城区、神农、永禄、寺庄、原村、北诗、河西、石末、三甲、野川、米山以上属高平；柿庄属沁水；附城属陵川；北义城属泽州等 14 个方言点读为 [l]。

“酿泥三”有 55 个方言点读为 [l]，但是在泥来母深度混读的高平市所辖 12 个方言点中，只有位于高平边缘的马村和建宁读 [l] 声母。我们认为这一现象与其他泥母字读 [l] 的性质不同，这应当是一种讹读。因为“酿”在人们日常生活中并不常用，当地人很少说“酿酒”，即使有也称为“做酒”，而“酿”的声符是“良”，人们也就根据声符讹读为 [l] 了。

（二）来母混入泥母

来母读为 [n]，主要来源于咸摄、深摄、山摄、臻摄、宕摄、曾摄、梗摄和通摄 8 个阳声韵。根据来母混入泥母情况，分为三种类型：A. 全部混入型、B. 部分混入型、C. 个别混入型。具体见表 4：

表 4　来母混入泥母的读音情况

类型	方言点	咸摄	深摄[①]	山摄		臻摄		宕摄		曾摄		梗摄	通摄
				开	合	开	合	开一	开三	开一	开三		
A	高平城区	n	n	n	n	n	n	n	n	n	n	n	n
	神农高平	n	n	n	n	n	n	n	n	n	n	n	n
	永禄高平	n	n	n	n	n	n	n	n	n	n	n	n
	寺庄高平	n	n	n	n	n	n	n	n	n	n	n	n
	原村高平	n	n	n	n	n	n	n	n	n	n	n	n
	北诗高平	n	n	n	n	n	n	n	n	n	n	n	n
	河西高平	n	n	n	n	n	n	n	n	n	n	n	n
	陈区高平	n	n	n	n	n	n	n	n	n	n	n	n
	石末高平	n	n	n	n	n	n	n	n	n	n	n	n
	三甲高平	n	n	n	n	n	n	n	n	n	n	n	n
	野川高平	n	n	n	n	n	n	n	n	n	n	n	n
	米山高平	n	n	n	n	n	n	n	n	n	n	n	n
	北义城泽州	n	n	n	n	n	n	n	n	n	n	n	n
B	附城陵川	n	n	n	n	n	-	n	n	n	n	n	n
	柿庄沁水	n	n	n	n/l	n	-	n	n	n	n	n	n/l
	礼义陵川	n	n	n/l	n	n	n/l	n	-	n	n	n	n
	杨村陵川	n	-	n	n	-	-	n	-	n	n	n	n
	西河底陵川	n/l	-	n/l	n	-	n/l	n/l	n/l	n	-	n/l	n/l
	建宁高平	n/l	n/l	n/l	n/l	n	-	-	-	-	-	-	-
	马村高平	n/l	-	-	n/l	-	-	-	-	n	-	-	n/l
C	六泉陵川	-	-	n/l	n/l	-	-	-	-	-	-	-	-
	崇文陵川	-	-	-	-	-	-	-	-	-	-	n/l	-
	马圪当陵川	-	-	n	-	-	-	-	-	-	-	-	-
	郑庄沁水	-	-	-	-	-	n	-	-	-	-	-	-

说明：表中“-”表示读 [l]，“n/l”表示两读。

A 为全部混入型，所有来母全部读为 [n]，主要分布于高平核心区域的 13 个方言点；B 为部分混入型，来母和泥母部分混读，主要分布于与高平核心区域相接的 7 个方言点；C 为个别混入型，只有个别来母字读为 [n]，主要分布于高平方言边缘地带的 4 个方言点。具体例字如下：

A 型，全部混入型。选取高平城区方言为代表点，列出所有来母读为 [n] 的例字。

---

① 深摄开口三等字“赁”中古音是泥母字，但与来母混入泥母的读音规律一致，因此纳入此类型讨论。

高平城区 n>l：溇蓝篮览揽榄滥缆咸开一[næ̃] | 廉镰帘敛殓咸开三[nĩ ɛ̃] ‖ 林淋临檩深开三[nĩ] ‖ 兰拦栏懒烂山开一[næ̃] | 连联辇山开三[nĩ ɛ̃] | 怜莲练炼山开四[nĩ ɛ̃] | 鸾卵乱山合一[nuæ̃] | 恋山合三[nĩ ɛ̃] ‖ 邻鳞磷臻开三[nĩ] | 论仑臻合一[nuẽĩ] | 伦沦轮臻合三[nuẽĩ] ‖ 郎廊狼朗浪宕开一[nɔŋ] | 良凉量粮梁粱两亮谅辆量宕开三[niɔŋ] ‖ 楞曾开一[nɐŋ] | 陵凌菱曾开三[niɐŋ] ‖ 冷梗开二[nɐŋ] | 领岭令梗开三[niɐŋ] | 灵零铃伶拎翎另梗开四[niɐŋ] ‖ 笼聋拢弄通合一[nuəŋ] | 隆陇[nuəŋ] 龙垄 [niuəŋ]通合三

B 型，部分混入型。为方便对照，列出各方言点来母仍读为 [l] 的例字。

附城陵川 n>l：溇蓝篮览揽榄滥缆咸开一[nɛ] | 廉镰帘殓咸开三[nĩ ĩ] ‖ 林淋临檩深开三[nĩ ĩ] ‖ 兰拦栏懒烂山开一[nɛ] | 连联辇山开三[nĩ ĩ] | 怜莲练炼山开四[nĩ ĩ] | 鸾卵乱山合一[nuɛ] | 恋山合三[nuɛ] ‖ 邻鳞磷臻开三[nĩ ĩ] ‖ 郎廊狼朗浪宕开一[nɑ̃] | 良凉量粮梁粱两亮谅辆量宕开三[niɑ̃] ‖ 楞曾开一[nəŋ] | 陵凌菱曾开三[niəŋ] ‖ 冷梗开二[nəŋ] | 领岭令梗开三[niəŋ] | 灵零铃伶拎翎另梗开四[niəŋ] ‖ 笼聋拢弄通合一[nuŋ] | 隆 [nuŋ] 龙陇垄 [nyŋ]通合三

l>l：论仑臻合一[luẽĩ] | 伦沦轮臻合三[luẽĩ]

柿庄沁水 n>l：溇蓝篮览揽榄滥缆咸开一[næ] | 廉镰帘咸开三[niɛ] ‖ 林淋临檩深开三[niə̃n] ‖ 兰拦栏懒烂山开一[næ] | 连联辇山开三[niɛ] | 怜莲练炼山开四[niɛ] | 卵乱山合一[nuæ] | 恋山合三[niɛ] ‖ 邻鳞磷臻开三[niɛ] ‖ 郎廊狼朗浪宕开一[nɔŋ] | 良凉量粮梁粱两亮谅辆量宕开三[niɔŋ] ‖ 楞曾开一[nɛe] | 陵凌菱曾开三[niə̃n] ‖ 冷梗开二[nɛe] | 领岭令梗开三[niə̃n] | 灵零铃伶拎翎另梗开四[niə̃n] ‖ 拢弄通合一[nə̃ŋ] | 龙 [nə̃ŋ]通合三

l>l：敛殓咸开三[liɛ] ‖ 鸾山合一[luæ] | 论仑臻合一[luɛe] | 伦沦轮臻合三[luɛe] ‖ 笼聋通合一[lə̃ŋ] | 隆陇垄 [lə̃ŋ]通合三

礼义陵川 l>n：溇蓝篮览揽榄滥缆咸开一[nãẽ] | 廉镰帘殓咸开三[nĩ] ‖ 林淋临檩深开三[nĩ] ‖ 兰拦栏懒烂山开一[nãẽ] | 连联辇山开三[nĩ] | 怜莲练炼山开四[nĩ] ‖ 卵乱山合一[nuãẽ] | 恋山合三[nuãẽ]/[nĩ] ‖ 邻鳞磷臻开三[nĩ] ‖ 论仑臻合一[nuẽĩ] | 伦沦轮臻合三[nuẽĩ] ‖ 郎廊狼朗浪宕开一[nɑŋ] ‖ 楞曾开一[nəŋ] | 陵凌菱曾开三[niəŋ] ‖ 冷梗开二[nəŋ] | 领岭令梗开三[niəŋ] | 灵零铃伶拎翎另梗开四[niəŋ] ‖ 笼聋拢弄通合一[nuŋ] | 隆 [nuŋ] 龙陇垄 [nyŋ]通合三

l>l：怜山开四[liəŋ] ‖ 轮臻合三[luei] ‖ 良凉量粮梁粱两亮谅辆量宕开三[liɑŋ]

杨村陵川 l>n：溇蓝篮览揽榄滥缆咸开一[nãẽ] | 廉镰帘殓咸开三[nin] ‖ 兰拦栏懒烂山开一[nãẽ] | 连联辇山开三[nin] | 怜莲练炼山开四[nin] | 卵乱山合一[nuãẽ] | 恋山合三[nin] ‖ 郎廊狼朗浪宕开一[nɑŋ] ‖ 楞曾开一[nəŋ] | 陵凌菱曾开三[niəŋ] ‖ 冷梗开二[nəŋ] | 领岭令梗开三[niəŋ] | 灵零铃伶拎翎另梗开四[niəŋ] ‖ 笼聋拢弄通合一[nuŋ] | 隆 [nuŋ] 龙陇垄 [nyŋ]通合三

l>l：林淋临檩深开三[lin] ‖ 邻鳞磷臻开三[lin] ‖ 论仑臻合一[nuẽĩ] | 伦沦轮臻合三[nuẽĩ] ‖

良凉量粮梁粱两亮谅辆量宕开三 [liɑŋ]

西河底陵川 l>n：溇咸开一 [næ̃] ‖ 辇山开三 [nĩ] | 练炼怜山开四 [nĩ] | 鸾卵 [nuæ̃] 乱 [nuæ̃]/[luæ̃]山合一 ‖ 邻鳞磷臻开三 [nĩ] ‖ 论仑臻合一 [nuɛ̃ẽ] ‖ 廊宕开一 [nã] | 亮宕开三 [niã] ‖ 楞曾开一 [nɛ̃ẽ] ‖ 冷梗开二 [nɛ̃ẽ] | 另梗开四 [nĩ] ‖ 笼聋拢弄通合一 [nəŋ] | 陇 [nəŋ] 龙垄 [niəŋ]/[liəŋ]通合三

读 [l]：蓝篮览揽榄滥缆咸开一 [læ̃] | 廉镰帘敛殓咸开三 [liɛ] ‖ 林淋临檩深开三 [lĩ] ‖ 兰拦栏懒烂山开一 [læ̃] | 连联山开三 [liɛ] | 莲山开四 [liɛ] | 恋山合三 [liɛ] | 伦沦轮臻合三 [luɛ̃ẽ] ‖ 郎狼朗浪宕开一 [lã] | 良凉量粮梁粱两谅辆量宕开三 [liã] ‖ 陵凌菱曾开三 [lĩ] ‖ 领岭令梗开三 [lĩ] | 灵零铃伶拎翎另梗开四 [lĩ] ‖ 隆通合三 [ləŋ]

建宁高平 l>n：溇咸开一 [næ̃] ‖ 辇山开三 [nĩ] | 怜练山开四 [nĩ] | 卵山合一 [nuæ̃] | 恋山合三 [nĩ] ‖ 邻鳞磷臻开三 [nĩ] ‖ 弄通合一 [nuŋ]

l>l：蓝篮览揽榄滥缆咸开一 [læ̃] | 廉镰帘敛殓咸开三 [lĩ] ‖ 林淋临檩深开三 [lĩ] ‖ 兰拦栏懒烂山开一 [læ̃] | 连联开三 [lĩ] | 莲炼山开四 [lĩ] | 鸾乱山合一 [luæ̃] ‖ 论仑臻合一 [luẽĩ] | 伦沦轮臻合三 [luẽĩ] ‖ 郎廊狼朗浪宕开一 [lɑ̃] | 良凉量粮梁粱两亮谅辆量宕开三 [liɑ̃] ‖ 楞曾开一 [ləŋ] | 陵凌菱曾开三 [liəŋ] ‖ 冷梗开二 [ləŋ] | 领岭令梗开三 [liəŋ] | 灵零铃伶拎翎另梗开四 [liəŋ] ‖ 笼聋拢通合一 [luŋ] | 隆陇 [luŋ] 龙垄 [lyŋ]通合三

马村高平 l>n：溇咸开一 [næ̃] ‖ 鸾卵山合一 [nuæ̃] | 恋山合三 [nuæ̃]/[liɛ] ‖ 楞曾开一 [nẽ] ‖ 弄通合一 [nə̃ŋ] | 隆 [nə̃ŋ]通合三

l>l：蓝篮览揽榄滥缆咸开一 [læ̃] | 廉镰帘敛殓咸开三 [liɛ] ‖ 林淋临檩深开三 [lẽĩ] ‖ 兰拦栏懒烂山开一 [læ̃] | 连联辇山开三 [liɛ] | 怜莲练炼山开四 [liɛ̃] | 乱山合一 [luæ̃] ‖ 邻鳞磷臻开三 [lẽĩ] | 论仑臻合一 [luẽ] | 伦沦轮臻合三 [luẽ] ‖ 郎廊狼朗浪宕开一 [lɔŋ] | 良凉量粮梁粱两亮谅辆量宕开三 [liɔŋ] ‖ 陵凌菱曾开三 [lẽĩ] ‖ 冷梗开二 [lẽ] | 领岭令梗开三 [lẽĩ] | 灵零铃伶拎翎另梗开四 [lẽĩ] ‖ 笼聋拢通合一 [lə̃ŋ] | 陇 [lə̃ŋ] 龙垄 [liə̃ŋ]通合三

C 型，个别混入型。各方言点来母读 [n] 的只有个别字，因此这里只列出各方言点来母读 [n] 的例字，来母读 [l] 的字不再列出。

六泉陵川 l>n：懒山开一 [næ̃] | 鸾山合一 [nuæ̃]

崇文陵川 l>n：另梗开四 [niəŋ]

马圪当陵川 l>n：溇咸开一 [nɛi]

郑庄沁水 l>n：轮臻合三 [niə̃ŋ]

从上述材料中可以看出，晋城盆地方言来母混读为 [n] 主要来源于阳声韵，但是端氏沁水方言流摄三等来母字“柳 = 扭”读为 [ȵiɔu^{31}]，这在晋城盆地方言是个孤例，端氏沁水方言也只有这一个字混读。

四、泥母中的例外字

晋城盆地方言泥母字除读 [n]、[ȵ] 或 [l] 之外，还有几个例外字，具体见表 5：

表 5 泥母例外字的读音及分布情况

例外字	读音	方言点	方言点数量
泥泥四	m	崇文、潞城、礼义、杨村、平城、夺火以上属陵川；米山、神农、建宁、陈区以上属高平；十里沁水	11
碾娘三	ʐ	高平城区、野川、神农、马村、米山、原村、陈区、北诗、石末、三甲、河西、北诗以上属高平、李寨、大东沟、南岭、川底、柳树口、下村、山河以上属泽州、端氏、嘉峰以上属沁水；润城、北留以上属阳城；附城陵川	29
	z	十里、胡底、固县、柿庄、郑庄以上属沁水	
黏娘三	ʐ	西河、董封、寺头、润城、北留、白桑、町店、驾岭、东冶、演礼、河北（镇）、固隆以上属阳城；马村、原村、三甲以上属高平；端氏、嘉峰以上属沁水；附城、西河底以上属陵川	25
	z	十里、胡底、固县以上属沁水；芹池、蟒河、次营以上属阳城	
挠娘二	ʐ	端氏、郑村、嘉峰以上属沁水；润城、北留以上属阳城；六泉陵川；周村泽州；北诗高平	9
	z	十里沁水	

“泥”读为双唇音声母 [m]，与“迷”同音，这在山西方言其他片未曾见到，《汉语方音字汇》（2003）中也仅有合肥方言一个点读为 [mʅ]，可见这是晋语上党片区别于山西其他片的一个特点。据张光宇（2019：130）考察，这一语音现象比较密集地分布于山东、吉林和安徽三省的一些方言点。对于其形成的原因，张文引用 Ohala 的实验认为“这种变化（ni>mi），很早就引起整合音系学家的注意。就听觉测试而言，[mi] 和 [ni] 容易混淆，就声学实验而言，其变化很可能起于鼻音的含混性质，以及与共振峰过渡非常相似”。这表明“泥读为迷”是语音在发音机制上 [ni][mi] 相似，进而引起听感上的一致而形成的一种特殊语音现象。

娘母二三等字“碾黏挠”的声母与泥母字不同，而与日母字声母相同，读为舌尖浊擦音 [ʐ] 或 [z]，这一读音在晋城盆地方言乃至上党片显得比较特殊。

综上所述，晋城盆地方言泥来母相混有以下三个特点：

一是泥母混入来母比较零散且无条件可循，来母混入泥母发生在中古阳声韵。

二是凡泥来母相混的方言，泥母细音读为 [n]，不读为 [ȵ]。

三是泥母二三等字“碾黏挠”读为 [z] 或 [ʐ]，与日母合流。

五、泥来母混读演变的探讨

庄初升（2004：136）认为："泥来母在方言中从有别到不分，应该是比较晚近才发生的。"但是罗常培先生（2018：115）根据《开蒙要训》中的泥来互注例："历"注"溺"，"农"注"醲"，将泥、来两母拟作 [l]。龚煌城（2004：264）从西夏与汉语对音文献《番汉合时掌中珠》中发现"农"与"糯"转入来母，可见早在唐五代和宋代，西北方音泥来母就已经有了相混的迹象。我们注意到，这两本文献所记录的都是泥母混入来母，没有来母混入泥母的现象。

在现代汉语方言中，泥来母的分混有多种类型。根据黄燕（2007）、田恒金（2009）研究，泥来母的混读大致分为三种类型：第一种类型，无条件全部混读型。这一类型主要分布于南方方言，具体有全部读 [n] 的，如安徽绩溪、四川达县、湖南泸溪等地方言；有全部读 [l] 的，如福建南平、四川宜宾、广州等地方言；也有 [n][l] 自由混读的，如湖南安乡和邵阳、江西南昌、江苏涟水等地方言。第二种类型，以韵母洪细为条件混读型。这一类型也多见于南方方言，如湖南城步、湖北阳新和江西的高安、大余、永丰等；散见于官话方言的，如甘肃定西和陕西扶风、平利以及中原官话汾河片的一些方言。这种类型混读形式是以泥母洪音混入来母读 [l] 声母，泥母细音前读 [ȵ] 最为普遍。第三种类型，以韵母的鼻音韵（包括鼻化韵和鼻尾韵）和口音韵为条件混读型。这类型大致分为三种情况：（1）鼻音韵尾前混读为 [n]，口音韵前读为 [l] 或 [n][l] 自由变体，如安徽祁门、广西全州；（2）在口音韵中，泥母洪音前读 [n]，细音前与来母混读为 [l]。在鼻音韵中，鼻尾韵前二母混读为 [l]，鼻化韵前混读为 [n]，如福建漳平；（3）鼻韵尾前多读为 [n]，口音韵洪音前多读为 [l]，细音前多读为 [ȵ]。

结合前文泥来母读音情况看，晋城盆地方言泥来母混读现象似乎应该属于第三种类型，即以韵母的鼻音韵和口音韵为条件混读型，但是仔细分析，第三种类型中的三种情况与晋城盆地方言又不尽相同。首先，第三种混读型是从今音角度分为鼻音韵和口音韵，而晋城盆地方言泥来母的混读是从古音角度分为阴声韵和阳声韵，即泥母在中古阴声韵中混入来母，在阳声韵中来母混入泥母。其次，第三种混读型混读后有的可以自由变体，有的仍根据洪细为条件进行混读，而晋城盆地方言泥来母的混读与韵母的洪细无关，只与韵母的阴阳有关，且混读后不存在变体。

既然晋城盆地方言泥来母的混读条件是韵母的阴阳，那一定与韵尾有关。从前文读音情况看，晋城盆地方言中，来母混入泥母的范围远大于泥母混入来母，有 13 个方言点阳声韵来母全部混入泥母。中古阳声韵都是有鼻音韵尾的，尽管今晋城盆地方言有的阳声韵鼻音韵尾消失变为口元音，但是曾经拥有的鼻音韵尾对边音 [l] 变读为鼻音 [n] 起到很大影响。从音理机制看，鼻音韵尾对边音 [l] 产生逆同化，促使 [l] 具有了鼻音色彩，另外“l 为边音，虽然本来就有鼻化色彩，但是不作为区别性的特征，当与鼻音韵尾拼合时，鼻音色彩加重，与 n 混同”。（冯法强，2014：45）这种音变现象应该是方言自身演变的结果，是一种创新演变，因为语音“自身演变往往能找到音变条件”。（徐建，2020：63）

对于泥母混读为来母，在汉语方言中，多数是泥母洪音读为 [l]，细音读为 [ȵ]（见上述第二种类型）。晋城盆地方言正好与之相反，内部比较一致的是多个方言点效摄细音和流摄细音读为 [l]，洪音只是个别字混读。我们分析认为，晋城盆地方言这一语音现象分布韵摄比较多，但涉及字数少，泥来母的分混没有任何条件可因循，结合《开蒙要训》中泥来互注都读为来母的情况，晋城盆地方言的泥母混读为来母应该是古音遗存。

我们还注意到，在晋城盆地泥来母混读的方言中，泥母无论洪细都读为 [n]，而泥母细音前读舌面鼻音 [ȵ] 见于泥来母不混的方言点。这给予我们一个提示：泥母细音前腭化的 [ȵ] 母比较稳定，它不像洪音前的 [n] 容易受韵母影响。究其原因主要是 [ȵ] 母与细音相拼比较和谐，且与“[tɕ] 组构成了较为稳定的音系格局”。（牟成刚，2013：89）

对于晋城盆地方言中“碾黏挠”读为舌尖浊擦音 [z] 或 [ʐ]，与日母合流这一语音现象，这当是中古泥娘分立、娘日不分的痕迹。高本汉（2003：349）在《中国音韵学研究》中提到“‘挠’在有些官话方言里它有些读法照《集韵》的反切属于日母，国音 ʐau”，《汉语方音字汇》（2003）记录成都和长沙方言读为 [zau]。神木方言“黏”读为 [ʐɛ]；万镇方言“碾”读为 [ʐʅə]，邢向东（2002：181）认为“它们是娘母字曾经独立、而后又不规则分化的反映”。在山西方言中，根据白静茹（2009）和孙宇炜（2020）考察，吕梁片和并州片也存在这一语音现象，如“碾”，兴县 [ʐɤ̃]、岚县 [ʐẽ]、柳林 [zei]、大宁 [ʐɑŋ]；“黏”，灵石 [zei]、祁县 [ʐɔŋ]、太原 [zæ̃]、榆社 [zɐ]。晋城盆地方言中，虽然娘母二三等只有个别字例，但说明晋城盆地方言也曾有过泥娘母分立的历史。正如邵荣芬（2008：35）所言：“虽然在现代方言里我们一时还找不到证据，那可能是由于我们在这方面知识的局限性造成的。随着方言调查工作的进一步深入，很可能会有新的发现。”从音值上看，“碾

黏挠”声母读同日母。《开蒙要训》里娘日互注，“可以窥见娘、日不分的痕迹”。（罗常培，2018：115）

六、结语

综上所述，晋城盆地方言泥来母的分混有其自身演变特点。泥母混入来母无条件可因循，当是古音遗存；来母混入泥母以阳声韵为条件，当是语音自身演变的结果；娘母字“碾黏挠”读同日母是中古“泥娘分立”“娘日不分”的痕迹。

参考文献

白静茹　2009 《吕梁方言语音研究》，北京大学博士学位论文。

北京大学中国语言文学系语言学教研室编　2003 《汉语方音字汇》，语文出版社。

冯法强　2014 《江淮官话泥来母的今读类型及演变》，《南开语言学刊》第 2 期。

（瑞典）高本汉　2003 《中国音韵学研究》，赵元任，罗常培，李方桂译，商务印书馆。

龚煌城　2004 《十二世纪末汉语的西北方音》，《汉藏语研究论文集》，北京大学出版社。

侯精一，温端政主编　1993 《山西方言调查研究报告》，山西高校联合出版社。

黄　燕　2007 《古泥来母字在现代汉语方言中的分混情况》，《宿州学院学报》第 5 期。

罗常培　2018 《唐五代西北方音》，商务印书馆。

牟成刚　2013 《西南官话中古泥来母的今读类型与演变层次》，《文山学院学报》第 2 期。

邵荣芬　2008 《切韵研究》（校订本），中华书局。

孙宇炜、赵日新　2020 《从晋语并州片方言看古泥娘母的分立》，《方言》第 1 期。

田恒金　2009 《汉语方言“泥”“来”二母相混类型研究》，《河北师范大学学报》（哲学社会科学版）第 1 期。

王晓婷　2017 《山西西南部地区方言语音研究》，山西大学博士学位论文。

邢向东　2002 《神木方言研究》，中华书局。

徐　建　2020 《皖西南赣语泥来母的分混类型及演变机制》，《淮北师范大学学报》（哲学社会科学版）第 1 期。

张光宇　2019 《汉语语音发展史》，台湾商务印书馆。

庄初升　2004 《粤北土话音韵研究》，中国社会科学出版社。

《切韵汇校·平声》拾零*

——从王三失误兼论宋跋本与王韵的关系

张茜茜[1] 丁治民[2] 李惠超[2]

（1. 温州商学院基础教学部，温州，325035；
2. 上海大学文学院，上海，200444）

提　要：《切韵汇校》是对三种王仁昫《刊谬补缺切韵》传本的最新校勘集大成者，大有功于学术。笔者在阅读王一与王三平声部分时发现几则误录、未校现象。现不惮烦琐，就其中不足之处稍加考订，为《切韵汇校》的修订提供参考。从王三所误可以推论，宋跋本应是王韵的抄本。

关键词：《切韵汇校》；上声；王一；王三；校勘；抄本

徐朝东教授点校《切韵汇校》（2021）中的《切韵》是指现存三种王仁昫《刊谬补缺切韵》。第一种是敦煌残卷P二〇一一，故称“敦煌本王韵”或“敦煌掇琐本”，简称“王一”；第二种为“内府藏唐写本刊谬补缺切韵”，书末有明万历十年项元汴题记一纸。故称“故宫本王韵”或“项跋本王韵”，简称“王二”；第三种是“故宫藏唐写本刊谬补缺切韵”，书末有明宋濂跋语，故称“宋跋本王韵”或“全本王韵”，简称“王三”。其中宋跋本是全本，故对其研究用力最多。对王三做全面勘谬的主要是龙宇纯先生的《唐写全本王仁昫刊谬补缺切韵校笺》（以下简称《校笺》），对王一校注的主要是张涌泉先生的《敦煌经部文献合集》（以下简称《合集》），周祖谟先生的《唐五代韵书集存》（以下简称《集存》）同时收录王一、王三，对三种王韵做全面校刊仅有徐朝东教授的《切韵汇校》。该书的出版不仅大大地方便了读者，而且吸引了更多学者加入研究大军中，这就为传统学问扫除了语言文字方面的障碍，

* 本文为国家社科基金重大项目（编号：19ZDA316）、冷门“绝学”和国别史研究专项（编号：19VJX126）的阶段性成果。

功莫大焉。

笔者在第一时间获得该书，先睹为快。智者千虑，偶有一失，笔者阅读时发现平声有几处误录、未校等方面的情况。现主要关注王一（敦煌本）、王三（宋跋本），因为故宫本（王二）分韵虽然也是一百九十五韵，同于王仁昫书，但韵次、反切以及收字的多寡、字的训释等与王仁昫《刊谬补缺切韵》差别很大，所以周祖谟先生（1983）把它另立一类，称为《裴务齐正字本刊谬补缺切韵》。关于敦煌本王韵（王一）与宋跋本王韵（王三）的关系，周祖谟先生（1983：885）指出："（敦煌本王韵、宋跋本王韵）内容也大同小异，当是同一种书的不同传本。"现不惮烦琐，先列出两部王韵与《广韵》的字形、训释等内容，再稍加按语，文中王一、王三、《广韵》后的数字为《汇校》的页码，敬请学界批评指正。

六脂·饥字

王一

王三：**饥**居脂反。饿。二。**饑**饑饉。**肌**肤肉。（64）

《广韵》：**饥**饥饿也……居夷切。四。**机**木名，似榆。又音几。**肌**肌肤。**虮**密虮，虫名。（54）

按：饥纽韵字数为"二"，实有三字。《汇校》有校，为"本组实收三字"。《集韵》"饥、饑"为异体。按体例，异体不单列为一字，应在韵字"饥"的注释中。"饑"字当为王三抄衍。《汇校》似可增校。

六脂·眉纽

王一

王三：**眉**武悲反。正作𥃩。十一……（71）

《广韵》：**眉**《说文》作"𥃩"。目上毛也。二十……（59）

按：王三眉纽韵字数为"十一"，实有十字。《汇校》有校，为"本组实有十字"，一字当为王三抄夺。王二第三字为"楣"，第四字为"瑂"。《广韵》"楣"在"瑂"字前。疑王三所夺应为"楣"字。《校笺》有校（龙宇纯，1972：41）；《汇校》未校，似可增校。

六脂·锥纽

王一

王三：**锥**职维反。锋铁。七……**萑**木名，似桂……（72）

《广韵》：**锥**《说文》："锐也。"职追切。八……**萑**木名，似桂。**萑萑萑**，

芜蔚。又名益母……（59）

按：王三韵字数为“七”，《汇校》有校，为“本组六字”。一字应是王三抄夺，所夺是哪个字？“萑”字从“艸”，与义训“木名，似桂”不合，《广韵》“雈”字，是。王三把“萑”“雈”两字合二为一，上字取“萑”形与下字“雈”义而成，这当是王三抄误。《校笺》有校（龙宇纯，1972：41）；《汇校》未校，似可增校。

八微·幃纽

王一：□□……韦皮……潿不流浊。䙟舌……（82）

王三：幃王非反。香囊。十二……围周合。韦皮……（82）

《广韵》：幃香囊……雨非切……十五……䙟《方言》云：“宋魏呼舌也。”潿水不流浊皃……（65）

按：王三韵字数为“十二”，实有十一字。王一韵字数夺，现存十字，其中八字与王三同，但比王三多“潿、䙟”两字。王三“韦”字前有“帏、闱、围”，王一夺。两部王韵幃纽韵字数均应为“十三”，“潿、䙟”两字当为王三抄夺。王三韵字数“十二”为“十三”抄误。《校笺》有校（龙宇纯，1972：46）；《汇校》均未校，似可增校。

八微·祈纽

王一：祈渠希反。求。十一……鐖鬼俗……（83）

王三：祈渠希反。求。十二……蘄县名……（83）

《广韵》：祈求也，报也。告也。渠希切。十九……鐖鬼俗……（67）

按：王一祈纽韵字数为“十一”，实存十一字；王三韵字数为“十二”，实存十一字。《汇校》有校，为“本组实有十一字”。王一“十”字与王三同，比王三多“鐖”字。该字当为王三抄夺；“蘄”应是王三抄衍，因为“蘄”字见两部王韵、《广韵》“机”纽居希（依）反（切）。《校笺》有校（龙宇纯，1972：47）；《汇校》均未校，似可增校。

八微·機纽

王一：機居希反。具。十四……（84）

王三：機居希反。织具。十四……饥同饑。（84）

《广韵》：機会也。万機……居依切。十六……（67）

按：《汇校》对王三韵字数有校，为“本组实有十五字”。王三“十四”字与王一同，比王一多“饥”字。“饥”字只见脂韵，不当入微韵，该字当为王三抄衍。《校笺》有校（龙宇纯，1972：48）；《汇校》未校，似可增校。

十虞·敂（衢）组

王一

王三敂其俱反。勤。亦作劬。廿五……（92）

《广韵》：衢街衢……其俱切。三十六。劬劳也……（76）

按：王三敂组韵字数为“廿五”，《汇校》有校，为“本组实有二十六字……未见敂有劬、勤用法”。《广韵》“敂”字只见于虞韵“訏”组，为“况于反。吹敂”，而未见于“衢”组。敂，从欠，句声；劬，从力，句声。二者音义不同。《集韵》“敂、煦”为异体，与“劬”非异体。“敂”组“敂”应为“劬”字，这当是王三误抄。《校笺》有校（龙宇纯，1972：57）；《汇校》未校，似可增校。

十虞·苻字

王一：扶附夫反。持。十六……苻鬼目草名……（95）

王三：扶附夫反。持。十六……（95）

《广韵》：扶防无切……苻苻鬼目草……（80）

按：王三扶组韵字数为“十六”，《汇校》有校，为“本组实有十五字”，少一字。王一韵字数也是“十六”，实有十六字，王一“十六”字的十五字与王三同。王一比王三本多一字，即“苻”。同《广韵》，《集韵》（“冯无切。草名。《尔雅》苻鬼目……”）。“苻”字应为王三抄夺。《校笺》有校（龙宇纯，1972：62）；《汇校》未校，似可增校。

十虞·紆组

王一：紆□□□。靬般革……扜持。又口孤反。尪股……（98）

王三：紆忆俱反。縈。十。靬服靬……扜持。又口孤反。尪服……（97）

《广韵》：紆縈也……忆俱切。十二。靬鞶革……扜持。《说文》云：“指挥也。”尪盘旋……（81）

按：《汇校》录王三“扜”字，是，但未校。“扜”，王三原为“杅”，这应是王三误抄。“持”义，其形当从手，不当从木，王一、《广韵》为“扜”，是；王三“杅”，非。《校笺》有校（龙宇纯，1972：64）；《汇校》未校，似可增校。

十一模·卢组

王一：卢落胡反。器。通俗作廬。廿三……杇木名。又力祖反。（103）

王三：卢落胡反。器。通俗作廬。廿三……杇木名。又力祖反。（103）

《广韵》：卢《说文》曰：“饭器也。”……落胡切。三十四……杇黄杇，木可染好……（86）

按：王三“桴”字又音，《汇校》录为“力祖反”，是，但王三原为“力租反”。又音“力租反”与正音落胡反音同，定误。《广韵》为“郎古切”，与王一“力祖反”音同，王三“力租反”切下字“租”与“祖”形似而误。《校笺》有校（龙宇纯，1972：69）；《汇校》未校，似可增校。

十二齐・黎纽

王一：黎落嵇反。众。□作黎、棃。十五。（106）

王三：黎落溪反。众。亦作黎、梨。十五。（106）

《广韵》：黎众也。姓黎，侯国之后。郎奚切。二十一。（89）

按：王一、王三均有两个异体，其中一个同，一个不同。《集韵》“黎𪎭”为异体，与“黎、棃、梨”均非异体。两部王韵异体均误。《校笺》有校（龙宇纯，1972：73）；《汇校》未校，似可增校。

廿四寒・欢纽

王一：欢呼官反。乐。九。驩马名……貛野豚。（144）

王三：欢呼丸反。乐。九。貛马名……（144）

《广韵》：驩马名……貛牡狼……獾野豚……（128）

按：王三韵字数为“九”，《汇校》有校，为“本组实有八字”。王三“貛马名”，形义不配，与王一相比，少“驩”字。《广韵》：“驩马名。”王三把“貛、驩”两字合二为一，上字取形，下字取义，这应是王三误抄。《校笺》有校（龙宇纯，1972：118）；《汇校》未校，似可增校。

廿四寒・干纽

王一：干古寒反。求。十一……盂盘。戟盾。邗地名。（147）

王三：干古寒反。求。十一……盂盾。邗地名。（146）

《广韵》：干求……古寒切。十六……盂盘也。又大盌也。戟戟盾……邗地名。（124）

按：王三干纽韵字数为“十一”，《汇校》有校，为“本组实有十字。据王一脱戟字”。《校笺》有校（龙宇纯，1972：121）。“盂”字为形声字，从皿，干声，与“盘”义有关，而与“盾”义应无关。王三把“盂、戟”两字合二为一，上字取形，下字取义，这应是王三误抄。

廿四寒・幋字

王一：盘薄官反。盂。亦作柈。十六……幋大巾……（148）

王三：盘薄官反。盂。亦作柈。十六……（147）

《广韵》：槃器名。薄官切。二十二……幋大巾……（128）

按：两部王韵韵字数均为“十六”，王三原为“十七”；王一，《集存》所录为“十六”（周祖谟，1983：366）、《合集》所录为“十七”（张涌泉主编，2008：2744），且敦煌本实有十七字。《汇校》误录。王三实有十六字，与王一相比少“幋”字。“幋”字应是王三抄夺。《校笺》有校（龙宇纯，1972：123）；《汇校》未校，似可增校。

廿四寒·欗字

王一：蘭洛干反……（九）……欗木名……（149）

王三：蘭洛干反……九……（148）

《广韵》：蘭香草……落干反（十一）……欗木名……（125）

按：“蘭”纽韵字数，王一夺，实有九字；王三为“九”，可实有八字。王三与王一相比，八字同，王一多“欗”字。“欗”，当为王三抄夺。《校笺》有校（龙宇纯，1972：125）；《汇校》未校，似可增校。

廿七先·研字

王一：研磨。或作斫木硯揅。（156）

王三：研摩。或作揅。（156）

《广韵》：研磨也。硯同上。揅揅破。（137）

按：王一注释“或作斫木硯揅”，《合集》已校，为“斫木。或作硯、揅”，是（张涌泉主编，2008：2745）。《汇校》未校。王三义训“摩”为“磨”，误。“研”与“硯”为通假、与“揅”应是两词。《集韵》：“研《说文》䃺也。硯关人名。越有计硯。通作研。揅《说文》摩也。”两部王韵异体均误，《校笺》有校（龙宇纯，1972：138）；《汇校》未校，似可增校。

廿七先·编字

王一：边布玄反。四垂。又福。□□……编次。又甫连、方藟二反……（158）

王三：边布玄反。十二……编次。次。又甫连、步藟二反……（157）

《广韵》：边畔也……布玄切。十四……编次。又方泫切……（138）

按：“编”字，《广韵》有三音：布玄切（先韵）、卑连切（仙韵）、方典切（铣韵）。《广韵》方典切与王一方藟反音同。王三“步藟反”切上字“步”为並纽，“方”为非纽。王三切上字“步”误。《汇校》未校，似可增校。

廿八仙·旃字

王一：旃之。亦作饘。（159）

王三：旃之。亦旜。（159）

《广韵》：旃之也……旜同上。（139）

按：王一异体误，《汇校》已校。其他与《广韵》同。“亦旝”应是王三“旃”之异体，但表义不清，“作”字当是王三抄夺。《汇校》未校，似可增校。

廿八仙·虥字

王一：虥虎浅文皃。□仕限、□㳙二反。（160）

王三：虥虎浅文白。又仕限二反。（160）

《广韵》

按：《广韵》仙韵无“虥”字，产韵有，士限切。《集韵》仙韵锄连切有“虥”字，“虎浅文”。王三“又仕限二反”中“又二反”，又音应有两个，实仅有一反，而王一又音就有两音。王三抄夺一个又音。王三义训“虎浅文白”当为“虎浅文皃”误。《校笺》有校（龙宇纯，1972：143）；《汇校》未校，似可增校。

廿八仙·纏纽

王一：纏直连反。绕……廛屋。与㙻通……（161）

王三：纏直连反。绕……八……（161）

《广韵》：纏绕……直连切。十。（140）

按：纏纽，王一韵字数，《集存》（周祖谟，1983：367）《合集》（张涌泉主编，2008：2746）所录均为“八”，《汇校》录夺。王三韵字数也为“八”，现仅有七字。王一比王三多一字，即“廛”。《广韵》无“廛”字。《集韵》有“廛”字，与“㙻”等字为异体，“廛㙻堰厘鄽《说文》：一亩半。一家之居。一曰廛市物邸舍。或从土。亦作堰厘鄽”。“㙻”与“廛”为异体，王一把它们当作两个词，误。两部王韵“纏”纽韵字数均当为“七”。《汇校》未校，似可增校。

廿八仙·嫣字

王一：嫣长皃。好皃。又於建、於远二反。（161）

王三：嫣长好皃。又於建反。又於远反。（161）

《广韵》：嫣长皃。又人名。（145）

按：“嫣”有两个义项，而王三只有一个义项，应是“长”后抄夺“皃”字词尾。《校笺》有校（龙宇纯，1972：145）；《汇校》未校，似可增校。

廿八仙·諞字

王一：諞巧言。《论语》：“友諞佞。”（162）

王三：諞巧言。《论语》云：“佞人也。”（162）

《广韵》：諞巧言。又符蹇切。(141)

按：书证一般应有被释字，但王三引《论语》未见“諞”字，且《论语》也未见“佞人也”三字。王三引书误。《汇校》校“佞人也”为“友諞佞”。《校笺》有校（龙宇纯，1972：146）；“佞人也”应为王三误抄。

廿八仙·仝纽

王一：全聚缘反。具。或作仝。五……牷牲全色……(163)

王三：全聚缘反。具。或作仝。四……(163)

《广韵》：全完也。具也……疾缘切。七……牷牛全色……(142)

按：两部王韵“全”纽字原为“仝”、异体为“全”。《汇校》所录倒置，而且《汇校》或作“仝”，与两部王韵纽首字“仝”不同，应是误录。王三四个韵字与敦煌本除“牷”外完全相同，王一比王三多“牷”字，《广韵》同。“牷”字，王三应抄夺。《校笺》有校（龙宇纯，1972：146）；《汇校》未校，似可增校。

廿八仙·顮字

王一：顮圆面。或作圏。(163)

王三：顮圆面。或作圌。(163)

《广韵》：圏面圆也。顮头圆也。(142)

按：《集韵》“顮、䩰、圏”三字为异体，“圆面也。或作顮圏。”王三或作“圌”，误；“圌”，《广韵》：“山名，在吴都。又市缘切。”与“面圆”无关系。《广韵》把“圏、顮”视作两个词，《集韵》视为一个词的两个字。《集韵》是。王三异体“圌”，误，《校笺》有校（龙宇纯，1972：147）；《汇校》未校，似可增校。

廿八仙·撋字

王一：撋摧。亦作撝、捼。又而为、乃和□□。(163)

王三：櫚（㯔）摧。亦作撝、捼。又而为、乃知二反。(163)

《广韵》：撋摧物也。(142)

按：《集韵》“撋、𢹪、㨎、捼”四字为异体，而宣切。“撋捼”，儒垂切（与而为反音同）、“捼撋”，奴禾切（与乃和反音同）。“撝”与“撋、捼”非异体，王一、王三均误；王三韵字“櫚”从木，与“手”义无关，当为“撋”形似而误；“乃知”也当为“乃和”形似而误。《校笺》有校（龙宇纯，1972：147）；《汇校》均未校，似可增校。

廿八仙·嬽字

王一：权巨员反……十九……嬽好皃。(167)

王三：权巨员反……十九……（167）

《广韵》：权权变……巨员切。二十三……蜷美皃。孉同上……（145）

按：权纽韵字数，王一、王三均为“十九”。但王三，《汇校》有校，为“本组实有十八字”，王一实十九字，王三“十八”字与王一前十八字同。王一比王三多“孉”字。“孉”字，应是王三抄夺。《校笺》有校（龙宇纯，1972：151）；《汇校》未校，似可增校。

廿八仙·漹字

王一：焉於乾反。何；又矣乾反，语已声。三。漹水名。出西河。又於彦反。蔫蔫蠸。音湾。（168）

王三：焉於乾反。何；又矣乾反，气已声。三。蔫（漹）蔫蠸。音湾。（168）

《广韵》：焉何也……於乾切。五……（145）

按：“焉”纽韵字数，王一、王三均为“三”，但王三实只有两字，与敦煌本相比，少“蔫”字。王三把“漹、蔫”两字合二为一，上字取形，下字取义而成。这当为王三误抄。《校笺》有校（龙宇纯，1972：153）；《汇校》未校，似可增校。

廿九萧·貂字

王一：貂都聊反。似鼠。亦作鼦。十九……舠吴船……鵰鵰鷴……（170）

王三：貂都聊反。十九……刟取穗。亦作刽……鵰鵰鵰。又作聊反。刟同上……（170）

《广韵》貂鼠属，出东北夷。又姓。出姓苑。都聊切。二十二……鵰籀文……舠吴船……（146）

按：貂纽韵字数，王一、王三均为“十九”，但对王三，《汇校》有校，为“本组实有仅十八字”，而“鵰、刟”为异体，《集韵》“鵰”与“鵰、雕”为异体，“刟”与“鵰”非异体。第二个“刟”误，当删。王三实有十七字。王一有十九字，其中十七字与王三同，多“舠、鵰”两字。这两字应是王三抄夺。《集韵》“舠、舠”为异体。《校笺》有校（龙宇纯，1972：155）；《汇校》均未校，似可增校。

廿九萧·苕字

王一：苕苇花。亦作䒒。又音迢。（170）

王三：苕苇花。亦作苕。又音迨。（170）

《广韵》：苇华。又音调。（147）

按：王一异体，《汇校》所录只有一个，为“䒒”，而《合集》所录是两个（张涌泉主编，2008：2748)，为“蔄、苕”。《汇校》所录“莽”，误。王三“又音追”，可王一貂纽又音为“迢”，王一、王三“迢”纽有“芀”字，又音为“彫”。王三又音“追”，当为“迢”字误抄。《校笺》有校（龙宇纯，1972：156)；《汇校》均未校，似可增校。

卅一肴·鵃、嶏字

王一：鵃鳭鵃名。鳭字，知交反。嶏杵。(179)

王三：鵃鳭鵃，鸟名。嶏鸣鵃。杵。鸟名。(179)

《广韵》：鵃鳭鵃，鸟名。鳭音嘲……嶏嶏杵也。(154)

按：“鳭”字音，王一同《广韵》；“嶏”字训释，王一同《广韵》。王三把“鵃”字训释又加进“嶏”字训释中。《汇校》对“嶏”字有校，为“王三疑与鵃注混，鳭鵃鸟名或衍”，是。这当为王三抄误。

卅一肴·跤字

王一：跤胫骨近足细处。或作骹。(180)

王三：骹胫骨近足细处。亦胶。(180)

《广韵》：跤胫骨近足细处。骹同上。(155)

按：《广韵》“跤、骹”为异体，与“胶”非异体，王三“亦胶”误，当为“亦作跤”，“作”字疑为王三抄夺。《汇校》未校，似可增校。

卅一肴·庖纽

王一：庖薄交反。食厨。十一。(182)

王三：庖薄交反。厨。十二……嘐嘐不实事而大语。(182)

《广韵》：庖食厨也。薄交切。十七。(156)

按：庖纽韵字数，王一为“十一”，王三为“十二”，两本王韵十一字同。王三第十二字为“嘐”，《广韵》未收，《集韵》收，为“大言不实”。“嘐”字应为王三抄衍。《校笺》有校（龙宇纯，1972：174)；《汇校》未校，似可增校。

卅二豪·崤字

王一：崤山名，在弘农。又胡交反。(183)

王三：崤山名。又胡交反。(183)

《广韵》：崤山名，在弘农。又胡交反。(157)

按：训释，王一同《广韵》，王三未说明山在何处。“在弘农”三字，当为王三抄夺。王三肴韵肴纽有“崤”字，注释为“山名，在弘农。又下高反”。《校笺》有校（龙宇纯，1972：175)；《汇校》未校，似可增校。

卅二豪·嗥字

王一：嗥熊虎声。亦作呺。（183）

王三：嗥熊虎声。亦作呺。（183）

《广韵》：嗥熊虎声。獋同上。（156）

按：王一异体“呺”，《集存》《合集》所录为“獋”（周祖谟，1983：370）（张涌泉主编，2008：2751），《汇校》录误。王三异体“呺”，所录是。但《集韵》“嗥、獋”为异体，“呺”非异体，王三异体误。《校笺》有校（龙宇纯，1972：175）；《汇校》未校，似可增校。

卅二豪·嶂字

王一：嶂嶂峷，古亭。（183）

王三：嶂山峷，古亭。（183）

《广韵》：嶂嶂峷，古亭。（157）

按：训释，王一与《广韵》同，王三为“山峷，亭名”，组词一般有韵字，但王三只有“嶂”字偏旁“山”，声符“臯”字应为王三抄夺，《校笺》有校（龙宇纯，1972：176）；《汇校》未校，似可增校。

卅二豪·蓉字

王一：蓉白蓉，食之不饥。（183）

王三：蓉食之不饥。（183）

《广韵》：蓉白蓉草，食之不饥。（157）

按：义训，王一同《广韵》，王三只有结果，未交待食何而不饥。“白蓉”一词，当为王三抄夺。《校笺》有校（龙宇纯，1972：176）；《汇校》未校，似可增校。

卅二豪·蒿字

王一：高古劳反。上出。通俗作高。□□……蒿葛之白花……（183）

王三：高古劳反。或作高。十九……（183）

《广韵》：高上也。崇也……古劳切。二十一……蒿葛之白花……（157）

按：高纽韵字数，王三为“十九”，《汇校》有校，为“本纽实有十八字”；王一残缺，实有十九字。王一“十九”字中十八字与王三同，比王三多一字，即“蒿”。“蒿”字，当为王三抄夺。《校笺》有校（龙宇纯，1972：175）；《汇校》未校，似可增校。

卅二豪·犞字

王一：犞牛羊无子。又昌来、充牢二反。（185）

王三：犨牛无子、羊无子。又高来、元牢二反。（185）

《广韵》：犨牛羊无子。又昌来反。（158）

按：义训，王一同《广韵》，比王三更合理；王三又音“高来”误，《汇校》有校，为“高当作昌”，是，但对“元牢”未校。而王一、王二均为“充牢”，“元”当为“昌”误。《校笺》有校（龙宇纯，1972：179）；《汇校》未校，似可增校。

卅二豪·槄字

王一：槄槄棺。《周书》云：“师乃槄。”棺字乌活反。亦作搁。（186）

王三：槄槄棺。《周书》云：“师乃槄。”棺字乌活反。□□搁。（185）

《广韵》：搯搯捾。《周书》云：“师乃搯捾。”捾乌活切。（158）

按：《集存》《合集》所录王一韵字及注释为：“搯捾”（周祖谟，1983：371）（张涌泉主编，2008：2748）；引书为“师乃搯捾”，“捾”字上属，下一“捾”字夺；亦作为“掏”。《汇校》所录均误。《集韵》“搯、掏”为异体。王一同《集韵》。王一“槄、棺、搁”三字均从木，误，当从扌。《校笺》有校（龙宇纯，1972：178）；《汇校》未校，似可增校。

卅二豪·陶纽

王一：陶徒刀反。瓦器。正作□。十九……濤大波……鋾钝……（187）

王三：陶徒刀反。瓦器。正作萄。十九……（187）

《广韵》：陶陶甄……徒刀切。二十五……濤波濤……鋾鋾钝也……（159）

按：陶纽韵字数，王一、王三均为“十九”，《汇校》对王三有校，为“本纽实有十七字”，王一“十七”字与王三同，多“濤、鋾”两字。这两字应为王三抄夺。《校笺》有校（龙宇纯，1972：179）；《汇校》未校，似可增校。

卅三哥·牫字

王一：哥古俄反……七……䋯女师……牫所以系舟；牂牫，郡名。或作柯。滒多汁。（191）

王三：哥古俄反……八……牫所以系舟；牂牫，郡名。或作舸。滒多汁。舸同上。（190）

《广韵》：舸所以系舟；牂牫，郡名。牫陆云同上。（161）

按：哥纽韵字数，王一为“七”、王三为“八”。王一、王三“六”字同。王一比王三多一字，即“䋯”，同《广韵》，该字当为王三抄夺。王三比王一多“牂、舸”两字，“牂”非哥纽字，为“牫”字误。王一“牫”字异体“柯”误，《汇校》已校，校语为“牫舸异体”。异体，两部王韵一般是在正体的训释中说明，不单列，且

“䂢”与“渮”非异体，与“㳍”为异体，见“㳍”字注释。王三韵字“䂢”为抄衍。两部王韵韵字数均当为“七”。《校笺》有校（龙宇纯，1972：184）；《汇校》均未校，似可增校。

卅三哥·瑳字

王一：瑳玉色。（194）

王三：瑳玉名。（194）

《广韵》：瑳玉色鲜白也。又七可切。（161）

按：义训，王一同《广韵》，是；王三不确。“名”应为“色”，当为王三误抄。《校笺》有校（龙宇纯，1972：186）；《汇校》未校，似可增校。

卅三哥·娑纽

王一：多得何反。过数。二……娑素何反。婆娑。三。抄摩抄。傞舞不止。又七何反。娑□□□。四……（194）

王三：多得何反。二……婆薄何反。老女称。四……（194）

《广韵》：多众也……得何切。三……娑婆娑，舞者之容。素何切十一……驼骆驼……（161）

按：娑纽，王一在多纽与婆纽之间，王三无娑纽。这当为王三抄夺。《广韵》娑纽在多纽之后。王三夺娑纽及韵字，即“娑素何反。婆娑。三。抄摩抄。傞舞不止。又七何反”。娑纽三字与《广韵》同。因王三无“娑”纽，《汇校》把王一“娑”纽本该在第十二的位置，调到第三十八，为哥韵倒数第二组。《校笺》《汇校》均未校，似可增校。

卅三哥·駞纽

王一：駞徒何切。骆駞。十六……䴷负。絁丝数……（195）

王三：駞徒何切。骆駞……十六……䴷负䴷。絁丝数……（195）

《广韵》：駞骆駞……徒河切。二十三……䴷负䴷。紽丝数。《诗》云：“素丝五紽”……（161）

按：韵字“䴷”及义训，王一同《广韵》，与王三“䴷”不同。而且《汇校》“䴷”字，王三原为“𩢍”字，《汇校》误录。䴷字，《广韵》《集韵》收，义训为“疾驰”。而“𩢍”字，《广韵》《集韵》未见。王三“𩢍”字应为“䴷”字误。两部王韵韵字“絁”，《广韵》为“紽”。《集韵》驼纽只见“紽”字，不见“絁”字。两部王韵“絁”为“紽”误。《校笺》有校（龙宇纯，1972：188）。《汇校》均未校，似可增校。

卅三哥·诃纽

王一：**诃**虎何反。责。或作呵。五。（198）

王三：**诃**虎何反。责。或何、呵。四。（198）

《广韵》**诃**责也。怒也。虎何切。五。**呵**同上。（163）

按："诃"字异体，王一、《广韵》仅一个，王三有两个，且夺"作"字。《集韵》"诃"与"呵""何"均非异体。从《广韵》看，异体"何"字为王三抄衍。《校笺》有校（龙宇纯，1972：191），《汇校》未校，似可增校。

卅三哥·鞾字

王一：**鞾**鞾鞋，无反语。胡靨，亦作靴。或作屩。火戈反。又布波反。陆无反语。何、李诬於今古。二。（200）

王三：**鞾**鞾鞋，无反语。火戈反。又布波反。陆无反语。古今。二。（200）

《广韵》：**鞾**鞾鞋。《释名》……许肥切。四。（166）

按：王一异体，《汇校》所录为"靴屦"，但原为"靴屦"。第一个异体"靴"，《汇校》所录是，但未校；第二个异体"屦"，《汇校》所录误。《集韵》"鞾"与"靴屦"为异体，敦煌本"靴"为"靴"之误。宋跋本"古今"二字，很突然，前后不着边际，于义不通。从敦煌本可以看出，为"何、李诬於今古"抄夺四字而成。《汇校》有校，为"龙宇纯认为王三释语当从王一"，《校笺》是（龙宇纯，1972：193）。《汇校》未校，似可增校。

卅四麻·騢字

王一：□马杂色。（206）

王三：**騢**马色。（205）

《广韵》：**騢**马赤白杂色。（169）

按：义训，王一与《广韵》同，王三与王一、《广韵》比，少一个核心语素"杂"，这应是王三抄夺。《汇校》未校，似可增校。

卅四麻·鰕字

王一：**鰕**大鯢。（206）

王三：**鰕**大蝦。（205）

《广韵》：**鰕**大鯢。（169）

按：义训，王一与《广韵》同，《集韵》："鰕鱼名。《说文》：魵也。""鰕"是"鱼"，不是"蝦"。王三疑受韵字声符影响而误。《校笺》有校（龙宇纯，1972：197），《汇校》未校，似可增校。

卅四麻·齇字

王一：齇牙齿不正。字合南在右。（207）

王三：齇牙齿不正。（207）

《广韵》：䶥䶥齖。（170）

按：王一韵字及注释，《集存》《合集》所录均为“䶥牙齿不正。字合齿在左”（周祖谟，1983：373）（张涌泉主编，2008：2755）。王一强调该字齿形在“左”，可王一“齿”在右。《汇校》录韵字为“齇”，是，但未校。《集韵》“齇、齟”为异体，与“䶥”非异体。《汇校》注释中“南、右”分别为“齿、左”录误。《校笺》有校（龙宇纯：1972：198），《汇校》未校，似可增校。

卅四麻·窼、衺二纽

王一：□□□。塗饰。又唐□反。潳江。梌刺木。秅秅秭。（208）

王三：窼宅加反。㲽窼。九……梌刾木。衺又似嗟反。不正。二。秅二秭。蒢蒢蒿。（208）

《广韵》：窼㲽窼。宅加切。十五……秅《说文》曰：“秭也。”……塗塗饰。又音徒。𨻘丘……梌吴人云：“刺木曰梌。”衺不正也。似嗟切。四。（170）

按：王三韵字数，《汇校》有校，为“本组实有七字”。王三“窼”纽韵字数“九”貌似是把“窼（七）衺（二）”两组的韵字数合二为一。但“衺”纽标韵字数为“二”，可实有三字，因《广韵》“秅二秭”属“窼”纽，“秅”字应在“衺”字前，王三抄时错放置在“衺”字后，如此窼纽有八字，王一“窼”纽现存四字，其中三字与王三同，多“塗饰。又唐都反”，该字疑为王三抄夺。如此，王三韵字数为“九”。《校笺》有校（龙宇纯，1972：199），《汇校》未校，似可增校。

卅五覃·蝺字

王一

王三：蝺蠃大者。（215）

《广韵》：蝺蠃小者。又贝居水者……（225）

按：《汇校》对王三义训有校，为“大，《玉篇》《广韵》作小，意义不合”。王三与《广韵》同，这应是王三误抄。《汇校》未录王一“蝺”字及义训，《集存》同，《合集》录（张涌泉主编，2008：2756）。

卅五覃·儑纽

王一：儑五含反。不惠。三。（215）

王三：儑五含反。又五绀反。三。（215）

《广韵》：諵不惠也。又谑弄言。五含切。三。(225)

按：王三又音“五绀反”，敦煌本、《广韵》《集韵》阚韵均未见，这当为王三衍。《校笺》有校（龙宇纯，1972：205），《汇校》未校，似可增校。

卅六谈·蓝纽

王一：蓝卢甘反。染草。襤襤褛。亦作繿、䍀。鬛鬑发踈皃。擥持。篮笼属。灆瓜俎。㜮。□□□。(216)

王三：蓝卢甘反。染草。八。襤襤褛。亦作繿、䍀。鬛鬑发踈皃。擥持。篮笼。婪贪。又力贪反。灆瓜俎。䆾䆾䆲，薄大。(216)

《广韵》：蓝染草……卢甘切。十一。襤襤褛。鬛鬑发踈皃。擥擥持。篮篮笼。䰐䰐䫲，长面。䳺䳺䳼，鸟名。今俗呼郭公也。㜮㜮贪皃。䆾䆾䆲，薄大。㔋㔋㑣，形皃恶也。灆瓜俎。(226)

按：王一蓝纽夺韵字数，可能为八字，现存七字，夺一字；王三为“八”，存八字。与王一相比，六字同，其中王三第六字“婪”，从音韵演变史看，不可能是谈韵字。《广韵》《集韵》谈韵蓝纽均未见“婪”韵字。王一“㜮”字夺义训，《广韵》为“㜮㜮贪皃”。按两种王韵的训释体例看，可能为“贪”或“贪皃”。王三“婪”当为“㜮”字误。王一蓝纽所夺最后一字应为王三最后一字，即“䆾”。两部王韵蓝纽韵字数均为“八”。“婪”字，《汇校》《校笺》已校（龙宇纯，1972：205），但对王一所夺韵字及韵字数，均未校，似可增校。

卅六谈·坩纽、甔纽

王一：□□□□水冲岸坏。䕼葱。䆲䆾䆲。䌱色鲜。(217)

王三：坩苦甘反。坩甒。七。甔他甘反。吐舌皃。六。聃耳漫无轮。老子名。又那含反。或聸。坍水冲岸坏。䕼葱䕼。䆲䆾䆲。䌱色鲜。(217)

《广韵》：坩坩甒。苦甘切。一。甔吐舌也。他甘切。九。聃耳漫无轮。又老氏名。又姓。《左传》：“周大夫聃启。”躭俗。䌱色鲜。坍水冲岸坏。䕼葱别名。䆲䆾䆲，薄大。㴘㟌㴘，峻波也。菼灆菼，瓜俎。(226)

按：王一“坩、甔”两纽仅存“甔”纽中一字的义训与三字及义训。字序与义训与王三同。《广韵》“坩”纽仅为一字，而王三韵字数为“七”，《汇校》有校，为“本纽仅一字”。所注“七”的原因是王三在抄时误把其后“甔”纽的韵字数一并囊括在内，把两组韵字数合二为一，即“坩”纽“七”为“坩”纽“一”与“甔”纽“六”之和。

卅六谈·暂纽

王一：暫作三反。长面。□。(218)

王三：暂昨三反。长面。一。（218）

《广韵》：暂长面皃。昨三反。一。（227）

按：王三、《广韵》切上字是“昨”，为从纽，而谈韵前有“慙昨甘反”，为从纽，一韵不可能两个相同的纽，王一为“作三反”，是精纽，周先生校为“作”（周祖谟，2004：227），而《集韵》：“暫作三切。面长皃。文一。”《汇校》对王三切上字有校，为“当作作”。王一、《集韵》，是；王三、《广韵》，非。王三切上字当为误抄。

卅六谈·笘纽

王一：仓甘反。竹箠。又都頰反。一。（218）

王三：仓甘反。竹箠。又都頰反。一。（218）

《广韵》：谈韵无笘字；怗韵丁惬切，折竹乘也。（544）

按：《汇校》所录王一又音切下字“頰”与王三正切切上字“仓”，是。但王一又音切下字，《集存》《合集》所录分别为“頬”“類”（周祖谟，1983：374）（张涌泉主编，2008：2756）、王三正切切上字原为“食”。王一又音切下字“類”为“頬”字形似而误。王三切上字“食”为“仓”字形似而误。《校笺》对王三切上字有校（龙宇纯，1972：206），《汇校》均未校，似可增校。

卅七阳·量字

王一：量数。（220）

王三：量量数。亦量。（220）

《广韵》：量量度，又力向切。（174）

按：王三异体为“量”，而《集韵》：“量量，《说文》称轻重也。古作量。”王三异体为“量”，当为“量”误抄，亦抄夺“作”字。《校笺》校为俗体（龙宇纯，1972：208），《汇校》均未校，似可增校。

卅七阳·瓤字

王一：襄息良反。上。又邑……瓤冠。（225）

王三：襄息良反。郡名。九……瓤冠。（224）

《广韵》

按：襄纽，《汇校》王一无韵字数，《集存》所录为“八”、《合集》所录为“十”。《汇校》录夺。瓤字义训，《汇校》与《集存》所录“冠”同（周祖谟，1983：374），而《合集》所录为“冦”（张涌泉主编，2008：2757），与《集韵》同。王三瓤字义训“冠”为“冦”字误抄。《校笺》有校（龙宇纯，1972：211）；《汇校》

未校，似可增校。

卅七阳·牀字

王一：牀士庄反。簀。通俗作床。二。（226）

王三：牀士庄反。通俗作床、簀。二。（226）

《广韵》：牀簀也。《易》曰："巽于牀下。"士庄切。三。床俗。（178）

按：王三把注释中"簀"字误为俗体，误。"簀"为义训，王一同《广韵》。两部王韵中义训在反切后。王三把注释字序排错，当为误抄。《校笺》有校（龙宇纯，1972：212）；《汇校》未校，似可增校。

卅七阳·牆纽、鏘纽

王一：牆疾良反。垣墙。亦作廧。通俗作墙。七……佯弱。鏘七将反。铿鏘。十……（227—228）

王三：牆疾良反。六……鏘七将反。兵器。十一……佯弱佯……（227—228）

《广韵》：牆垣墙……在良切。十。廧同上。墙俗……鏘铿鏘。七羊切。十二……（178）

按：牆、鏘两纽两部王韵韵字数分别为"七、十""六、十一"。"佯"字，王三归"鏘"纽，王一归"牆"纽，《广韵》同王一。王三"佯"字归纽误。两部王韵牆、鏘两纽韵字数当为"七、十"。王三把韵字归错纽，当为误抄。《校笺》有校（龙宇纯，1972：213）；《汇校》未校，似可增校。

三十七阳·瑲、蹌字

王一：瑲玉声。蹌和鸣蹌蹌。（228）

王三：瑲和鸣玉声。蹌和鸣蹌蹌。（228）

《广韵》：瑲玉声。蹌《说文》曰："动也。"《诗》曰："巧趋蹌兮。"（179）

按：王三"瑲和鸣玉声"之"和鸣"疑承下字"蹌和鸣蹌蹌"而衍。这当为王三抄误。《校笺》有校（龙宇纯，1972：214）；《汇校》未校，似可增校。

三十七阳·桯字

王一：□棺。《礼记》曰："□不虞桯。"（228）

王三：桯棺。"土不虞桯。"（228）

《广韵》：桯棺门。（179）

按：王三只有书证，没有书名，与体例不合，这当为王三抄夺。《汇校》未校，似可增校。

卅八唐·糖字

王一：唐徒郎反。国名。廿八……糖牛。塘□□□……（230）

王三：唐徒郎反。国名。廿八……糖陂……塘陂塘水。（230）

《广韵》：唐《说文》……国名。徒郎切。四十……糖糖牛……塘陂塘……（180）

按：两部王韵韵字数均为“二十八”，实有二十八字。《汇校》对“糖陂”有校语，为“此脱糖释语及被释字塘”。脱“糖”字释语，是；脱被释字“塘”，非。因为再增被释字“塘”，那王三唐纽应有“二十九”字，可王三就是二十八字，与韵字数是一致的。王韵底本“糖、塘”两字相连，王三抄时把“糖、塘”两字合二为一，上字取形，下字取义，抄时发觉有误，就赶紧在唐纽最后补上“塘”字及释语。这当是抄误。《汇校》只校其一，其他未校，似可增校。《校笺》校为“纽末塘下云陂塘水，则后人补之”。（龙宇纯，1972：215）“后人补之”，非。因为没空间可给后人补之。

卅八唐·轄字

王一：軖輹，軘軨。（230）

王三：軖輹，軘軨。（230）

《广韵》：軖輹，軘軨。（181）

按：王三义训，《汇校》所录是，但王三原为“軘輪”，“軘輪”与“軘軨”形似。这当是王三抄误。《校笺》有校（龙宇纯，1972：216），《汇校》未校，似可增校。

卅八唐·鏜字

王一：鏜鼓声。亦作䵘、闛、鼞。（236）

王三：鏜鼓声。（236）

《广韵》：鏜以铁贯物。《说文》曰：“鼓钟声也。”闛盛皃。又音唐。（184）

按：《集韵》“鏜鐺”“闛鼞䵘”各自为异体，义训为“《说文》鼓声也”。“鏜”与“闛鼞䵘”非异体。王一异体误。《汇校》未校，似可增校。

卅八唐·迒字

王一：迒兽迹。亦作更、哽。（237）

王三：迒兽。亦作逌。（237）

《广韵》：迒兽迹。又古郎切。䟘同上。（184）

按：王三义训中抄夺“迹”字。《集韵》“迒、䟘”为异体，《广韵》同。王一两个异体，《合集》校为“逦、踶”（张涌泉主编，2008：2759）。“哽”当是“踶”抄夺“止”。两部王韵异体“逦”，《广韵》《集韵》未见。《汇校》未校，似可增校。

卅八唐·傍纽

王一：傍步光反。衣。又蒲浪反。八。（239）

王三：傍步光反。他。八。（239）

《广韵》：傍亦作旁。侧也。《说文》曰：“近也。”又羌姓。步光切。十三。（185）

按：王三义训“他”当为“依”误，这当是误抄。王一义训“衣”为“依”误，《集存》《合集》已校（周祖谟，1983：376）（张涌泉主编，2008：2759）。《校笺》有校（龙宇纯，1972：221），《汇校》未校，似可增校。

卅八唐·膀字

王一：膀膀胱。亦作髈。（239）

王三：膀膀胱。亦作肪。（239）

《广韵》：膀膀胱。髈同上。（185）

按：王一“膀髈”为异体，同《广韵》。《集韵》“肪”与“膀”非异体，王三异体误，这当是“膀”字抄夺。《校笺》有校（龙宇纯，1972：221），《汇校》未校，似可增校。

卌三尤·鄾字

王一：鄾邑名，在邓。（264）

王三：鄾邑名。（263）

《广韵》：鄾邑名，在邓。（204）

按：训释，王一同《广韵》；王三只注“邑名”，未交待在何处。“在邓”疑为王三抄夺。《汇校》未校，似可增校。

卌三尤·留字

王一：留俗作畱。（264）

王三：留止，正畱字。（264）

《广韵》：留住也。止也。《说文》……（205）

按：王一，《集存》所录为“住。俗作畱”（周祖谟，1983：377），《合集》所录为“□。住。俗作畱”（张涌泉主编，2008：2762）。《汇校》录夺；王三所录是，但王三原为“上，正畱字”，义训误，《汇校》未校，而录为“止”。宋跋本“上”当为“止”字抄误。《校笺》有校（龙宇纯，1972：238）。义训，王一同《广韵》。《集韵》《广韵》“留”无异体，“畱”字当为俗体，王三正体误。

卌三尤·粇字

王一：粇粰粇，餓。（264）

王三：粇粰粇，餓。（264）

《广韵》：粇粰粇，餓也。（205）

按：义训，《汇校》所录王三为“粰粇，饊”，是，但王三原为“粰粇，餟”，误。“餟”字，从食，叕声；“饊”字，从食，散声。抄写者方音可能“饊、餟”音同，就以“餟”为“饊”。《校笺》有校（龙宇纯，1972：238）；《汇校》未校，似可增校。

卌三尤·蜉字

王一：蜉蜉蜉。又余周反。（264）

王三：蜉蜉蜉。又周余反。（264）

《广韵》：蜉蜉蜉，虫。本作蜉蝣。蝣音游。（205）

按：又音，王一反切与《广韵》直音音同，王三反切“周余”当为“余周”两字倒置。这应是误抄。《校笺》有校（龙宇纯，1972：238），《汇校》未校，似可增校。

卌三尤·罶字

王一：庮久屋木。又弋久反。亦作澑。罶网鸟媒。又五戈反。亦作圝。（266）

王三：庮久屋木。又弋久反。亦作圝……罶网鸟媒。又五戈反。亦作庮。（266）

《广韵》：罶鸟媒。圝上同。庮久屋木……（207）

按：王一“庮”字异体“澑”，原为“廇”，《汇校》误录。《集韵》“罶、圝”“庮、廇”各自为异体，王一同《集韵》；王三“庮”既与“圝”为异体，又与“罶”为异体，把异体误为非异体，把非异体误为异体。这当为王三误抄。《校笺》有校（龙宇纯，1972：240），《汇校》未校，似可增校。

卌三尤·蝤字

王一：蝤蝤蛑，似蟹而天生海边。（267）

王三：蝤蝤蛑，似蟹而生大海边。（267）

《广韵》：蝤蝤蛑，似蟹而大，生海边也。又自秋切。（207）

按：王一义训“似蟹而天生海边”，《集存》《合集》所录为“似蟹而大，生海边”（周祖谟，1983：378）（张涌泉主编，2008：2762），同《广韵》。《汇校》录误。王三义训“似蟹而生大海边”，当为“似蟹而大，生海边”，“大、生”两字倒置，当为王三误抄。《校笺》有校（龙宇纯，1972：241），《汇校》未校，似可增校。

卌三尤・遒（酋）字

王一：酋长。亦作嵤。愖傲。啾耳鸣声。揫束。又即由反……緧马纣。蝤蝎。（268）

王三：酋字秋反。长。亦作嵤。{十}。愖傲愖。啾耳鸣。遒白。亦作逎……緧蝎。（268）

《广韵》：酋长也……自秋切。十。愖傲也。遒尽也。又即由切……蝤蝤蠐，蝎也……（207）

按：王一酋纽前四字，《汇校》与《集存》《合集》所录不同，《集存》《合集》所录为“遒字秋反。固。亦作逎。□□。鶖束臬。又即由反。酋长。亦作嵤。愖傲”（周祖谟，1983：378）（张涌泉主编，2008：2762），《汇校》所录误。王一遒纽韵字数夺、王三酋纽韵字数不清晰。韵字，敦煌本比宋跋本多一字，即最后一字“蝤”字，《广韵》同。“緧”，《广韵》未收，《集韵》为“马纣”。“緧”字从丝，与“虫”应无关。王三“緧蝎”是把“緧马纣、蝤蝎”两字合二为一，上字取形，下字取义。《汇校》有校，为“王三误合两字释语，脱被释字蝤”。应为脱“緧”字义与“蝤”字形。王三抄夺一字。又王三“遒”义训，《汇校》录为“白”，但原为“𡆥”，亦录误。

卌三尤・輶字

王一：輶輕。（268）

王三：輶輕。（268）

《广韵》：輶輶輊，载丧车。（207）

按：王一义训，《汇校》为“輕”，可能是受王三的影响。王一原为“輊”，是。《汇校》误录。义训，王一与《广韵》同，王三抄误。《校笺》有校（龙宇纯，1972：242），《汇校》未校，似可增校。

卌三尤・柔纽

王一：柔耳由反。韧……鞣鞣皮。又人又反。（270）

王三：柔耳由反。韧。十一……鞣鞣皮。又人有反。（270）

《广韵》：熟皮。宥韵柔皮。人又切。又音柔。（209）

按：柔纽韵字数，王一无，《汇校》录夺。《集存》为“十”（周祖谟，1983：378），《合集》为“十一”。当为“十一”，《合集》已校（张涌泉主编，2008：2763）。鞣，《广韵》平声无又音，去声有又音。直音柔就是反切“耳由反”的音。王三又音“人有反”当为“人又反”误抄。《校笺》有校（龙宇纯，1972：242），

《汇校》未校，似可增校。

卌三尤 · 收纽

王一：收式州反。取。通俗作収。一。（270）

王三：收式州反。取正。又作収。一。（270）

《广韵》：收敛也。捕也……式州切。一。（209）

按：《汇校》对王三义训有校："正"衍。《集韵》"收、抍"为异体，"抍"为古文。"収"应为俗体，非正体，王三疑为误抄。

卌三尤 · 𠍦字

王一：丘去求反……𠍦迫。又巨鸠反。（271）

王三：丘去求反……𠍦迫。又巨𠍦反。（271）

《广韵》：丘聚也……去鸠切。六……裘……巨鸠切。四十四……𠍦迫也。又去牛切。（213）

按：切下字不可能与被切字同，王三𠍦字又音切下字系抄误。《广韵》溪纽没有又音，群纽有又音，去牛切与去求反音同。《校笺》有校（龙宇纯，1972：243），《汇校》未校，似可增校。

卌三尤 · 鸠纽

王一：鸠居求反。鸽，五。鸠，总名。亦作鸟聚。鬮鬥取。丩糾缭。𠃯居虬反。大力。艽秦艽，药。或作樛。□居由反。朻亦樛。木下垂。疝腹中急。（271）

王三：鸠居求反。鸽。八（四）。鬮斗取。丩纠缭。茾草相缭。𠃯（又）居虬反。大力。四。艽秦艽，药。或作樛。（又）居由反。朻亦樛。木下垂。疝腹中急病。（271）

《广韵》：鸠鸟名。又聚也。居求切。十。艽秦艽，药名。又居由切。叻大力。朻高木。又居虬切。軥车轸长也。疝腹中急痛。又古巧切。鬮鬮取也。又音纠。丩相纠缭也。龜又居危切。勼《说文》："聚也。"（210）

按：《汇校》王一鸠纽首字所录与《集存》《合集》不同。《集存》《合集》所录为"鸠居求反。鶌，五鸠总名。亦作勼。聚。七"是（周祖谟，1983：378）（张涌泉主编，2008：2763）；《汇校》所录多误。王三"鸠（四）、叻（四）"两组八字比王一"鸠（七）"一组多"茾"字。该字《广韵》未收，《集韵》收，训释为"草相纠"。"茾"字为王三该组最后一字，当为王三所增而衍。王三"居虬反"四字"叻、艽、疝、札"，王一均属鸠纽，《广韵》同。王三为何把一组强分为两组？是因为"叻"的注音"居虬反"，居虬反本为又音，但王三抄夺"又"字，就误作正音。虬字属幽韵，这也说明了王三对尤幽为两韵而不甚清晰。两部王韵该纽韵字数均当为“七”。《校笺》有校（龙宇纯，1972：243），《汇校》未校，似可增校。

卌三尤 · 休纽

王一：休许由反。止。俗加点作烋，谬。九。（274）

王三：休许由反。止。俗加点作烋，谬。九。（274）

《广韵》：休美也。善也。庆也。息也。又木名。许尤切。十三。（211）

按：王三义训，《汇校》录为“止”，是，但未校，因为王三原为“正”，这当为误抄；两部王韵注释“俗加点作烋”，但王一原为“休”，《汇校》录误。“点”应为“一点”，当加在“木”上；没说“四点”或“火”加在“木”下。这也当为误抄。《校笺》有校（龙宇纯，1972：245）；《汇校》未校，似可增校。

卌三尤 · 郚字

王一：郚江，在蜀。（275）

王三：郚江，在蜀。（275）

《广韵》：蜀江，原地。上牛切。（212）

按：王三注释，《汇校》录为“在蜀”，是，但录误，原为“在属”。“属、蜀”音虽同，但义不同。这当为王三抄误。《校笺》有校（龙宇纯，1972：247），《汇校》未校，似可增校。

卌三尤 · 裘纽

王一：裘巨鸠反。皮衣。卅……（276）

王三：裘巨鸠反。皮衣。卅……毬俗作。（276）

《广韵》：裘皮衣……巨鸠切。四十四。（212）

按：裘纽，两部王韵韵字数均为三十，两部王韵三十字同。但，《汇校》对王三韵字数有校，为“本纽实三十一字”。所多为裘纽最后一字，即“毬”。该字《广韵》不收，《集韵》有，不是俗体。《汇校》有校语，为“俗作后有夺文”。毬字，应是王三抄衍。《汇校》似可增校。

卌三尤 · 罦字

王一：罦车上輞。或作罝、罯。（277）

王三：罦车上輞。或作罘、罯。（277）

《广韵》：罦覆车輞也。罝同上。（213）

按：《集韵》：“罦罝《说文》‘覆车也’。罯罘《说文》‘免罟也’。”“罦”与“罘、罯”非异体。异体，王一“罯”、王三“罘、罯”均误。《校笺》有校（龙宇纯，1972：248），《汇校》未校，似可增校。

卌三尤·泭字

王一：泭编木渡水。（277）

王三：泭编竹木渡水。（277）

《广韵》

按：泭，《广韵》未收；《集韵》为“併木以渡”。王三义训中“竹”字疑为抄衍。《校笺》有校（龙宇纯，1972：248）；《汇校》未校，似可增校。

卌三尤·鬏字

王一：鬏髮至眉。或省作髳。（278）

王三：鬏髮生至眉。或作髳。（278）

《广韵》：鬏髮至眉。或作髳。（213）

按：义训、异体，王一同《广韵》。王三义训中“生”字疑为抄衍。《校笺》有校（龙宇纯，1972：249）；《汇校》未校，似可增校。

卌四侯·侯纽

王一：侯胡沟反。候。亦作帿。十五。（279）

王三：侯胡沟反。候。亦作候。十五。（278）

《广韵》：侯候也……户钩切。二十四……帿射侯。见上注。俗从巾。（214）

按：《广韵》“侯、帿”为异体，王一是，王三误，《汇校》对王三异体有校，为“或体当从王一作帿”。《校笺》《汇校》校均误。

卌四侯·嗾字

王一：嗾使犬。又桑豆反。或作嗻。（281）

王三：嗾使犬。又桑苟反。或作簉。（281）

《广韵》：速侯切……苏奏切……嗾使犬。（441）

按：《广韵》速侯切无嗾字，苏奏切有嗾字。《集韵》先侯切有嗾字，且“嗾、嗻、嗻”为异体。王一又音同《广韵》《集韵》；异体同《集韵》。又音、异体，王一是，王三疑为抄误。《校笺》对该字异体有校（龙宇纯，1972：251），《汇校》未校，似可增校。

卌四侯·緅纽

王一：□子侯反。豎叢。亦曰緅。二。鯫鱼名。又士垢、士沟二反。（282）

王三：緅子侯反。豎叢麻曰緅。二。緅色。（282）

《广韵》：緅麻幹也。子侯切。五。緅青赤色也……鯫鱼名。一曰姓。汉有

鲰生。又浅鲰，小人。仕垢切。又士沟切。一。（216）

按：《汇校》所录王一䅧纽首字注释与《集存》《合集》所录不同，《集存》《合集》所录为“䅧子侯反。竖叢麻曰䅧”（周祖谟，1983：379）（张涌泉主编，2008：2765）。《汇校》录误。两部王韵䅧纽第二字不同。《广韵》侯韵无鲰字，但上声厚韵有，且又音就是侯韵字。两部王韵最后一纽剽纽第二字为鲰（鱼名。又子沟、士垢二反）。两部王韵韵字数应均为“三”，疑各夺一字，即王一夺“緅”字、王三夺“鲰”字。《校笺》校“緅”为“鲰”误（龙宇纯，1972：252）；《汇校》未校，似可增校。

卌四侯·窬字

王一：**窬**穿。（282）

王三：**窬**穿。或作窬。（282）

《广韵》：**窬**穿也。又羊朱切。（216）

按：《集韵》“窬”字同《广韵》，无异体。王三“或作”疑衍。《校笺》有校（龙宇纯，1972：253）；《汇校》未校，似可增校。

卌六侵·冘字

王一：**冘**（余针反）行皃，从人出，冂音□。亦作佔。又以周反。（289）

王三：**冘**（余针反）行皃，从人出。冖音。（289）

《广韵》：**冘**（余针切）行皃。（以周切）冘豫不定。（220）

按：《汇校》“冖”，王三原为“[illegible]”，这当为“冂”字，《汇校》误录为“冖”，且“冖（冂）”当从上，“从人出冂”是对“冘”字字形分析。《汇校》对王三“音”有校语，为“音后有脱文”，是。所夺为何？但没有下文。从王一可以看出，“音”是给“冂”字注音的，所夺当为“扃”字。该字为王三抄夺。《校笺》有校（龙宇纯，1972：257），《汇校》未校，似可增校。

卌六侵·吟纽

王一：**吟**鱼音反。永哥。亦作訡、齡。五。（292）

王三：**吟**鱼音反。亦作苓、齡。五。（292）

《广韵》：**吟**叹也。《说文》云：“呻吟也。”鱼金切。十。**訡**上同。**齡**古文。（221）

按：《集韵》“吟、齡、訡、钦”为异体，王一的两个异体与《广韵》《集韵》同，王三的两个异体中一个与《广韵》《集韵》不同，“苓”字疑为王三抄误。《校笺》有校（龙宇纯，1972：258），《汇校》未校，似可增校。

卌七盐·尖纽

王一：**尖**子廉反。上小下大，十一……鑀鐀版。（299）

王三：尖子廉反。上小下大，十一……鑯鐫鑯。（298）

《广韵》：尖锐也。子廉切。十三……鑯《说文》曰："铁器也。"一曰鐫也。鋟以爪刻桓版也……（229）

按：王三韵字数为"十一"，《汇校》有校语，为"本组实收十字"。王一韵字数也是"十一"，虽残缺，最后一字为"鋟"，该字为王一多于王三的韵字，《广韵》同。"鋟"字疑为王三抄夺。《校笺》有校（龙宇纯，1972：263），《汇校》未校，似可增校。

卌七盐·燖纽

王一：□□□（300）

王三：燖徐廉反。汤瀹肉。或作燂。（300）

《广韵》：䰰《说文》曰："汤中爚肉也。"徐盐切。九。錴《说文》同上。燖爓膶並同上。（230）

按：王一燖纽首字，《汇校》录残，而《集存》所录为"肉。□膶。四"（周祖谟，1983：381）、《合集》所录为"□□。□□肉。或作䰰、膶"（张涌泉主编，2008：2767）。燖纽首字，王一虽残，但还保存部分。《汇校》录夺。《广韵》"燖、䰰、錴、爓、膶"五字为异体。王三异体"燂"疑为"爓"字抄误。《汇校》未校，似可增校。

卌七盐·蕣（薟）字

王一：蕣山菜。（300）

王三：蕣山菜。（300）

《广韵》：薟山菜。（230）

按：王一韵字"蕣"，《合集》校为"薟"（张涌泉主编，2008：2767），是。这说明两部王韵所误当来自王韵原本。《汇校》未校，似可增校。

卌七盐·櫼（櫼）字

王一：櫼采细叶。（300）

王三：櫼采细叶。（300）

《广韵》：櫼木细叶也。（230）

按：王一韵字"櫼"，《合集》校为"櫼"、"采"为"木"（张涌泉主编，2008：2767），是。王三韵字"櫼"亦误，也当为"櫼"字。《校笺》有校（龙宇纯，1972：264）；《汇校》未校，似可增校。

卌七盐·幨字

王一：幨巾。（300）

王三：韈巾。（300）

《广韵》：幨小巾。（230）

按：王一韵字“幨”，《合集》校为“幨”（张涌泉主编，2008：2767），是；王三韵字“韈”亦误，也当为“幨”。《校笺》有校（龙宇纯，1972：264），但亦误；《汇校》未校，似可增校。

卌七盐·妗纽

王一：（燖）徐廉反……妗火尖反。婜妗也；一曰善美。新加，出《说文》。更毛也。（300）

王三：燖徐廉反……（300）

《广韵》：燅……徐盐切，九……（230）

按：妗纽为王一最后一纽，但妗字见于前某一纽；王三最后一纽为燖纽，未见妗纽；妗字见于韂纽（处詹反）；《广韵》亦未见妗纽，妗字见于韂纽（处詹切），婜妗，善笑皃。又许兼切。兼字属添韵，许兼切有妗字，“美也”。《集韵》收“妗”字，为“妗处占切。婜妗，喜笑皃；婜痴廉切。《说文》妗也。一曰婜妗，喜笑皃”。两部王韵三等盐与四等添分为两韵，王一增加妗纽是，但应为四等添韵的纽，但归于三等盐韵误，而且声类也是如此，盐为三等韵，切上字“火”一般与一等、二等、四等韵洪音相拼，不与三等细音相拼。这说明三等、四等在王一的编者分得还不甚清晰。《汇校》未校，似可增校。

卌八添·髫纽

王一

王三：髫丁廉反。髫发。七。（300）

《广韵》：髫鬑，鬓发……丁兼切。八。（230）

按：王三、《广韵》切下字不同，王三“廉”为三等盐韵字，“兼”为四等添韵字。这说明王韵时代三等、四等区别不甚清晰。《校笺》有校（龙宇纯，1972：263）；《汇校》未校，似可增校。

卌八添·甜纽

王一：甜甘。□□反。（301）

王三：甜徒兼反。甘。五。（301）

《广韵》：甜甘也。徒兼切。五。（230）

按：《汇校》所录王一切下字残，而《集存》《合集》所录为“廉”（周祖谟，1983：381）（张涌泉主编，2008：2767），《汇校》录夺。《合集》校“廉”为“兼”，是。两部王韵训释与反切的顺序一般是先反切，后训释，再韵字数。王一该纽的次序与其他纽不同。《汇校》未校，似可增校。

卌九蒸·澄纽

王一：澄□□□。懲戒。澂。（303）

王三：澄直陵反。水清定。又直庚反。四。憕平。又竹萌反。懲戒。（303）

《广韵》：澂清也。直陵切。五。澄同上。瞪直视也。又直庚切。憕平。又竹萌反。懲戒。（200）

按：澄纽，宋跋本韵字数为“四”，《汇校》有校，为“本纽实收三字”。王一该纽最后一字为“澂”。“澂”字当为王三抄夺。《校笺》有校（龙宇纯，1972：266），《汇校》未校，似可增校。

卌九蒸·應字

王一：□□陵反。胸。亦作膺。四。鹰鸟名。應当。□寒蝉。（304）

王三：膺於陵反。胸。亦作膺。四。鹰鸟名。螷寒蝉。（304）

《广韵》：膺胸也。亲也。於陵切。四。應当也……螷寒蝉。鹰鸟名……（201）

按：王三韵字数为“四”，《汇校》有校，为“本纽实收三字”。王一、《广韵》该纽也为四字，比王三多“應”字。“應”，当为王三抄夺。《校笺》有校（龙宇纯，1972：266），《汇校》未校，似可增校。

卌九蒸·绳纽

王一：譝称。鱦鱼名。乘驾。渑水名。在齐。溗波前后相陵。塍畦。又埒。亦作堘。憴誉。騬犗马。（305）

王三：绳食陵反。索。九。譝称。鱦鱼名。乘驾。溗波前后相淩。塍畦。又埒。亦作堘。憴誉憴。騬犗马。（305）

《广韵》：绳直也。又绳索……食陵切。十二譝譝举称。憴同上。鱦小鱼。乘驾也……椉同上。死古文。渑水名。在齐……溗波前后相淩也。塍稻田畦也。畔也。堘同上。騬犗马。（201）

按：《汇校》录夺绳纽首字及注释，《集存》《合集》所录均为“食陵反。索。通俗作縄。九”（周祖谟，1983：381）（张涌泉主编，2008：2768），是。《汇校》对王三韵字数有校，为“本组实收八字”。两部王韵韵字数均为“九”，王一比多王三“渑”字。该字当为王三抄夺。《校笺》有校（龙宇纯，1972：267），《汇校》未校，似可增校。

五十登·楞纽

王一：**楞**卢登反。四方木。或作棱；通俗作楞。五。（308）

王三：**楞**卢登反。方木。或作棱。五。（308）

《广韵》：**楞**四方木也。鲁登切。六。**棱**上同……（203）

按：义训，王一同《广韵》，王三少义训中的“四”字，这当为王三抄夺。《校笺》有校（龙宇纯，1972：269）；《汇校》未校，似可增校。

五十登·增纽

王一：**增**在滕反。加。亦作譄。通俗作增。十……簪莔……（309）

王三：**增**昨滕反。加。亦作譄。九。（309）

《广韵》：**增**益也。加也。重也。又埋幣曰增。作滕切。十二……簪莔……（203）

按：增纽韵字数，敦煌本为“十”，王三为“九”，两部王韵“九”字同，敦煌本多一字，即簪莔。该字，疑王三抄夺。两部王韵切上字“在、昨”均为从纽字，《广韵》“作”字为精纽字，王韵切上字所误，应来自王韵原本。《校笺》有校（龙宇纯，1972：269）；《汇校》均未校，似可增校。

五十登·層纽

王一：**層**作稜反。重屋。又作滕反。二。（309）

王三：**層**昨稜反。一。又昨滕反。（309）

《广韵》：**層**重屋也。昨稜切。又作滕切。三。（203）

按：王一、王三的切上字与又音切上字同，均误。两部王韵“層”纽前已有“增”纽：作滕切，王一層纽切上字定不应为“作”，当为“昨”；王三又音切上字不应为“昨”，当为“作”。两部王韵均抄误。《校笺》有校（龙宇纯，1972：270）；《汇校》均未校，似可增校。

五十登·鞃字

王一：轼中。亦作鞃、鞆。（310）

王三：轼中。亦作鞆。（310）

《广韵》：鞃轼中靶也。（203）

按：《集韵》“鞃”与“鞃、輷、軚”为异体，与“鞆”非异体。两部王韵异体“鞆”均误。《汇校》未校，似可增校。

五十一咸·黬字

王一：黬黑。又止林反。（312）

王三：黵黑。又上林反。（312）

《广韵》

按：两部王韵又音切上字不同，王三侵韵斟纽（职深反）有“黵”字，训释为“皙黑。又居咸反”。止林反与职深反音同，切上字均为章纽。王一是，王三非。王三又音切上字“上”当为“止”字抄夺。《校笺》有校（龙宇纯，1972：271）；《汇校》未校，似可增校。

五十一咸·缄纽、喦纽

王一：缄古咸反。缄封……黬釜底黑……喦五咸反。嶃喦，山高。又地名。七……黬釜底黑……（312、313）

王三：缄古咸反。缄封。八……黬釜底黑……喦五咸反。山高。六（七）……（311、313）

《广韵》：缄缄封。古咸切。七……黬釜底黑也……喦巖也。嶃喦，山高。亦地名。五咸切。十……黬釜底黑也……（231）

按：《汇校》王一缄纽无韵字数，《集存》《合集》所录均为“八”，（周祖谟，1983：382）（张涌泉主编，2008：2769）《汇校》录夺。“黬”字，王一咸韵隶属于缄、喦两纽，《广韵》同。“黬”字，王三只见于缄纽，喦纽未见。喦纽韵字数模糊不清，似六或七。如是“六”，喦纽“黬”字为王一所增，但该字非该组的最后一字；如为“七”，“黬”字为王三抄夺。《校笺》有校（龙宇纯，1972：272）；《汇校》未校，似可增校。

本文所发现的上述问题，部分确是《汇校》未发现的，但多数已为前修所发现并做了校正，只不过是《汇校》未吸收时贤的研究成果才导致的。

龙宇纯先生对宋跋本的评价为：

> “盖传世切韵系韵书，年代早者，如切一、切三，悉为残卷，全袟如广韵，则晚出，去陆书规模已远，不若此书既全且早也。”

宋跋本的价值就在于它是一部完整的唐写本韵书。从龙宇纯先生《唐写全本王仁昫〈刊谬补缺切韵〉校笺》可以看出，它的失误很多；与敦煌本比，它的失误就更多，这会极大地影响其学术价值的发挥。

综上可知，王三所夺、所衍、所误，都应是在抄写过程中出现的问题，这些问题也均可由抄写失误而得到解释。出现这多么的失误，这与王三抄写者的责任心、专业训练有一定的关联。抄写不够仔细、认真，甚至有点草率。这说明该抄本的书写质量并不高，差错率还是比较高。由此，可推断王三与王仁昫《刊谬补缺切韵》的关系，即宋跋本应为王仁昫《刊谬补缺缺切韵》的抄本。同时也可推定抄写者也当非《刊谬补缺切韵》的编撰者王仁昫，而是另有其人。

参考文献

（一）古籍

（宋）丁　度等　1989《宋刻集韵》，中华书局。
（隋）陆法言撰，（唐）王仁昫等补，徐朝东点校　2021《切韵汇校》，中华书局。
（唐）王仁昫　2017《唐写本王仁昫刊谬补缺切韵》，江苏凤凰教育出版社。

（二）现代论著、论文集

曹　洁　2013《裴务齐正字本〈刊谬补缺切韵〉研究》，上海古籍出版社。
姜亮夫　1990《瀛涯敦煌韵书卷子考释》，浙江古籍出版社。
李　荣　1958《切韵音系》，科学出版社。
刘　复　1925《敦煌掇琐》，“中央研究院”历史语言研究所专刊之二。
刘　复、魏建功、罗常培等编著　2009《十韵汇编》，国家图书馆出版社。
龙宇纯　1972《唐写全本王仁昫刊谬补缺切韵校笺》，香港中文大学出版社。
潘重规　1972《瀛涯敦煌韵辑新编》，（香港）新亚研究所。
邵荣芬　1982《切韵研究》，中国社会科学版社。
魏建功　2001《魏建功文集》，江苏教育出版社。
熊桂芬　2015《从〈切韵〉到〈广韵〉》，商务印书馆。
余迺永校注　2008《新校互注宋本广韵》，上海人民出版社。
张涌泉主编　2008《敦煌经部文献合集》，中华书局。
赵振铎　2013《集韵校本》，上海辞书出版社。
周祖谟　1983《唐五代韵书集存》，中华书局。
周祖谟　2004《广韵校本》，中华书局。

湖南白族汉语方言

——桑植“民家腔”的词汇特点*

钟江华

（湘潭大学文学与新闻学院，湘潭，411105）

提　要：湖南白族汉语方言——桑植“民家腔”词汇和普通话词汇之间的差异主要体现在音节、结构、词义等方面。通过比较发现，“民家腔”的三音节词多于普通话，而双音节词少于普通话。老派词语在快速退出当地居民的言语交际活动。万能动词“搞”可作介词，相当于“用”。

关键词：湖南白族；汉语方言；桑植“民家腔”；词汇特点

根据湖南省统计局以及张家界市统计局提供的数据，截至2020年，湖南有白族人口11.86万人，占全国白族人口的5.67%。张家界市桑植县白族人口为107,103人①，主要分布在5个（此前为7个）白族乡：刘家坪白族乡、马合口白族乡、走马坪白族乡 、芙蓉桥白族乡以及洪家关白族乡。2015年11月，桑植县经过乡镇区划调整，淋溪河白族乡并入芙蓉桥白族乡，麦地坪白族乡并入马合口白族乡。桑植县白族人口占湖南全省白族人口的90%。②

目前，桑植白族人说汉语西南官话，因白族人在桑植当地被称作“民家人”，其所说方言便被称作“民家腔”，以芙蓉桥白族乡与马合口白族乡两地居民的口音最“土”，也最具代表性，与以县城话为代表的“客家腔”差别较大。本文记录的便是这种最典型的桑植芙蓉桥白族乡的“民家腔”。

桑植“民家腔”和普通话词汇的差异主要表现在音节差异、构词差异以及意义差异等三个方面，下面分别讨论。

---

* 本文为湖南省教育厅重点项目“湖南白族汉语方言词汇研究”（编号：19A495）的阶段性成果。

① 感谢李宁、钟家喜提供的相关数据。

② http://sangzhi.zjj.gov.cn/c2363/20200605/i555672.html.

一、音节特点

1.“民家腔”是单音节词，普通话是双音节词。例如：

民家腔	普通话	民家腔	普通话	民家腔	普通话
儿	儿子	谷	稻谷	米	大米
女	女儿	生	生日	疏	疏远
索	绳子（较粗）	蔃儿	蔃头	木儿	木耳
虱	虱子	凳	凳子	（出）人	（出）人才
欺	欺负	梯	梯子	法	办法

2.“民家腔”是双音节词，普通话是单音节词，这种例子较少。例如：

民家腔	普通话	民家腔	普通话
背心	背（后背）	豺狗	狼

3.“民家腔”是双音节词，普通话是多音节词。例如：

民家腔	普通话	民家腔	普通话	民家腔	普通话
断掌	通天掌	倍子	五倍子	糖梨儿	山糖梨
蜜末儿	羊奶奶	杨桃	猕猴桃	猫儿头	猫头鹰
凤凤	金龟子	黑末儿	锅底灰	家公	外祖父
河鹰	猫头鹰	藕煤	蜂窝煤	家家	外祖母

4.“民家腔”是多音节，主要是三音节词，普通话是双音节词，这种类型最普遍。例如：

民家腔	普通话	民家腔	普通话	民家腔	普通话
脚板印	脚印	排扎骨	排骨	下巴骨	下巴
眼眨毛	睫毛	饭食骨	锁骨	肩膀（生）	肩膀
鼻梁杆	鼻梁	嘴巴皮	嘴唇	赤脚（板）	赤脚
二指拇儿	食指	当门牙	门牙	肚亮皮	肚皮
胸门前	胸前	露水头	刘海	卷角儿毛	卷发
眼睛水	眼泪	死解带儿	死结	抽解带儿	活结
婆子娘	婆婆（夫之母）	野老公	姘夫	后来娘	后妈
改造户	囚犯	温热水	温水	笑白话	笑话
煤渣屎	焦炭	旋涡风	旋风	蚂蚁杆	彩虹

民家腔	普通话	民家腔	普通话	民家腔	普通话
鞋底巴	鞋底	毛线衣	毛衣	毛线裤	毛裤
酒丝⁼叶	紫苏	扯根菜	菠菜	包包儿菜	包菜
地米菜	荠菜	鸡肉菌	平菇	霉豆腐	腐乳
打屁虫	椿象	刺脚鼠	蜥蜴	水老鼠儿	水獭
推屎甲虫	蜣螂	胡子鲇	鲇鱼	鳝鱼公	鳝鱼
过年货	年货	枞牛屎	松香	柏枝树	柏树
桐子树	油桐	重木子树	苦槠	棕巴树	棕榈
三门⁼朝儿	偶尔	伤耻人	伤人	气涨人	气人
厌烦人	烦人	烦人子	烦人	信壳子	信封
瓦片子	碎瓦	篦梳子	篦子	锑壳子	硬币
刨叶子	刨花	小方子	偏方	鲫壳子	鲫鱼
软腰子	软肋	寡妈子	寡妇	宠瞌睡	打盹
磋牙齿	磨牙	起火气	上火	发横身	发福

5.“民家腔”是四音节，普通话是三音节词。例如：

民家腔	普通话	民家腔	普通话
人来子疯	人来疯	苦楝子树	苦楝树

6.“民家腔”是双音节词，普通话是多音节词。例如：

民家腔	普通话	民家腔	普通话	民家腔	普通话
豆皮	豆腐皮	抢犯	抢劫犯	滚豆儿	红小豆
包头儿	包工头	瓢儿菜	莙荙菜	茎豆儿	四季豆
阳荷	莲花姜	汁儿根	鱼腥草	月伢儿	新生儿
红菜	红菜薹	起子	螺丝刀	私伢儿	私生子
脚猪	种公猪	生人	陌生人		

从上面的比较可以看出，“民家腔”的三音节词多于普通话，而双音节词少于普通话。

二、构词特点

“民家腔”的构词特点主要体现在以下三个方面。

1.“民家腔”是单纯词，普通话是合成词；或者“民家腔”是合成词，而普通话是单纯词。前一种的数量超过后一种，见上文“音节特点”中第1点、第2点。再如：

第一种：桂桂儿阳⁼（布谷鸟）[①]、螳螳（螳螂）、凤凤（金龟子）

第二种：叫叫儿（蟋蟀）、檐老鼠（蝙蝠）、尿包（膀胱）、阳雀儿（杜鹃）

2.“民家腔”和普通话词根相同，但带词缀情况不同。

（1）“民家腔”带后缀“子”，普通话一般不带，这种情况很多，如：

民家腔	普通话	民家腔	普通话	民家腔	普通话
狗子	狗	杏子	杏	梨子	梨
腰杆子	腰杆	茶叶子	茶叶	牙龈子	牙龈
蚂蚁子	蚂蚁	锯末子	锯末	砧板子	砧板
栗板子	板栗	眼珠子	眼珠	菜园子	菜园
短袖子	短袖	毛桃子	毛桃	皮带子	皮带
布鞋子	布鞋	蜘蛛子	蜘蛛	老鼠子	老鼠
懒人子	懒人	鸡冠子	鸡冠	假装子	假装
虾米子	虾米				

（2）普通话带后缀“子”，“民家腔”不带，这种例子很少，如：

民家腔	普通话	民家腔	普通话	民家腔	普通话
凳	凳子	种	种子	虱	虱子

（3）“民家腔”带后缀“儿”，普通话一般不带，如：

民家腔	普通话	民家腔	普通话	民家腔	普通话
蚕儿	蚕	糖果儿	糖果	小名儿	小名
调羹儿	调羹	唢呐儿	唢呐	凉亭儿	凉亭
泥鳅儿	泥鳅	麻雀儿	麻雀	荷包儿	荷包
樱桃儿	樱桃	画眉儿	画眉	脸盆儿	脸盆
雷管儿	雷管	八哥儿	八哥	漏勺儿	漏勺
扑克儿	扑克	肚脐儿	肚脐	皇历儿	皇历
百合儿	百合	香料儿	香料	雪花儿膏	雪花膏
钉耙儿	钉耙	葱花儿	葱花	金银花儿	金银花
豆腐脑儿	豆腐脑				

（4）普通话是子尾词，“民家腔”是子尾词或者儿化词均可，如[②]：筷子—筷子/筷儿、辫子—辫子/辫儿，部分两可的用儿化词更符合当地人的习惯，如：兔子—兔儿、

① 括号内为普通话之词。

② 举例时，前者为普通话，后者为“民家腔”。

豆子—豆儿，绝大部分儿化词需要先重叠，如：

店子—店店儿　　缸子—缸缸儿　　蒜瓣子—蒜瓣瓣儿　　毯子—毯毯儿

块子片儿状—块块儿　　个子体形—个个儿　　本子—本本儿　　火架子—火架架儿

馆子—馆馆儿　　盘子—盘盘儿　　剪子—剪剪儿

3.“民家腔”和普通话都是合成词，但词根的排列顺序不同，或者词根不同，主要有下面三种情况。

（1）词根相同，但语素顺序不同。

民家腔	普通话	民家腔	普通话	民家腔	普通话
鸡公	公鸡	椒麻	麻椒	宵夜	夜宵
咙喉	喉咙	钱纸	纸钱	青篾	篾青
重器	器重	齐整	整齐	仄逼	逼仄
匀均	均匀	强勉	勉强	执固	固执
实诚	诚实	天老爷	老天爷	大指拇	大拇指

（2）语素完全不同，结构有同有异，如[①]：

① 结构相同。

派生	岩骨——石头	寡佬儿——鳏夫		
偏正	腔版——口音	丝瓢——笊篱	定针——静心	酱果儿——西红柿
	洋芋——土豆	丈老儿——岳父	懒猫儿——水獭	苞谷——玉米
	糯谷——粳稻	粘谷——籼稻	阳春——农活	腊狗——大鲵
	阳姜——菊芋	鸡婆[②]——妓女	鸡屎客——小气鬼	黑耳朵——私生子
联合	横直——反正	索利——干净	滑耍——灵活	
动宾	灌肠儿——化脓			

② 结构不同。

料当（派生）——木料（偏正）　　二杆子（派生）——单身汉（偏正）

倒拐子（派生）——胳膊肘（偏正）　　续⁼子（派生）——连枷（偏正）

统子（派生）——被套（偏正）　　宰实（派生）——欺骗（联合）

壮坨（偏正）——胖子（派生）　　小使（偏正）——丫鬟（派生）

钵焦（偏正）——锅巴（派生）　　细米（偏正）——荸荠（叠韵）

抵抵儿（叠音）——顶针（偏正）　　力量（联合）——能干（偏正）

晓得（补充）——知道（联合）

---

① 举例时，前者为“民家腔”，后者为普通话，下同。

② 也有学者认为“鸡婆”是正偏结构，我们此处采用偏正结构的说法。

（3）语素部分不同，结构基本相同，大多数语素顺序相同，少数语素顺序不同。如：

脑壳——脑袋　毛眼——毛孔　自家——自己　声气——声音
今朝——今天　柿花——柿子　香菌——香菇　嗉包——嗉子
抽箱儿——抽屉　厨子——厨师　力人——力夫　癫子——疯子
耳巴——耳光　野豪——野兽　蜂包——蜂窝　蜂糖——蜂蜜
师妈——师母　脸包——脸蛋儿　翅管儿——翅膀　干老儿——干爹
手板(儿)——手掌　卷闸门——卷帘门　茶子树——油茶树　后脑壳——后脑勺
辣椒末儿——辣椒面　出气虫——出气筒　啄木倌——啄木鸟　电杆树——电线杆
后角窝——后脑窝　脚板心——脚掌心　鹅鹅儿肠——鹅肠菜
入材——入殓　发体——发育　在生——在世　赶场——赶集
牢实——牢固　本当——本来　走绕路——走远路
涎水——口水　蛇蚤——跳蚤　臭菜——香菜　手巾——毛巾
癫狗——疯狗　老鸦——乌鸦　啄子——斧子　脚盆——澡盆
后家——娘家　卷巴——结巴　北瓜——南瓜　柩夫——杠夫
夜饭——晚饭　番薯——红薯　卧单儿——床单　痨药——毒药
汁儿水——奶水　车=肩膀——高低肩　花野猫儿——大脸猫　钻山甲——穿山甲
反撇子——左撇子　剁巴菜——茎芥菜　发火柴——引火柴　螃甲腿——罗圈腿
屎肚子——大肚子　本心话——老实话　麻麻儿雨——毛毛雨
打屁——放屁　干饭——吃饭　扯谎——撒谎　拿脉——把脉
发气——生气　端尿——把尿　昏车——晕车　打伴——做伴
醒闷——解闷　打米——磨米　剥牛——杀牛　霸家——顾家
失枕——落枕　转筋——抽筋　站身——起身　诊病——治病
屙稀——拉稀　绞嘴——顶嘴　搞饭——做饭　吃烟——抽烟
打霜——降霜　落雨——下雨　过食——喂食　长虫——生虫
长霉——生霉　长锈——生锈　斩柴——砍柴　扯露水——结露水
涨大大——发大水　着油/盐——放油/盐　下包谷——收玉米　捡棉花——摘棉花
捡绿豆儿——摘绿豆　空油菜——收油菜　空芝麻——收芝麻　扯常——经常
逼促——局促　小意——注意　可鄙——卑鄙　活怕——生怕
知事——懂事　失悔——后悔　坚心——耐心　二回——下回
苦胆——胆囊　花额——额头　肚心——心脏　屎篾——篾黄

灰面——面粉	扯闪——闪电	谱书——家谱	果木——水果
帐子——蚊帐	蜂子——蜜蜂	后脚蹬儿——脚后跟	出口艺儿——口头禅
屎狗子——狗腿子	外后儿——大后天	夹舌子——大舌头	翻鼻子——朝天鼻
膁巴肚儿——腿肚子	喷眼睛——翻白眼	胡子八碴——胡子拉碴	

三、意义特点

1.“民家腔”里一个多义词分别与普通话的几个义项对应。例如：

蚊子①——苍蝇	面①——米粉	快活①——富裕
蚊子②——蚊子	面②——面条	快活②——舒服
强盗①——小偷	婆婆①——祖母	快活③——开心
强盗②——强盗	婆婆②——老年妇女的尊称	发火①——生火
放手①——最后	章子①——技术、技艺	发火②——生气
放手②——收工	章子②——印章	

扎实①——了不起：他读书好～

扎实②——难以对付或忍受：冷就～；剧烈：疼得～

听讲[①] $kaŋ^{24}$ ①——形容词，听话，听从长辈或领导的话

听讲 $kaŋ^{24}$ ②——动词，听人说

2. 词义内涵不同。下面这些词语，在“民家腔”中的意思与普通话有别。如：

根：茎[②]	茎：根	造孽：可怜
起火：生气	姑爷：姑父	媳妇：儿媳妇
菌子：蘑菇类的总称	酒坛子：好喝酒之人	天花：玉米的雄花
过：动词，喂，～猪食	殷勤：照顾，伺候	经管：照料，照顾
乖：漂亮	和平：友善	别：时间冲突
贤惠：热情	听讲 t‘in^{31} kaŋ^{24}：听话，听从长辈或领导的话	
攒：形容词，节约	英雄：（老人家）身体硬朗	

客气：讲究（家里打扫得很干净、摆设得整洁）

罩子：晨雾，尤指早上出现在河面上厚厚的雾

亲爹：姻伯，对兄弟的岳父、姐妹的公公的称呼

---

① “听讲”一词另有一个文读音 t‘in^{31}tɕiaŋ^{24}，意为“听人讲课或讲演”。

② “民家腔”中的“根”和“茎”跟普通话的意思刚好相反。

上书：（事情）做得好，可以写在书里面作为典范

3. 常用词语有别，如：臭菜（香菜）、北瓜（南瓜）。

四、其他特点

1. 和其他地方方言一样，“民家腔”的老派词语（包括老派读音）也在快速退出当地居民的言语交际活动。如：安含（安静）、何之个（谁）、高客（老鼠）、教书先生（老师）、持=历$_{\text{儿}}$（黄历$_{\text{儿}}$）、戴罩（理发师）、喉嗓管（喉咙）、爷和娘（爹娘）、廊场（地方）、点迹（位置）、开处（别处）、闪汗（感冒）、阔屋（租屋）、扳熄头$_{\text{儿}}$（拔火罐）、伐树（砍树）。另外，“舌头”一词，老派念 ʂɛ^{22} t‘ɛ^{022}，新派念儿化音“舌头$_{\text{儿}}$”ʂɛ^{22} t‘ər^{022}。

2. 特殊后缀或准后缀

（1）子：除了普通话中有的用法外，“民家腔”的“子”尾还可构成“动词 / 形容词 + 下$_{\text{儿}}$ + 子”格式，表达短时义、尝试义或程度略微增加或减少，如“动下$_{\text{儿}}$子$_{\text{动一动}}$、来下$_{\text{儿}}$子$_{\text{来一下/来一点儿}}$、壮下$_{\text{儿}}$子$_{\text{胖一点儿}}$”；“动词 / 形容词 + 人 + 子”格式的词语大部分相当于形容词，表示使人感觉怎么样，一般都是一些不太好的感觉或感受，前面可受副词“好”修饰，如“好吓人子$_{\text{很吓人}}$、好急人子$_{\text{很急人}}$”。少数相当于名词，如“懒人子$_{\text{懒汉}}$、穷人子$_{\text{穷人}}$”。

（2）壳：本义指“坚硬外壳”，如：指甲壳、核桃壳、桐子壳。“壳”作后缀构成名词，转义指人，表贬义。如：背时壳（倒霉鬼）、痴壳（呆子）、偷人壳（偷人货）、害人壳（害人精）。“壳”也可以指物，如：靴壳（靴子）、斗笠壳（斗笠）、板斗壳（一种农具，用来收割稻谷）、树茏壳（树丛）、竹茏壳（竹林）、升子壳（升子）、蚌壳（蚌）、马蹄壳$_{\text{儿}}$（马蹄掌；喻指高跟鞋）。

（3）伢$_{\text{儿}}$：本义为“小孩$_{\text{儿}}$”，作后缀有小称义。

① 指人，如：人伢$_{\text{儿}}$（小人$_{\text{儿}}$）、儿伢$_{\text{儿}}$（男孩$_{\text{儿}}$）、女伢$_{\text{儿}}$（女孩$_{\text{儿}}$）、小伢$_{\text{儿}}$（小孩$_{\text{儿}}$）、大伢$_{\text{儿}}$（大孩子）、徒弟伢$_{\text{儿}}$（小徒弟）、学生伢$_{\text{儿}}$（学生）、兵伢$_{\text{儿}}$（当兵的）、菩萨伢$_{\text{儿}}$（菩萨）、私伢$_{\text{儿}}$（私生子）。

口语中，称呼平辈年幼者以及晚辈时，经常直接用单音节名或双音节名 + 伢$_{\text{儿}}$，如：

男性：钟家贵→贵伢$_{\text{儿}}$、钟家国→国伢$_{\text{儿}}$、钟高银→银伢$_{\text{儿}}$、钟元玻→元伢$_{\text{儿}}$

女性：谷美英→英伢$_{\text{儿}}$、钟吉凤→凤伢$_{\text{儿}}$、谷美菊→菊伢$_{\text{儿}}$、钟秀娟→娟伢$_{\text{儿}}$、钟秋英→秋英伢$_{\text{儿}}$、钟亚丽→亚丽伢$_{\text{儿}}$、谷春绒→绒伢$_{\text{儿}}$

称呼平辈年长者一般用单音节＋伢儿＋哥/姐，如：贵伢儿哥、国伢儿哥、英伢儿姐、菊伢儿姐。

称呼长辈，如叔叔、伯伯或者阿姨时，则用“单音节名＋伢儿＋幺”，如：银伢儿幺（男性）、绒伢儿幺（女性）。

习惯用双音节名称呼某人时，直接＋哥/姐/幺，中间不用“伢儿”，如：家贵哥、秋英姐、亚丽幺。

② 也可指动物，如：猫伢儿（小猫）、鸡伢儿（鸡）、狗伢儿（狗）、猪伢儿（猪）、羊伢儿（羊）、牛伢儿（牛）、鸭伢儿（鸭子）、鱼伢儿（鱼）、蛇伢儿（蛇，尤指小蛇）、土狗伢儿（蝼蛄）、壁蛇伢儿（壁虎）；

③ 还可指“物”，如：锅伢儿（锅）、手扶伢儿（拖拉机）、树伢儿（小树）、竹伢儿（竹子）、菜伢儿ts‘æ$^{53-55}$ŋər^{043}（菜苗）。

（4）场：有些动词后面可加“场”构成抽象名词，表示有做该心理活动或动作的价值，相当于普通话中的“头”，多用于否定句和疑问句。如：

吃场：吃头儿。如：这个菜没得（个）吃场。（这个菜不怎么好吃。）
这个菜有没有（个）吃场？（这个菜好不好吃？）

干场：吃头儿。如：这个饭没得（个）干场。（这个饭不怎么好吃。）

看场：看头儿。如：这个电视没得（个）看场。（这个电视不怎么好看。）

玩场：玩头儿。如：城里也没得（个）玩场。（城里也不怎么好玩。）

讲场：讲头儿。如：硬是没得（个）讲场。（硬是不知道说什么好。）

哭场：他是个么得哭场？（他是有什么好哭的？）

相同的意思老派也用“法性”，如：

吃法性：吃头儿。如：这个菜没得（个）吃法性。（这个菜不怎么好吃。）
这个菜有没有（个）吃法性？（这个菜好不好吃？）

干法性：吃头儿。如：这个饭没得（个）干法性。（这个饭不怎么好吃。）

看法性：看头儿。如：这个电视没得（个）看法性。（这个电视不怎么好看。）

玩法性：玩头儿。如：城里也没得（个）玩法性。（城里也不怎么好玩。）

讲法性：讲头儿。如：硬是没得（个）讲法性。（硬是不知道说什么好。）

哭法性：他是个么得哭法性。（他是有什么好哭的？）

3. 部分“民家腔”的词汇和普通话的用词差异大，但基本意义几乎没有区别。

（1）以虫类词语为代表，如：草子（蜱虫，习惯寄生于皮毛丛密的动物比如黄牛）、油甲子虫（蟑螂）、蚯肠儿（蚯蚓）、夜火儿（萤火虫）、啄米儿（蝗虫）、丝叶儿

（蜻蜓）、叫叫儿（蟋蟀）、叫驴子（蛐蛐儿）、凤凤（金龟子）、鸡公虫（瓢虫）、呀咕子儿（蝉）、蓋辣子（毛毛虫）、土狗伢儿（蝼蛄）、打屁虫（椿象）、画梦（蛞蝓）、蝤虫（蛔虫）、檐老鼠（蝙蝠）。

（2）人物关系及亲属称谓。爷和娘（父母）、两个佬儿（两口子）、娘娘儿（婶婶）。

（3）动物雌雄的叫法。如：粗猫儿（公猫）、细猫儿（母猫）；龙狗伢儿（公狗）、草狗伢儿（母狗）；豮猪伢儿（公猪）、草猪伢儿（母猪）。在"民家腔"里，动物名+"母娘"即指雌性动物，如"鸭母娘"即"母鸭"。而"蛇母娘、蛆母娘、虱母娘"等里面"母娘"的"性别"成分已经消失，分别代表"蛇、蛆、虱子"的意思。

4. 有一些特有的委婉语，主要用于避凶趋吉，避俗趋雅，涉及两性器官、动作以及死亡、疾病等词语。比如：

动物发情类的词语如：冒栏（母牛发情），起草（母狗发情），起楼（母猪发情），起豪（公猪发情、母羊发情），喊春（母猫发情）。

公公和儿媳妇偷情叫"烧火"，或者"漂火"。鸡交配叫"踹熊"；蛇交配叫"裹索"。当地有一种说法，蛇交配时，人不能看，否则便会有凶事发生。

人死的说法有很多，比如：去哒、走哒、不在哒、闭眼睛哒、过身哒、守山去哒、挑盐去哒（喻指一个人做的事），另外还有不礼貌的说法为"抻腿哒、掉气哒"，小孩死为"没见哒"，鱼死叫"翻白"。

5."搞"除了作万能动词，如：搞工夫（做农活）、搞饭（做饭）、搞菜（炒菜）、搞凉（着凉）外，还可作介词，相当于"用"，如：你想搞毛笔写还是钢笔写？（你想用毛笔写还是钢笔写？）

6. 量词的特殊用法。比如：

一个命：一样的命	一枝人：一个家族的人	一还好心：一片好心
一根手巾：一条毛巾	一张车：一辆车	一子头发：一缕头发
一皮瓦：一片瓦	一支屋：一栋房子	一杖人：一群人
一杠风：一阵风	一常事：一件事	一挂鞭子：一串鞭炮

一对猪、狗、鸡、鸭、树（伢儿）：两头猪、两条狗、两只鸡/鸭、两棵树

参考文献

邢向东　2002《神木方言词汇的内外比较》，《语言研究》第1期。
钟江华　2013《湖南桑植县芙蓉桥白族乡"民家腔"的儿化》，《南方语言学》第5辑。
钟江华　2013《湖南桑植县芙蓉桥白族乡"民家腔"的"子"尾》，《湖北民族学院学报》（哲学社会科学版）第1期。

·札　记·

悼福义学长　赞福义学长

鲁国尧

（陕西师范大学人文社会科学高等研究院，西安，710119）

一

瘟疫猛于虎，哀民生之多艰。

壬寅年末癸卯年初的新冠肺炎疫情，横扫亿众如卷席，夺走了数万人的生命。

福义学长不幸罹难。

“彼苍者天，歼我良人。如可赎兮，人百其身。”

二

清初大思想家黄宗羲在其《明儒学案》中将“事功”与“文章”并列，乾嘉大师段玉裁于其《经韵楼集》中以“政绩”和“学业”共言，黄、段皆为中国学术史上的A+（这是教育部对所属高校评估的符号，我很赞赏，故袭用之）级大家，可见上述两者俱为历来文士所重。兹以此二目评骘福义学长（按：福义学长长我两岁多，事功与学业皆我所敬佩，故拙文称之为学长）。

论事功，福义学长确实做出了突出贡献。就我浅闻，他创立了中华人民共和国第一个语言学系。在刊号之难难于上青天之时，他创办了《汉语学报》。二十一世纪的第一个十年，华中师范大学的语言学科两次荣获教育部颁发的“国家重点学科”称号。福义学长两次任全国政协委员，众所周知，政协委员的职责是建言献策，陆游名句"位卑未敢忘忧国"，何况福义学长是位于国、于民、于学术诸端事业的热心肠人，必有很多贡献。以上几项仅仅是他的事功的一小部分。他的大量感人事迹，请阅华中师范大学诸公的回忆文章。总之，四十年来，华中师范大学成为中国语言学的中天一柱，福义学长功莫大焉。

三

至于论到福义学长的"文章"或"学业"，今语谓之学术成就，我推荐一篇文章，《中国社会科学报》2023 年 2 月 15 日发表了卢烈红教授的遗作《中国特色学术精品——〈邢福义文集〉出版感言》，十分全面，又重点突出。兹摘其要。（按：卢烈红教授，亦因新冠肺炎病毒而英年早逝，语言学界为失去一位骁将无不十分痛惜。）卢文云："邢福义先生是当代驰名海内外的语言学家，主攻现代汉语语法，在逻辑、修辞、方言、文化语言学、国学等领域成绩斐然。""先生秉持'研究植根于汉语泥土，理论生发于汉语事实'的治学理念，高度重视理论探索，致力于中国特色语言学理论的构建。'小句中枢说'是其最具有中国特色的理论建树。""先生又提出了'句管控'理论。先生还提出了'名词赋格'理论。这一理论从一个侧面反映了汉语语法的特点，而且将名词的地位提到决定句子格局的高度，为汉语语法研究开辟了新视角。""先生另一个重要贡献是提出了'两个三角''三个充分'的研究路径。""先生还有一个重要贡献是对汉语复句的独到研究。复句研究是先生的重要学术根据地""他研究复句的独到之处之一是重视复句的逻辑语义关系。""俄罗斯国际刊物《语言研究问题》2010 年第 2 期译载先生《复句格式对复句语义关系的反制约》一文，在作者介绍里称他为'汉语逻辑语法学派奠基人'。""'主观视点说'不仅使复句研究呈现新的面貌，也适用于所有语言现象的研究。""邢福义先生在构建中国特色语言学理论方面做出了历史性贡献。他重视语言事实的发掘，具有高度的学术敏感，善于从人们习焉不察的语言现象中捕捉到有价值的研究课题，善于以小见大，在语言学的多个领域乃至逻辑学、国学等方面做出了独到的研究，贡献了丰硕的成果。"卢文所述言简意赅，所论鞭辟入里。

卢烈红教授对福义学长的现代汉语语法研究的高度成就的描述与评论见上，我不避续貂之嫌，在此演绎几句。世界第一本汉语语法书是德国人甲柏连孜于 1881 年著的《汉文经纬》，但影响甚微，知之者鲜。而中国人著的第一本汉语语法书是 1898 年马建忠的《文通》，则影响深远，中国人奉为汉语语法学的开山之作。百余年来，语法论著蜂起，附庸蔚为大国，语法学成了当今显学。福义学长的语法学著作是其中的佼佼者，名闻遐迩，远播寰宇。近来凡对中国时事关心的人都会觉察，论及中国政治、经济，报章杂志上流行这样一个新词“中国式现代化”，受到万众热捧，非常红火。而与之相对立的，则是“西方式现代化”。“西方式现代化”曾经打着“与国际接轨”的旗号，甚嚣尘上，风靡二三十年，而今成了贬义词，因为无论怎么吆喝鼓噪，终究是山寨货而已。在学术上何尝不然？即以语言学科而言，同样存在“中国式现代化”与“西方式现代化”之争。是金子，总会发光，历时愈久，光芒愈显。福义学长倾一生之力，艰苦备尝，自创的语法学说自是中国式现代化的语法学的代表作！是他对国家、对民族的重大贡献！我认为，迥异于拾人余唾的西方式现代化，中国式现代化的语法学，是自强自信，自力更生，自主创新的硕果。福义学长的《汉语语法学》已经外译，传播于寰宇，获得国际声誉，每个中国语言学人都为此倍感荣幸！

近年还流行一个新词，“金句”。依我之见，福义学长的这两句话“研究植根于汉语泥土，理论生发于汉语事实”，堪称金句。

福义学长的中国式现代化的语法学论著，“光焰千丈长”。

四

我很钦佩福义学长的治学格局。讲到这儿，我想起朱德熙先生于 1990 年 12 月所作《纪念王力先生九十诞辰文集》的序文，在颂扬王力先生树人和治学方面的高度成就后，朱序云：“回过来看五十年代以来培养的学生，其中虽然也不乏杰出者，但总的看来，失之于陋。这恐怕与大学里教学机构的设置有直接关系。教研室是以课程为单位组织起来的。每人各抱一门课程作为自己的专业，穷年累月地浸淫其中。教研室之间鸡犬之声相闻，而在学术上则老死不相往来。教现代汉语的，不但认为古代汉语是隔行，连方言学也与自己不相干。这种画地为牢的做法无异于自杀。近几年来有的学生视野比较开阔，这是好现象。但要从根本上扭转这种偏向，还须在教学指导思想、课程设置和教学组织上进行改革才能奏效。”

朱先生揭批“陋”病的同时，也指出“不乏杰出者”，“视野比较开阔”。依我之见，福义学长即朱先生赞许的杰出者之一。他治学格局宽大，语法学是他的当行本色，但是他治学不窄不陋，他还涉足逻辑、修辞、方言，甚至文化语言学、国学。在他的煌煌文集 11 本中就有一本是《文化语言学》。

福义学长治学以语法学为核心，兼治其他数种有关学科，这种阔大气象，在我们同一年龄段的学人中，实不多见，他是我辈中的翘楚！值得我们学习。

他也为后辈学人树立了一个光辉的榜样。

五

席勒，德国十八世纪的大诗人、剧作家，为马克思和恩格斯所推崇。席勒有一金句，英译是“He who has done his best for his own time has lived for all times.”不揣谫陋，我试作中译如下：“凡为其时代而鞠躬尽瘁者必流芳百世。”

谨以先贤席勒的金句献给福义学长的在天之灵。

2023 年 3 月 24 日于金陵

《汉语大字典》读札*

倪博洋

（南开大学文学院，天津，300071）

提　要：《汉语大字典》经第二版修订后，虽更为精善，但由于内容宏富，难免有白璧微瑕之憾。文章以致误原因为纲，条诸疏失，以俾书成完璧。

关键词：《汉语大字典》；词典编纂；校勘；词义；训诂

《汉语大字典》向以收字宏富、释义准确蜚声学林。在不断方便学者治学的同时，编者又不惮辛劳地修订了第二版（汉语大字典编辑委员会编纂 2010），其精益求精的态度颇令人钦佩。然而正由于卷帙繁多，书成众手，第二版《汉语大字典》仍难免有白璧微瑕之憾。学界已经在引文、释义、疑难字等方面做了一些拾掇工作。笔者今就读书所得，不揣谫陋，略以疏误原因为纲将该书释义未安处条列如下。文中页码均就第二版而言，为行文简便，简称为《大字典》。

一、引文底本未核

收集原始语料是编纂辞书的基础工作。对于原始语料的利用，尤其是面对仅有数例的材料，应当尽可能核实众本或做一些考证工作，否则就容易产生疏漏。

《大字典》3442 页，“菢”字注“唐玄应《一切经音义》卷五引《方言》：‘北燕、朝鲜、洌水之间谓伏鸡曰菢。’”考玄应原书卷五“乌伏”条下注作“今江北通谓伏卵为菢江南曰伛”，与《汉语大字典》引文不合。又今本《方言》作“北燕、朝鲜、洌水之间谓伏鸡曰抱”，如宋李孟传刻本（扬雄，2016：96）。周祖谟《校笺》

* 本文为天津市哲学社会科学规划青年项目“明清词、曲韵书编纂思想比较研究”（编号：TJYY21-018）、天津市哲学社会科学规划重点项目“语言接触中的海南粤方言历史演化研究”（编号：TJYY21-003）成果。

（1993：51）校云："抱，玉烛宝典卷一及玄应音义卷五引并作菢。"大字典引文或据此。按，周氏校语或出自玄应《一切经音义》卷十一"抱不"条下注："《方言》：燕赵之间谓伏鸡曰菢。"乃节引《方言》原文。又慧琳《音义》卷五十二亦作"《方言》燕赵之间谓伏鸡曰菢"，俱与《大字典》引文不同，当改。

若言上例仅为文字与原本有所出入，不影响释义，则下面可看成因文字未安，而空增义项的例子：

《大字典》3349页，"粆"字列有二音，其chǎo音下云："干粮，炒米。《契丹国志·王沂公行程录》：'自过古北口，即蕃境……山中长松郁然，深谷中多烧炭为业。时见畜牧，牛、马、橐駞，尤多青羊、黄豕，亦有挈车帐逐水草射猎。食止麋粥、粆糒。'《宋史·外国传二·夏国下》：'团练使以上，帐一、弓一、箭五百、马一、橐驼五，旗、鼓、枪、剑、棍棓、粆袋、披毡、浑脱、背索、锹钁、斤斧、箭牌、铁爪篱各一。'"单看书证，似能成说。但传世诸字书中皆无chǎo之一读，如《集韵》只音"师加切"，其他典籍也没再出现这两个词，故音义两方面都缺少书证，《大字典》的说法不免令人生疑。按，"粆糒"训为"干粮，炒米"或可，但"粆袋"则难以解释了，似乎只能看作"干粮袋"或"米袋"。但为什么团练使以上的级别才能配备米袋；又为什么史书要就干粮袋特意记载一笔，殊不合常理。其实这两处证据并不可靠。"粆糒""粆袋"中的"粆"都是文献在流传中产生的讹字。《辽史·刑法志》云："沙袋者，穆宗时制。其制用熟皮合缝之，长六寸、广二寸、柄一尺许。"沙袋是辽穆宗时发明的一种刑具，这种刑具一直在北方流传。《三朝北盟会编》记载："金人有国之初，立法设刑悉遵辽制。常刑之外，又有一物曰沙袋。"西夏在立国后或许也引入了这种刑具，故《宋史》所记的"粆袋"当是此物，而不是什么"干粮袋"。由于是刑具，故而只有一定级别之官员才有资格配备。再来看"粆糒"，厉鹗《辽史拾疑》引《契丹国志》该段文字作"麨糒"。"麨"，《广韵》："糗也，尺沼切。""糗""糒"都是干粮，"糗糒"可特指行军粮。孔颖达《尚书正义》引郑玄注云"糗糒是行军之粮"。"麨糒"连文者，如《摩诃僧祇律》"比丘自担粮食麨糒米面"，玄应《一切经音义》亦对此词做了训释。"粆""麨"相混，唯见此例。宋本《续资治通鉴长编》（卷五十三之二）即已作"粆"，而元本《契丹国志》（卷二十四）亦同，恐都来自转相抄撮《王沂公行程录》这一原始材料。故此条宜应视为著者涉下"糒"字形符而偶讹。玄应《一切经音义》释"麨糒"云"律文从'麦'作'麵'，非体也"，可见二字形符容易互相干扰。《大字典》chǎo音下引用的两个"粆"分别为"沙""麨"之讹字，故不当立此音义。

二、注音处理未妥

前人音注，未必尽是。故需编者自具手眼。而有些生僻字普通话读音尚难确定，古代韵书记录的切语性质多杂，如《集韵》就记载了大量不区别意义的异读。如何处理这批异读字的注音，值得讨论。

《大字典》3936页“跁”字有二音 bà、pá，下皆有“跁跒”一词。音 bà 者释为“不肯前”，引《玉篇》《集韵》为证；音 pá 者释为“蹲貌”，亦引《集韵》等材料为证。然而“跁”字在《广韵》《玉篇》诸字书中无 pá 这一平声读法。（《广韵》有不别义的上去二读，《集韵》有“蒲巴”“部下”“步化”三读）《汉语大字典》分立二音其依据应是《集韵》。“蹲貌”与“不肯前”或为词义引申关系，因“蹲”故不肯前行。早于《集韵》的《篆隶万象名义》“跁”字下正注云“蒲巴反，不肯前”，以甲之音，注乙之义，亦可见二音不别义。《集韵》在编纂时收录了不少前代经师音注，未必皆是口语音，上古平去二调时有交涉早已为学界所论及，此不具论。是否需要分立二音，尚可研究。而《汉语大字典》在3937页，“跒”字下音 qiǎ，注释云“跁跒，见跁”。而《集韵》中“跒”亦有“丘加切，跁跒，蹲也”与“口下切，跺跒，行不进”二音，其意义也分别等同于“跁”的“蹲貌”“不肯前”，与“跁”字音义两分的情况平行。在注音的体例上，“跁”“跒”应该是一致的，若依《集韵》，则二字均应各立二音义，《大字典》于“跒”字下失注一音。

三、本字考证未安

异读去取尚有依傍，而当设立古代韵书未记录的新读音时则更需审慎，其中往往涉及本字的考证问题。

《大字典》3655页，“緶”字收有三个读音。其中 biàn 音，书证是“《集韵》蒲眠切，平先並。元部”。按，“眠”为平声字，切不出去声或浊上的 biàn 音。“緶”在《集韵》中有“蒲眠”“毗连”“补典”三切，音俱不合。《大字典》的 biàn 音释为“把麻、草等编成辫子状”，下引《说文·糸部》“緶，交枲也”为证。然而今大徐本《说文》下该字注音亦为平声的“房连切”。按，此 biàn 音或来自《现代汉语词典》，《现代汉语词典》“緶”有 biàn、pián 二音，biàn 音仅用于“草帽緶”一词，并释为“同‘草帽辫’”。其为名词，与《大字典》中的词性、意义皆不同。由此可见，《汉语大字典》“缏”字 biàn 音之音义搭配有误。“缏”古无去声的读法，“草帽缏”既非正字（正字当为“辫”），又在生活中不常见，故《现代汉语词典》在修订时可以考虑删去该词而只保留“草帽辫”的词形。

《大字典》4625页，“鞝”有 zhǎng、shàng 二音。《汉语大字典》分释为“扇马鞍皮”“缝皮”二义，似乎是两个词。然而从古代辞书的记载来看，“鞝”只有一个读音即 zhǎng。如《字汇》：“止两切，音掌。扇鞍皮，又缝皮。”shàng 的读音或来自《现代汉语词典》。《现代汉语词典》将“鞝”视为“绱”的异体，并音 shàng。受此影响，不少著作径将“鞝”作为“绱鞋”的本字，如“鞝，方言。音读如尚”（薛理勇，2000：371）。实际上“鞝”“绱”有别，当分为两词。“鞝鞋”又写作“掌鞋”，如《东京梦华录》“诸色杂卖”条提及有“掌鞋、刷腰带、修幞头帽子”等职业。又宋人刘斧《青琐高议》“吴大换名”条提及“邻人王二叔以掌鞋为业”。由此来看，“掌鞋”逐渐成为了一种负责修鞋的职业。孔祥卿教授（私人交流）认为鞝的一个义项“扇鞍皮”，就是把皮子铺开钉在马鞍上，蒲松龄《日用俗字·皮匠章》“剩下碎皮还打鞝，錣鞋也要细剜钻”记载的则是掌鞋的过程。打鞝就是把皮缝补在鞋头或鞋底，《字汇》说的“缝皮”应该即指这一行为。这样“鞝”两个义项的核心义“钉皮”是一致的，当为引申关系。而“绱鞋”又写作“上鞋”，指的是“把鞋帮鞋底缝在一起”（《现代汉语词典》）。二词区别之处是，“上鞋”是做鞋时的一道工序，而“掌鞋”则是对破损的鞋子加以修补。在各方言区中，口语里还有这两个词。如钟秀芝编《西蜀方言》（2017：561）即收“鞝”字，罗马字转写为 chang，与“掌”同音，字下词条即“鞝鞋”。《重庆方言词解》“掌”字下收义项“钉补鞋钉、鞋底”（曾晓渝主编，1996：409）。李荣（2002：325—326）则记录了洛阳、梅县、南宁等10个方言点“上鞋”（包括“上鞋子”“上鞋底”“上鞋面”）的音义。“鞝”与“绱”的音义之别较为清楚。《现代汉语词典》在“掌”字下也设立了“钉补鞋底”的义项，说明编者对于二词也有所区分，只不过在“鞝”字字形上偶有误判。《大字典》应据此删除 shàng 一音，并修订“缝皮”这一较为宽泛的释义。

四、同形词义项未收

张涌泉先生（2016：44—64）已指出民间俗字常有增加、改换义符与增加、改换声符之例，而新产生的俗字往往暗合已有汉字，形成同形词关系。

《大字典》2612页，“硿”字第二义项释云“石落声”，并引柳宗元《霹雳琴赞引》“（枯桐）一夕暴震，为火之焚，至旦乃已。其余硿然倒卧道上”为例。此例或当根据韩醇《诂训柳先生文集》所注“硿，苦东、户宋二切，石声”而引。但是细绎文义，则发现古注未安。“硿然”在古人用例中固多形容响亮清脆之石声，如苏东坡《石钟山记》“寺僧使小童持斧于乱石间，择其一二，扣之硿硿焉”，周必大《文忠集》引作“硿硿然”。又《大字典》引《徐霞客游记》亦有“余乃以石块掷之，久而硿然”诸语。虽言《大字典》释义不误，但所引之《霹雳琴赞引》的内容则不禁令人生疑。“枯桐”被火烧焚之后，如何能在倒塌时发出石头的声音呢？与事物常理不合。《汉语大字典》在“石落声”后又言及“又泛指其他声响。清袁枚《随园诗话》卷四：‘番人最重铜鼓，即剥蚀而声硿硿者，可易牛千头。’”，“泛指其他声响”亦不甚确切。“硿硿”所状，当乃铜鼓如击石般的响亮声音，由石声引申。又如清人夏之蓉《题米南宫宝藏碑》诗“乍恐大声作，硿硿振檐隙”（《半舫斋编年诗》卷七）、俞樾《右台仙馆笔记》卷十二“仁和临平镇有永平庵，道光某年，忽传庵中地下硿硿有声，一时人皆往看，市廛为空”，这里的“硿硿”明确用于形容响亮巨大的声音，柳文例证也当于此义符合。

此外柳宗元《河东先生集》第十五卷《起废答》另有一处“硿然”：“中厩病颡之驹，颡之病亦且十年。色玄不厖，无异技，硿然大耳。”这里的“硿然”是无论如何也不能用“石落声”来解释的。《正字通》“硿”字下注云：“旧注音空。硿，青药石。按俗作硿，本作空。”这提醒我们，“硿”很有可能是“空”后起之分化字，“硿然大耳”就是“空然大耳”，即病马徒然体大，实不堪乘用。宋人薛季宣《雁荡山赋》有句“入会贤之硿洞，仰虚室之谽谺”（《浪语集》卷三），“硿洞”当即“空洞”。宋潘自牧《记纂渊海》“假山”条“李棻好奇，有异石高二尺许，嵌硿可爱”，“嵌硿”又作“嵌空”，如白居易《草堂记》“层崖积石，嵌空垤堄”（《白氏长庆集》卷二十六）与《太湖石》诗“嵌空华阳洞，重迭匡山岑”（《白氏长庆集》卷五十二）中的“嵌空”。再如元赵道一《历世真仙体道通鉴》“岑道愿”条“有岩硿然甚大”，这里的“硿然”显然明确修饰“大”。上面几例作“空然”解的“硿然”大多是用在与石有关的场合，可以认为是作者由于上下文连及而增加了石符，在文字上可看作增加了一个俗字，在词义上则产生了一个与释为“石声”的“硿然”同形的同形词。故而《汉语大字典》失收“‘硿然’犹‘空然’”一义项。

《汉语大字典》2346 页“炸”zhà 音下收有“火焰”“火声”二义，分别来自《玉篇》“火焱也”、《广韵》“火声”。考文献用例，如宋人陈瓘《四明尊尧集》：“长主衣衾乃至有虮虱，至自取炭生火，炭炸伤面。”明人韩霖《慎守要录》：“原来曹成用了个炨营计，一人讹言，万人惊走。”清人毛霦《平叛记》：“二日夜，官兵俱无食用，大炮三十余位，炨破二十四位，火药铅子俱无。”皆动词例，当为“炸”之异体字。《大字典》亦失收此义项。

当然，《汉语大字典》已经在凡例中指出，所收义项主要以字书为据，俗字众多，不可苛责一一求全，学界亦做了不少专门集释俗字的工作，而见于辞书所谓之“正字通义”，与“俗字俗义”，在编纂大型字书时应如何平衡取舍，仍值得继续探讨。

五、结语

以上我们就读书所得，为第二版《汉语大字典》条列疏失，并就其失误之因略做分析。实际上，《汉语大字典》的编者对文中提到的问题类型是颇为注意的，本文所举，就其书之成就而言亦无足深怪。之所以“横加苛责”，一是希望书成完璧，使《汉语大字典》在修订时愈臻完善；二是发挥《汉语大字典》的典范意义，使其在后来词典编纂的过程中进一步发挥榜样作用；三是将人已尽知的一些编纂词典应注意的原则重新拈出，以示前贤之功不易，后人仍需惕厉。

参考文献

（一）古籍

（汉）扬　雄撰　（晋）郭　璞注　2016　《方言》（影印本），中华书局。

（二）现代论著

汉语大字典编辑委员会编纂　2010　《汉语大字典》（第二版），四川辞书出版社、崇文书局。
李　荣主编　2002　《现代汉语方言大词典》，江苏教育出版社。
薛理勇　2000　《上海闲话》，上海社会科学院出版社。
曾晓渝主编　1996　《重庆方言词解》，西南师范大学出版社。
张涌泉　2016　《汉语俗字研究》（增订本），商务印书馆。
钟秀芝　2017　《西蜀方言》，上海大学出版社。
周祖谟校笺　1993　《方言校笺》，中华书局。

·史　林·

仿钱玄同先生谐趣体作

鲁国尧
（陕西师范大学人文社会科学高等研究院，西安，710119）

一、“闭口音”和“开口音”

在本文的文题里首先出现“钱玄同先生”五字。钱玄同先生，何许人也？对于中国近现代历史稍有了解的人，都会知道“五四运动”和“五四新文化运动”，钱玄同先生是五四新文化运动的健将、著名的语言文字学家。他的学生张中行的散文集里有多篇记述钱玄同先生的轶事，可阅，看了会发出会心的微笑。钱玄同先生是浙江湖州人，生于1887年，卒于1939年。

我为什么要讲到钱玄同先生？因为他幽默风趣，有一段精彩的谐趣体对话，在网络流行或城市小报上转载，那是他讲的。

这段谐趣文字我早就见过，但是不知道出于何处。蒙老友南京图书馆研究馆员赵彦梅女士为我找到出处。《湘潭文史》第六辑（1991年）有一篇文章《我的命运》，是黎锦扬先生的回忆录。黎锦扬的大哥黎锦熙先生（1890—1978）是著名语言学家，年轻时是毛泽东的老师，他在民国和共和国时期的语言学界享有盛誉，著有《国语运动史纲》《新著国语文法》等。在七十年代，我曾随卞觉非学长去拜谒黎锦熙先生，他家在北京朝内北小街，是一座不小的四合院，花木扶疏，怡情养性的好所在。黎家是湖南湘潭的望族，黎先生弟兄多人都很杰出。

兹抄录黎锦扬《我的命运》中的一段文字如下：

> 我是四姐去世这一年来到北京的。一直住在大哥家里。……当时大哥是北京师范大学文学院院长，不时有名流学者来家里作客。来得最勤的是国文系主

任钱玄同教授。他们古今中外，无所不谈，常听到他们突发性的哈哈大笑。钱教授健谈，又很幽默，吸引我们不愿离去。有一次他谈到“开口音”与“闭口音”，举出的一个例子，我至今没有忘记。他说有一位女艺人被邀请赴宴陪酒。她刚刚拔掉了门牙，坐在宾客中很不自在，尽量避免开口说话，万不得已时她才答话，一答话，用的一概是“闭口音”。比如说，像下面的这样的对答：

“贵姓？”——“姓伍。”

“多少年纪？”——“十五。”

“家住哪里？”——“保定府。”

“干什么工作？”——“唱大鼓。”

等到她的牙齿修配好了，露出了一口洁白的牙齿与人交谈，全都改用了“开口音”。于是对答又成了：

“贵姓？”——“姓李。”

“多大年纪？”——“十七。”

“家住哪里？”——“城西。”

“干什么工作？”——“唱戏。”

大家为钱教授的幽默谈话和生动的比方，感到很有趣。

本文作者按，钱玄同先生所举的“闭口音”例子“伍”“五”“府”“鼓”四个字的韵母都是u，发音时需要撮唇，即圆唇，因而别人看不到发音者的牙齿，所以叫作“闭口音”。至于“开口音”的“李”“七”“西”“戏”，韵母都是i，发音时展唇，要露出门牙及其两侧的几颗牙齿。与“闭口音”相对而言，就管它叫“开口音”。

不过这儿有个小问题，就是“保定府”的“府”，声母是f，是上门牙搭在下唇上发的音，那个年轻的女艺人既然两颗门牙都因故缺失了，就发不出f音，只能发成h音，那么就成了虎hǔ。不过由于是回答问题“家在哪里”，而“保定府”又是北京无人不知无人不晓的地名，听者还是会理解作地名，不会误会成“保定虎”。

又按，钱玄同先生是我的恩师魏建功先生（1901—1980）的恩师，《魏建功文集》（江苏教育出版社，2001年）里有许多篇文章讲到钱先生。作为再传弟子，我写文章在太老师的名讳之后必须加“先生”二字，绝对不可省。现在很多人不懂礼数，我亲闻许多高级知识分子，在与人交谈时，提到自己的老师和对方的老师时，居然直呼其名，这是缺乏教养的表现。我顺便在这儿提一下。

二、“奶奶”和“宝宝”

十几年前或是二十几年前吧，确切时间记不清了，我参加一个会，有位官员很客气地问我：“请问，你是搞什么学问的？”我答道：“我教音韵学。”这位官员马上说：“哦，你是研究唱歌的。”后来我才知道这位官员原来是某211大学中文系出身的。因此我想，连中文系毕业的知识分子都闹不清“音韵学”是什么，可见它的确是“冷门绝学”。看来需要“宣传”！当然，可以一本正经地采取下定义的方式，不过，恐怕不懂的人还是不懂。后来我看见了有关钱玄同先生的这段诙谐趣文字，钱先生解释“闭口音”“开口音”，何等生动有趣！能叫听者到老不忘。于是我萌发了一个想法，何不模仿钱先生？正好曾经目睹一个有趣的“短视频”式的场面，那时我没有录像机，因此现在就用文字记述吧，题目姑且叫作《“奶奶”和“宝宝”》：

且看这一对儿，一老一小。

奶奶六十六，宝宝两岁九。

奶奶床沿坐，宝宝爬上床，奶奶身后站：“奶奶，我来给你捶个背。”嗲声稚气说时迟，双拳抡起敲背快，“咚咚”清脆声响起。

奶奶叫得慌，宝宝笑得欢。

奶奶越是叫，宝宝越是笑。

奶奶哇哇叫，宝宝哈哈笑。

按，中文里每个字都有音，字音由三个成分组成，它们叫“声母”“韵母”“声调”。譬如刚才讲的小故事里的“哈”字音：声母是h，韵母是a，声调是阴平（有人说成“第一声”）。

我们再继续观察下去：

“奶奶”，这两个字单念时，声母是n、韵母是ai、声调是上声，三者都相同（连读时，后字变成轻声）；“宝”单念是bǎo，两个字连读，后字变轻声，是bǎobao。

“哇哇”、“哈哈”，连读时后字声调不变。

“叫”和“笑”，它们的韵母、声调相同，但是声母不同。

“六”和“九”韵母相同，但是声调、声母不同。

“慌”和“欢”声母、声调相同，而韵母不同。

以上讲的都是就现代普通话这个平面而言。

汉语有文字的历史，如果从甲骨文时代算起，有三千多年，这么长的时间里，语音哪能没有变化？如果孔夫子、孟夫子还活着，我们听不懂他们讲的话，他们也听不懂我们现代人讲的话。总之，在汉语里，字音的组成成分及其关系，就是“音韵”，汉语音韵学就是研究汉语音韵及其历史变化的学问。

要说明的是，这故事的原型是真人真事。理科工科的学者特别重视“可重复性”，我讲的这个故事保证可以重复，请放心。但条件是你家既要有奶奶又要有宝宝，两个角色一个不可少，齐全了，准会给你的家庭带来十二分的欢乐。

2023 年 3 月 10 日于南京南秀村

师道长存　师恩永志

——缅怀邢福义先生对我的教诲

乔全生
（陕西师范大学文学院 / 语言科学研究所，西安，710119）

备受学界崇敬的邢福义先生因病于 2023 年 2 月 6 日中午 12 时永远地离开了我们，邢先生毕生奉献语言学的崇高精神、为构建中国特色语言学理论做出的历史性贡献将光照日月、永世长存；邢先生留下的宝贵的语言学遗产将泽被后世、嘉惠学林。邢先生虽然仙逝，但 40 年来对我的一次次教诲均历历在目，现追忆邢先生对我影响最深的四次教诲，永志纪念。

一、我第一次受到邢先生教诲是 1982 年春天。华中工学院在严学宭先生倡议下举办了“全国语言学理论研究班”，邀请邢福义先生讲授“语法理论”一周。讲课之前我已从邢先生弟子李宇明、汪国胜、徐杰那里了解到邢先生授课特点，早就想一睹邢先生授课时的风采，此前也曾拜读过邢先生的大著《词类辨难》，当我聆听了邢先生讲课之后，才真正感到名不虚传。当时邢先生才 47 岁，西装革履，风度翩翩。讲课时不看讲稿，连很多长而贴切的举例，都是信手写在黑板上，一字不差，展现出超强的记忆力。那些例子都是邢先生做研究时从文学作品中亲自一条一条找出的。现在翻开当年记的课堂笔记，倍感亲切。我一共记了 23 页，每页 700 字，共 16000 余字。（见图 1、图 2）邢先生讲课的语速不紧不慢，我几乎能将所有的讲课内容记下来。因多是邢先生自己的研究心得，层层推理，极富逻辑性、思辨性。今天重读，一点儿也不过时，其中还有很多深刻的道理值得好好去体会。现将邢先生的讲课内容大致介绍如下：

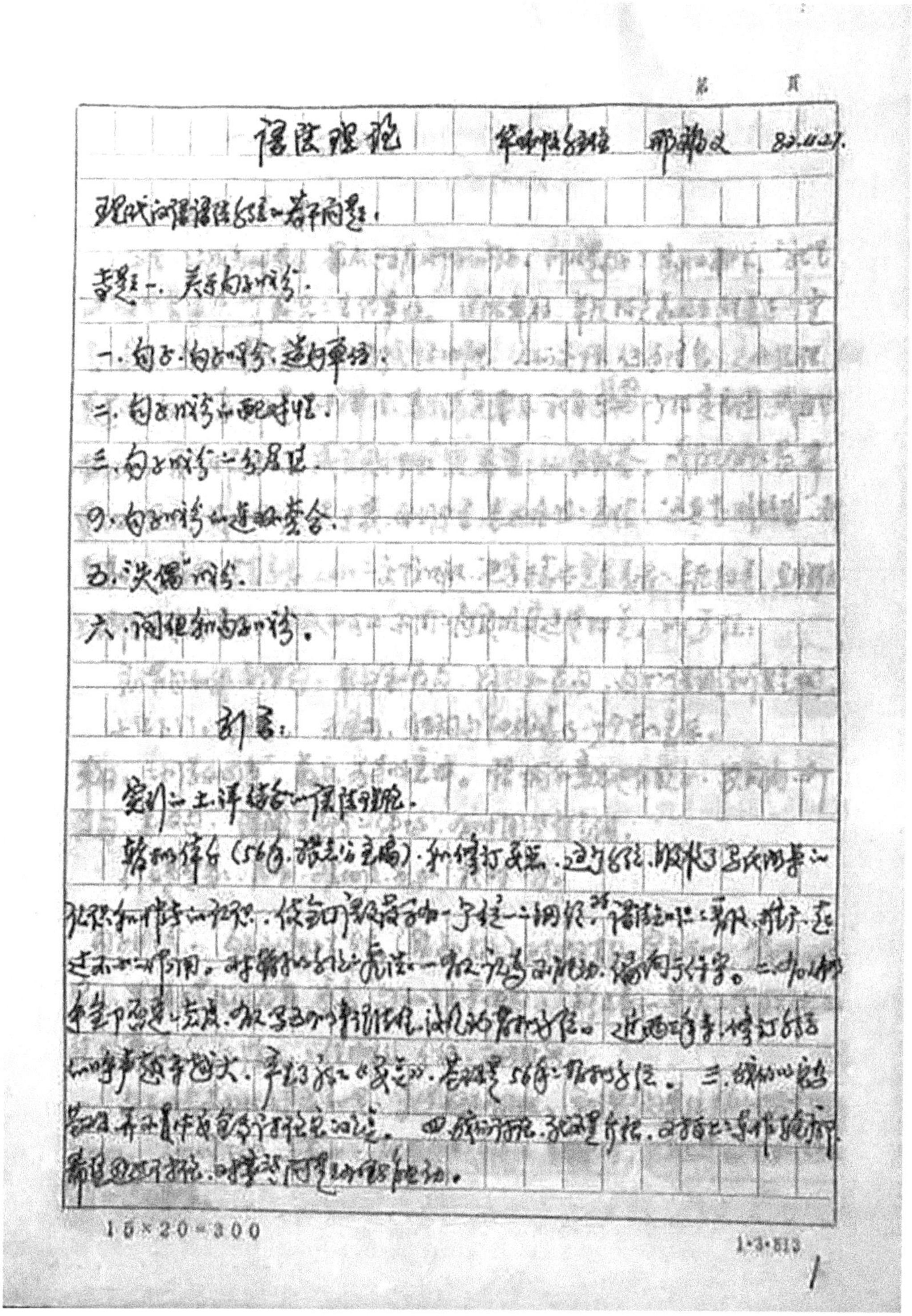

第　　页

语法理论　华中师范学院　邢福义　82.11.27.

现代汉语语法研究的若干问题。

专题一、关于句子成分。

一、句子、句子成分、造句单位。

二、句子成分的配对性。

三、句子成分的分层性。

四、句子成分的递加叠合。

五、"独偶"成分。

六、词组和句子成分。

引言：

15×20=300　1·3·813

图 1　1982 年邢先生授课时笔者所做的笔记

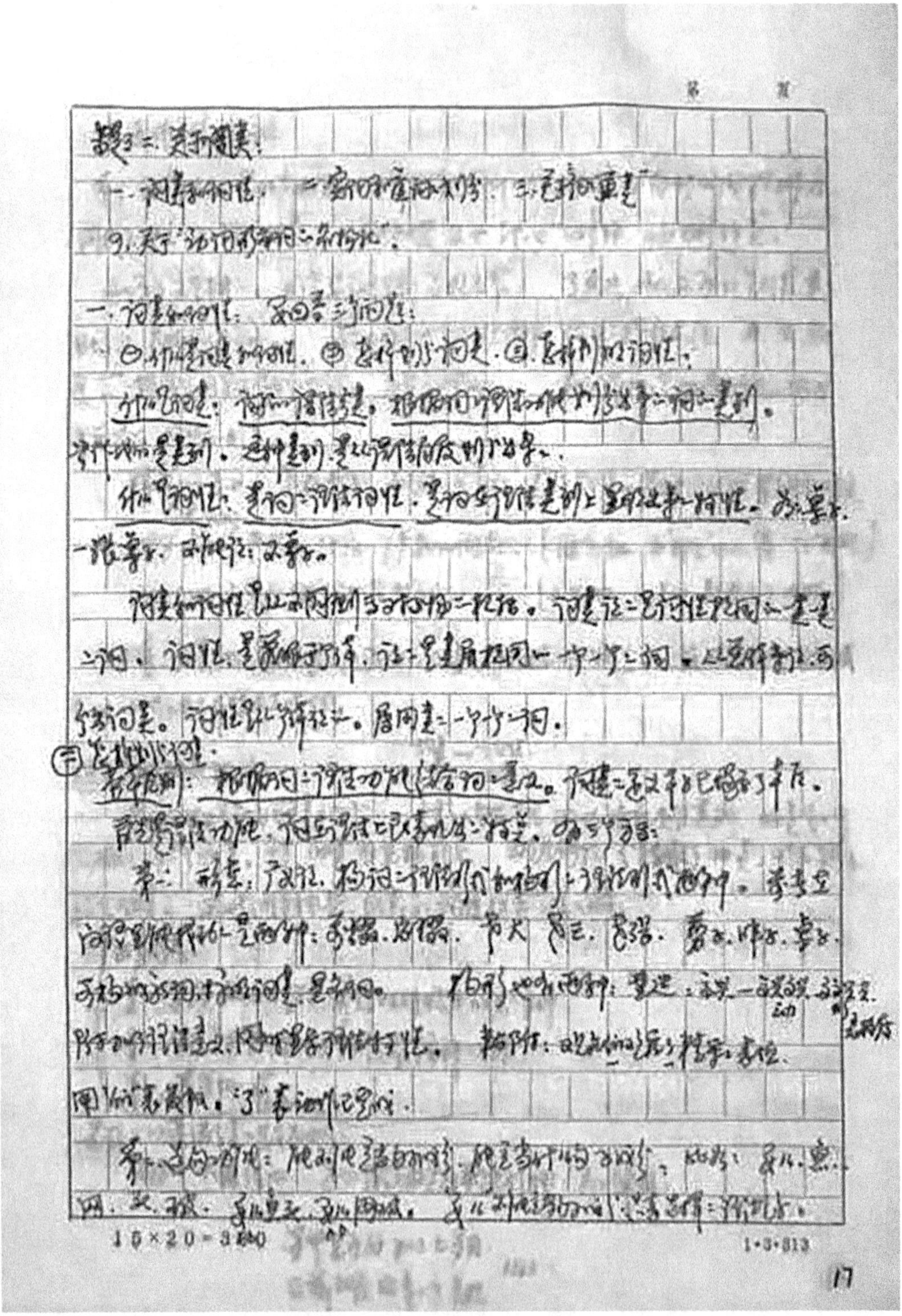

图 2　1982 年邢先生授课时笔者所做的笔记

总题目：现代汉语语法系统的若干问题。共分两个专题：专题一，关于句子成分；专题二，关于词类。

专题一除了引言，一共讲了6个问题：1. 句子、句子成分、造句单位。2. 句子成分的配对性。3. 句子成分的分层性。4. 句子成分的连环套合。5. 失偶成分。6. 词组和句子成分。

引言对1956年的暂拟体系做了客观评价。认为这个系统吸收了《马氏文通》以来的认识和作者的认识，使全国的语文教学有了一个统一的纲领，对语法知识的普及、推广起过不小的作用。使学员对当时的暂拟体系有了一个客观的认识。邢先生讲课时语言很精练，风采就在字里行间。再看下面这段话：

人们交际，传递信息，人们说话总是一句一句的，每个句子是一个交际单位，为了满足需要，就要体现一个特定意图，或自己有所“知”，要告诉给人；或自己有所“疑”，希望人们有所答；或自己有所“愿”，希望人们照办；或有所“感”，感于衷而行于言，表达强烈的感情。

邢先生讲课，思路清晰，环环紧扣，能指出问题所在，能抓住问题的根本。比如：

近年来，有人一方面说句子有语调，词组没语调；一方面又说，词组比词大，句子比词组大，大的内涵变了，前者是语调的大，后者是结构上的长短，逻辑上是混淆概念，违反了同一律。结构大的不一定有语调，有语调的不一定结构大。应该说，二者是材料和成品的关系。

这样讲，对多数初学语法的青年教师来讲，一下子就找到了解决问题的钥匙。上面说到邢先生总是不加思索地能将一些长长的例子在黑板上写出来。比如在讲句子成分的配对性时举了一个长例：

哎呀，据说，炼钢厂新来的年逾花甲李主任昨晚确实又一次在小礼堂向大家简明地讲了一下全国一年来革命与生产的大好形势。（53个字）

很多这样的长例子都是邢先生凭借超常记忆写下来的。有些例子非常贴切而有趣，独具匠心。如讲到句子配对成分时，说有些句子抽象出核心成分来是成立的，有些则是不成立的。比如：

你给地主害死了爹，我给地主害死了娘。（核心成分是你害爹、我害娘，不成话。）

桂叔这小子十八棒子也打不出个屁来。（核心成分也不成话）

专题二一共讲了4个问题：1. 词类和词性。2. 实词和虚词划分。3. 关于“词的兼类”。4. 关于动词、形容词的名物化。讲第1个问题词类和词性时，邢先生说先要回答三个问题：（1）什么是词类和词性？（2）怎样划分词类？（3）怎样判明词性？邢先生用了几句话就将词类、词性讲得明明白白。如：

词类是词的语法分类，根据词的语法功能划分出来的词的类别。词性是词的语法词性，是词在语法类别上显现出来的特性。

词类和词性是从不同侧面对事物的概括。词类说的是词性相同的一类一类的词，词性是着眼于个体，说的是类属相同的一个一个的词。

我们初学语法，最想知道“划分词类”的金钥匙。邢先生在讲怎样划分词类时，条分缕析，让人有豁然开朗之感。如：

一个基本原则：根据词的语法功能，结合词的意义。语法功能有三个方面：第一，形态。第二，造句功能。第三，组合能力。我印象最深的是对形态的解释，都说汉语缺乏严格意义上的形态，但经邢先生一讲，我认为这里的形态还真是不可或缺的参考项。邢先生讲：

形态广义说包括构词的语法形式和构形的语法形式两种。前者在汉语里能找到的是两种：前缀、后缀，如老大、老三、老张，剪子、胖子、桌子，可构成新词、标明词类，是名词。最重要的是讲到构形，说构形也有两种：重叠与黏附。高兴——高高兴兴、高兴高兴，这是重叠附加了语法意义。观众们观看了精彩的表演。用“们”表示复数，用“了”表示动作已完成。这是黏附附加的语法意义。

形态、造句功能、组合能力三方面不是平等的，形态在汉语里面比较窄，造句功能也起不了大作用，使用标准太活。最起作用的是组合能力，同时考虑其他两方面。

最后是结合意义。如何控制这个参考项？从两个方面：在意义上是否是一个词，某种语法框架能否成立。讲这个问题时，邢先生举了两个特别有趣的例子：

我要同你严肃地讨论一个严肃的问题。

我要特别去看看那个所谓特别的人。

从逻辑的角度讲语法，这是邢先生的拿手好戏。比如在讲到充足条件和必要条件时，邢先生讲：

充足条件：有之必然，无之未必不然。即：有它就够，没有它不一定不行。如：由武汉到重庆，可以坐轮船、坐火车、坐飞机。词类的充足条件，如：动词可以带宾语、重叠、表动量、一天到晚地（ ）、为谁（ ）过。

必要条件：无之必不然，有之未必然。即：缺它不得，但有它不一定能行。比如：一个人讲课生动、深刻，也许是认真钻研教材，也许是口头表达能力强，也许是肚子里有货。讲词类的必要条件，比如：连词，不能成为中心语，起关联作用。必要条件，缺一不可。

讲第4个问题动词、形容词的名物化时，邢先生说：

我认为“名物化”提法很成问题。应该说，它用在主、宾位，有事物性，但它保留了一部分动词的特点。《修订要点》已改成动词作主、宾语。可以把“名物化”叫作“名词、动词的指称性用法”。如数词，表数目，在“一是什么、二是什么”中，一、二指称事物，作主语。

邢先生讲到词的活用现象时，举了一个批语，写道：当而（动）而（转折连词）不而，不当而而而，而（顺接连词）今而后，已而（名词）已而。这个经典例子我一直忘不了。

我记得，每次上邢先生的课都是在一种轻松愉快而又收获颇多的气氛中度过的。

二、第二次受到邢先生教诲是2009年夏天。受邀参加邢先生主编的《现代汉语教程》。邢先生来信如下：全生：近来可好？想必还是那么忙！国胜告知，你乐意参加我们的编写班子，我万分高兴。谢谢了！高等教育出版社委托我组编《现代汉语教程》，基本对象为大学本科学生。由我做总体设计，并负责组织编写班子；由吴振国（华中师范大学教授、博导）负责统稿。

编写工作的开展步骤是：第一步，提出一个基本框架。第二步，组织编写班子。参加编写班子的人员，要有深厚的学术素养和地域代表性。第三步，确定某章/节/部分的负责人，并分别请他们提出具体编写意见。希望富于新意，能跟上时代发展的步伐；同时希望讲求稳实，不要把过于个性化的学术见解写进教材。第四步，主编尽量尊重各部分负责人的意见，在此基础上提出一些改进的意见。第五步，开始撰写。各部分负责人撰写的初稿，希望在2010年8月底之前通过电子邮件传给主编。此外，在编写工作开展过程中，如果需要召开编委会，再根据实际情况安排。

现在，基本框架已经确定。《现代汉语教程》包括：导论。第一章语音。第二章词汇。第三章语法。第四章文字。第五章应用。（“导论”，包括三个部分：1. 现代汉语共同语；2. 现代汉语方言；3. 环球大背景下的汉语。“第五章应用”，包括三节：1. 语用与修辞；2. 对外汉语教学；3. 中文信息处理。）

现在编写班子已经组成。除了华中师范大学的邢福义、吴振国、汪国胜等人，应邀加盟编写工作的，有以下学者（按音序）：党怀兴（陕西师范大学）、丁崇明（北京师范大学）、蒋平（香港中文大学）、李胜梅（南昌大学）、罗昕如（湖南师范大学）、齐沪扬（上海师范大学）、乔全生（山西大学）、吴长安（东北师范大学）、伍巍（暨南大学）、周荐（南开大学）、周建民（江汉大学）。

想请你撰写的是：1）“导论”中的第二部分，即“现代汉语方言”，约1.5万字；2）“第一章语音”中的一节“方言语音”，约1万字；3）“第三章语法”中的一节“方言语法”，约1万字。

你是这方面的专家。到底写些什么内容，怎么确定节下面的标题，皆请你斟酌拟定，然后我们再交换交换意见。好吧？再次感谢你的加盟。祝万事顺遂！福义2009-7-31。

当我读了邢先生的信非常感动，邢先生作为主编，对教材的详细的安排，使我们学到了如何编写教材的真谛。当教材编完后，2011年12月邢先生又一次来信：全生君：近来可好？我们合作编写的、将由高等教育出版社出版的《现代汉语教程》，得到包括你在内的各位参编教授的大力支持，我特别感激。大家都在极为繁忙的情况下挤出时间来写作，按时交稿，我要再次表示深深的谢意。

这部教材的编写，一开始就跟高教社商定：我年纪已大，事情又多而繁杂，因此只能出面在全国范围内邀请水平高、代表性强的教授（一般为博导）分工撰写，并且担负语法章的一部分撰写工作。统稿工作，由吴振国教授负责；统稿之后，再由我通读定稿。

统稿是个非常重要的阶段，但这个阶段遇到了一些特殊情况。吴振国教授是语言学系主任，本来事情就多；近两年他太太的身体不好，需要照料，使他耗去了不少时间；最近，他本人的身体也出现不适。这样，就影响了统稿工作的进度。从目前情况看，要给高教社交稿，恐怕要拖一段时间了。我心里十分不安，只好分别给各位参编教授发邮件，恳请谅解。真的对不起！2012年即将到来。祝新年快乐，阖家安泰。福义2011年12月22日。

2013年12月2日，邢先生又一次来信通报教材情况，“全生：近来安好？时在惦念。我们的《现代汉语》教材，已经送交高教社，明年3月可以出书。时间拖得这么久，实在抱歉。附件里是目录和前言。请看看。前言有哪些需要修改的地方，请告知，以便看校样时改过来。望多保重。福义。”当我拜读了邢先生亲自写的前言后迅即回复：尊敬的邢先生：您好！惠示拜悉。学生已认真拜读了前言。一读便知是先生笔法，清楚明白，特色彰显。学生忝列教材编委，多有愧怍，感谢先生又给了学生一次跟随邢先生学习的机会。

邢先生的每一封信都情真意切，字里行间透露着实事求是的学风和文风。作为语言学大家，邢先生完全可以当一个甩手掌柜，因为几位副主编汪国胜、吴振国教授都是非常认真负责、又有学术造诣的中年学者，完全可以胜作组织、安排、联络统稿等工作。但邢先生身体力行，亲自主持很多具体而琐碎的工作。这种工作作风也深深地感染着每一位作者。

三、我第三次受邢先生教诲是2012年11月17日。那是受湖北大学石锓教授邀请讲座之后，又受华中师范大学汪国胜教授邀请与师生交流，我每次赴武汉出差，总要拜见邢先生，这是老规矩。每次定好时间，邢先生总是提前在办公室等候。一进门，邢先生起身走上前迎我，紧紧握住我的手，我很感动。落座后，我说明来意，我怕先生累，说最多耽误半个小时，结果谈了约70分钟。

这次邢先生主要谈了对当前语言学界的看法。邢先生说：现在令人担忧的问题是：越来越偏离中国传统语言学的优良传统。有些人随便拿外国人的一些语言理论，套上几条汉语，就在那里演绎。邢先生称之为“框架演绎”。有些理论甚至连外国人都看不起，而我们的人就在那里套汉语。邢先生说，你搞的套汉语的研究是不是“看得懂、信得过、用得上”，好多文章写得连他们自己也看不懂、更信不过、也用不上。写出的文章是要人看的，这样引领年轻学者，起了不好的导向作用，这样的文章会害了年轻人。邢先生说，记得有一次在美国见到某位语言学者，告诉邢先生，说他们搞的，都是胡说八道，千万别信那一套，说在美国搞语言研究，要求你必须两三年内提出一个新理论，而这些学者在周一至周五都在上课，周六日还要做些家务，哪里有时间搞研究？只能提一些怪理论。而国内有些学者再拿上这些怪理论套汉语，别人都看不懂，他们也不想让你看懂。看懂了，不就看出破绽来了吗？有人提出的理论，手里只有几个句子，就长篇大论。几年前，有一次我问某位学者，你的文章能否用的例子多一些，他说我为何要用那么多例子，我的几个例子都还没有弄明白。这说明，这些例子背后还有更多的意义没有弄清楚。有些道理，靠大量的例子是能说明的，但他们不，都要根据个人的“主观视点”。你有你的“主观视点”，我有我的“主观视点”，每个人都不一样，所以写的东西互相也信不过。这说明，对某一理论有多种理解，即“主观视点”不同。这怎么能用于汉语研究呢？邢先生说最近写了一篇文章谈语言研究的历史脚印，从黎锦熙到吕叔湘，他们是怎么走过来的，这里有一个传统，不能踢开这个传统，并接着说：朱德熙先生是成功嫁接了外国的语法理论，而不是照搬。

邢先生进一步指出：有人说他们曾站到了语法研究的“制高点”上。什么是制高点？制高点是在战役上能控制敌人，能打胜仗的地方。有的在外国是制高点，在中国不一定是，在武汉是制高点，在山西不一定是。诸葛亮挥泪斩马谡，马谡认为占领了制高点就会胜利，结果被张郃包围，断了水，断了粮草，败了。所以，你不能认为你就是制高点。

邢先生与学生谈话，时刻不忘坚持传统、坚持中国特色的学术研究，决不能搞盲从。

这次拜见，邢先生还谈到对博士生发表论文要求的看法，说："学校要求过高，使他们为了写小论文，在二三年内不能集中精力写大论文。一个人一生中只有一个学术巅峰，可能有人有二个、三个，但很少。如果你过多要求发表论文，高级别刊物论文，就是要逼他去找刊物，甚至花钱去发表在一些刊物上，败坏了学术，浪费了时间、精力。建议校方让博士在正规刊物上发一篇即为合格，但校方最终没采纳这个意见，因为，教育部对学校发表论文要排名，否则不给你经费。"真是切中时弊，一针见血。

这次我还给邢先生转达了鲁国尧先生的问候，并说：鲁先生认为《汉语学报》已经办得像《中国语文》一样，一南一北，北有《中国语文》，南有《汉语学报》。我说我们好几个学校已将《汉语学报》定为权威期刊了，邢先生听了非常高兴。

邢先生再次强调，做学问，一定要扎扎实实。"抬头是山，路在脚下"。我说我自从 1982 年听您的课时就知道了您给学生们写的这个条幅。多年来我一直是这样要求自己、同时也要求我的学生这样做。

四、第四次受教是 2014 年 4 月 18 日邀请邢先生讲学。实际上早在 2012 年我就写信邀请过邢先生。2013 年 3 月我再一次去信邀请邢先生。内容如下：学生去年敬邀先生于今春莅山西讲学、指导、观光，山西的气候四月前，天气不稳，时冷时热，树也不绿，不宜观光。五月、六月气候最好，不热不冷，天气稳定。现在有一个小插曲，即四、五两月学校要派学生赴日查阅近代汉语方言文献有关材料，五月底回并，故学生特邀请先生能在六月上旬或中旬莅临山西大学教导学术，特此敬请！学生深知先生特忙，现去函特向先生报告，万望先生能在六月适时空出时间赴并，学生及山西的学子不胜感激！2013 年 3 月 23 日邢先生回复："全生：多谢你的盛情邀请。这一向，我的身体状况一直不好。人感到十分疲弱，走路也有困难，两腿沉重。因此。许多单位邀请，我都一一婉辞了。能不能去山西，等到你赴日访问回来以后，我再跟你联系，好吗？你正处盛年，学风又好，一定会更加大有作为。祝一切顺遂！福义。"2013 年 6 月 10 日我从日本回来，马上又给邢先生去邀请信，我在信中说："学生已于 6 月初回到学校，一回来就是各种烦琐的论文答辩工作，现已基本搞了一个段落。学生着急的是请先生来山西大学讲学的事，不知道先生近况如何。

今去信先向先生请安，何时能够起程，学生立即启动日程安排。只是近期学校被新来的太原市长为修路挖得成了孤岛，出行上略受点影响，但无关大局。学生盼先生回音。”邢先生下午就回信说：“全生：多谢你的盛情厚意！我近来身体状况不好，人很瘦，很虚弱，两脚疲软疼痛，走路不方便。大概是‘脑梗’和‘糖尿病’引起的。这个时候，医生劝说，不宜外出。十分抱歉，请你体谅。你工作太多。望注意劳逸结合。福义。”我紧接着于6月11日回复先生：“尊敬的邢先生：惠示拜悉。请先生莅百年老校山西大学讲学是我们多年的愿望，等先生贵体安康时一定满足山西学子们的期盼。吉人天相，有众弟子们左右侍奉，先生定会早日康复。学生恭候先生秋天能驾临山西！”2013年12月2日我又给邢先生去信：“学生一直有一个愿望没有实现，要请先生来山西讲学。恳请先生明年春暖花开后能够成行。今年的秋季本应请先生来，结果太原市长到处修路，无法出行，现在多条线路已开通，明春更好。”邢先生很快回复：“全生：明年3月中旬我要去澳门一趟。去山西之事，我们到3月上旬再联系一下，好吗？福义。”真是功夫不负有心人，邢先生来山西讲学的事终于松口了。一进入3月，我即与邢先生联系：“尊敬的邢先生：学生去年敬邀先生于今春莅山西讲学、指导、观光，先生曾告知学生于3月上旬与先生联系，今已3月5日，特给先生致函，万望先生能应允赴并，学生将安排行程。学生除了3月14日至17日在广东詹伯慧先生处讨论方言大辞典外，所有时间均恭迎邢先生。学生及山西的学子不胜感激！”2014年3月6日邢先生回了一封长信：“全生：这两个月，特别忙。《汉语学报》的看稿定稿，为别人的书作序，应约写作一些推不掉的稿子，参加不能不参加的会议，出博士生试题，如此等等，没有一天是清闲的。过几天，还要看咱们合作撰写的《现代汉语》校样，这又是一件费神费时的事。3月底到4月初，要去澳门一趟。徐杰和周荐，早就要我去。主要有两件事。一件是在澳门大学和澳门理工学院做讲演；另一件是我的学生柯建刚在澳门以我的名字搞了一个“澳门×××华语华人社会研究基金会”，要举行成立仪式，我不能不去。这样，我可能3月30日离武汉，4月5日返回。我已经跨入80年龄段，有脑梗、糖尿、痛风等等疾病，近来行动已经没有以前方便了。这次赴澳门，澳门大学发函邀请了我和我的助手李自珍女士；另外，邀请了汪国胜和他太太。澳门大学以助手名义邀请李阿姨，就是因为我需要有人照顾；又邀请国胜和太太，固然跟成立基金会有关，也是为了有人陪陪我。我一向不喜欢玩，现在爬山不方便，就更不想外出了。我太太离世之后，好几所学校邀请我，我都婉谢了。你那里，我要看看从澳门回来以后身体感觉如何。如果还行，我就4月底或5月初去；如果不行，就只好请你谅解了。我们是忘年至交，我把实际情况都向你说了。望保重，别太劳累。福义。”从这几封短信、长信中可以看得出，邢先生对一个学生辈的真诚相待，工作那么忙，时间那么紧，完全可以用几句话告诉我实在是抽不出时间，我也完全可以理解。但邢先生不是这样，写这么长的信，得花邢先生多少时间，这不是在给一个学生辈的人说事，是在跟一个老朋友交心。称之为“忘年至交”，还不是“忘年之交”，最后嘱咐我“望保重，别太劳累”。我是何等的感动！这次邀请非常成功，邢先生在汪国胜教授的陪同下，终于在 2014 年 3 月 16 日踏上了三晋大地。3 月 18 日开讲，题目:《论事并重，事实终判》，这里将邢先生讲座略做介绍，以飨读者。

邢先生首先解题：

理论和事实我们都要重视，可是最后结论的提出是不是正确，最终决定于事实。事实、理论与事实相互驱动，没有理论的牵引，对事实的描写和解释无从下手，或者只能盲目进行。反过来说，理论的生命力由事实所赋予，理论或者来自对事实的发掘，或者通过事实的检验得到确认。现代汉语语法研究工作者必须同时把眼光投向理论与事实。而从源流上来看，事实是源，理论是流。同样的事实，可以有这样那样的理论，不管采用什么样的理论，最终都必须面对事实。事实就是证据，任何结论的真伪都必须依靠事实来终判，我们先讨论两个具体的问题，最后谈一谈关于做学问的问题。

第一个问题:“十来年”是多少年？是八九年，还是十一、十二、十三年，还是十年左右？邢先生通过三十年的《人民日报》大量的实例统计来说明事实的重要性，证明吕叔湘先生原来文章里所说的“左右”的结论是对的。通过列举近代汉语的大量例子也证明是“来”表左右。而不是一些词典里解释的“略少”。

第二个问题：单线递进句不能倒置。比如：他不仅是个人，而且是个很大的人。不能倒过来说：他不仅是个很大的人，而且是个人。邢先生针对有人提出，显喻进入隐喻就不受此限制。既可以说毛泽东不仅是个人，而且是个伟人，也可以倒过来说，毛泽东不仅是个伟人，而且也是个人。单线递进句不能倒置是大量存在的毋庸置疑的事实。我们不能强调它的特殊性而忽略它的一般性。邢先生通过考察大量的事实得出结论，单线递进句不是个别现象，而是形成了系统的。这类递进句有三种组构方式，第一种是概念收缩式，如：他不仅是个人，而且是个很大的人。第二种是概念张大式。比如：陈明不仅是全班第一，也是全年级第一。第三种是概念推移式，它既不是缩小也不是张大，而且推移。比如：琵琶不但开了花，而且已经结了果。这个显喻进入隐喻就不受阻限的结论根本经受不起事实的检验，有的递进复句根本不能倒过来说，如：他不但有酒，而且有好酒。你能说成：他不但有好酒，而且有酒。这样的单线递进句是有规律、成系统的存在，并非个别现象。只举“毛泽东不仅是个伟人，而且是个人”这句话能说，却避而不谈“他不仅是个很大的人，而且是个人”能不能说，这就大有问题了。邢先生进一步指出：引进外来理论，更需要在发掘本土事实上下功夫。一篇文章，一项研究，如果只停留在自己想到的几个例子上面，便有可能仓促断定、以偏概全，这就是：事实终判。

邢先生讲座的第二个内容是如何读书和研究，讲了三句话：第一，读好一本书。第二，写好一篇文章。第三，练成一个好习惯。就是要多关注语言事实，多问几个为什么，比如：语言中有外孙，没有内孙；有白人、黑人，没有黄人；有左撇子，没有右撇子等。限于篇幅，很多精彩内容只能从略，以后我可以整理出来与大家分享。

邢先生为期三天的山西之行圆满结束，于2014年4月19日返回武汉。一回到家，邢先生就给我回复：“全生：昨晚12点，我们准时回到了家里。这次赴太原，十分高兴。只是给你增添了太多的麻烦，很是过意不去。你有主见，有定性。有你掌舵，你那里定会有良好的发展。请代问候你太太，问候延俊荣、余跃龙和常乐。福义。”为了给我们省钱，邢先生、汪国胜教授一行竟然选择乘坐高铁，一路颠簸了五六个小时，我们真是于心不忍。邢先生为我们传经布道，还考虑着为我们节省经费，“先生之风，山高水长。”这次邢先生的山西之行，不仅仅使我个人受教、获益，我们的师生听学术讲座都受益，他与校领导座谈时还在为我所的学术研究、人才培养、学科建设献计献策。我的多次敬邀，竟已如愿以偿。此时，我的感激之情只有一句话：海水深复深，难以量吾心。

以上只是追忆了我影响最深的四次受邢先生教诲的经历，其实，还有多次是在参加会议时，或听邢先生的学术报告，或去邢先生房间拜见时的获益。有一次我对邢先生说“我是您的门外弟子”。事实上，从1982年聆听邢先生一周的语法课以后，我就将邢先生作为我的恩师，邢先生一直也没有将我当外人。现在邢先生虽然离开了我们，但邢先生提出的“人品第一，学问第二；文品第一，文章第二”的主张，我们可以体悟一辈子、受益一辈子。

谨以此小文缅怀尊敬的邢福义先生！

2023年3月26日

喜见雏鹰展新姿

——读《敦煌歌辞词汇专题研究》①

董志翘

（北京语言大学文献语言学研究所，北京，100083；
南京师范大学文学院，南京，210097）

自改革开放以来，在汉语史研究领域，中古、近代汉语研究异军突起，成果斐然。原因是，以往的汉语研究比较注重两头（上古、现代）而忽视中间，中古、近代汉语成了汉语史研究中的薄弱环节。然而，缺失中古、近代汉语研究的汉语史终究不是完整的汉语史。有鉴于此，改革开放以来，随着对以往研究的反思与总结，在老一辈语言学家吕叔湘以及当时的中年语言学家郭在贻等先生的提倡及身体力行的带领下，一批中青年学者率先投入其中，于是兴起了中古、近代汉语的研究热潮。

同样，改革开放以后，随着百废俱兴，敦煌学研究也进入了一个崭新的阶段，而敦煌石窟发现的大量俗文书，又是近代汉语研究的极好语料。于是就形成了一个学术上的交集——敦煌俗文书研究与近代汉语研究的交集。

2016年，刘晓兴开始随我攻读“汉语言文字学”专业的博士学位。在平时言谈中，我得知他对唐五代的语言颇感兴趣，于是就建议他研究“敦煌歌辞”的语言。

建议晓兴进行“敦煌歌辞语言研究”，我是出于以下几点考虑：

首先，在我所指导的博士后、博士生、硕士生中，曾有人以“敦煌法制文书词汇研究”“敦煌写本佛经语言研究”“敦煌医籍词汇研究”“敦煌文献疑难词语考释”等为题撰写过论文。而对于敦煌文献中的文学文献语言进行专题研究者尚告阙如。

其次，学界对于敦煌文学文献进行语言研究者，大多集中于敦煌变文的语言研究，此类研究成果可称汗牛充栋。而对同样有大宗材料的敦煌歌辞进行语言研究者

① 刘晓兴著《敦煌歌辞词汇专题研究》即将由中国社会科学出版社出版。

盖寡（研究者大多集中于文献学、文学研究领域），且新近的研究成果也比较零散。

晓兴很愉快地接受了我的建议，立即投入到敦煌歌辞文本的研读及研究材料的搜集中去。

说实在话，刚做出这一决定的时候，我的心中尚有一丝担心：

1900 年敦煌莫高窟藏经洞被发现，因为其中的写卷百分之九十属佛教文献，所以占百分之十不到的敦煌变文、敦煌歌辞、社会经济文书等就更加引起国内外学者的注目。以敦煌歌辞而言，王国维先生在 1920 年就发表了《敦煌发见唐代之通俗诗及通俗小说》一文，其中涉及了敦煌通俗诗歌的研究价值，因而开启了对敦煌歌辞的广泛搜集、整理。先后有王重民、任中敏、饶宗颐、潘重规等大家参与辑集、校勘、考订、研究。其中，任中敏先生更是这一研究领域中的巨擘。1950 年，王重民先生的《敦煌曲子词集》出版后，任中敏先生就在王著基础上增录了包括曲子词、民间歌辞、大曲在内的敦煌歌辞 545 首，先后出版了《敦煌曲校录》《敦煌曲初探》。1987 年又经补充、校订，出版了《敦煌歌辞总编》，该书依据体例、曲调，分歌辞为“云谣集杂曲子、只曲、普通联章、重句联章、定格联章、长篇定格联章、大曲、补遗”8 类共计收录敦煌歌辞一千三百余首。此书出版后，又经项楚先生撰《敦煌歌辞总编匡补》进行了补充、商榷，故《敦煌歌辞总编》在敦煌歌辞及其研究的集大成者之地位已经确立。那么，已有王重民、任中敏、项楚等大家在前，让晓兴这样一个初入敦煌研究门墙的年轻人去继踵研究，到底还有多少拓展空间？这是我心中所没有底的。

不过，正如诺贝尔奖获得者杨振宁教授曾经说过：“成功的真正秘诀是兴趣。”晓兴对唐五代语言感兴趣，而敦煌歌辞反映的正是唐五代时期的口语面貌，所以晓兴在后来的研究中能知难而进，不折不挠地克服诸多困难。浓厚的兴趣加上他超乎常人的刻苦努力，最终能站在巨人的肩膀上再进一步，在敦煌歌辞的文献学、语言学研究上取得了新的突破，写成了 30 多万字的学位论文《敦煌歌辞词汇专题研究》，较好地完成了这一研究任务。论文在答辩时，得到了答辩专家的一致好评，被评为“优秀”等级，嗣后，又相继获得 2020 年度南京师范大学优秀博士论文奖、2020 年度江苏省优秀博士论文奖。

更可贵的是：晓兴没有在取得的成绩面前沾沾自喜，止步不前。他清醒地认识到：所有的赞誉是前辈学者对后进的提携与鼓励，自己的研究仅仅是开始，尚有许多不足之处。因此，在毕业工作后不久，他又成功申报了国家社科基金优秀博士论文出版项目（21FYB055），并利用这一契机，对博士论文进行了全面的修改充实与拓展。他在承担南京师范大学国教院繁重的教学、行政工作的同时，经过两年的拼搏，呈现在我们面前的，就是这部50余万字的书稿——《敦煌歌辞词汇专题研究》。

纵览全书，共分上、下两编，上编为语料鉴定、疑难词考释、字词关系研究，下编为各类虚词研究。作为词汇专题研究，书中对敦煌歌辞的实词、虚词均有涉及。因此，全书的架构也是比较合理的。特别是其中“第一章敦煌歌辞语料鉴别”“第三章敦煌歌辞所反映的一词多形现象”“第四章敦煌歌辞所反映的一形多词现象”以及下篇的“歌辞虚词研究”都给我留下了极为深刻的印象：

一、汉语史研究，所据语料的可靠性是第一位的。本书所利用的敦煌歌辞都引自任中敏先生的《敦煌歌辞总编》（修订本）（以下简称《总编》）。任先生的《总编》已经是敦煌歌辞校辑、研究的后出转精的集大成者，正如项楚先生所言：“我相信今后一切治敦煌曲的中外学者，不论是否赞同任先生的理论，都将认真研究任先生的这部巨著，并且以任先生所达到的成就作为出发点，去进行新的探索。”不过，晓兴也敏锐地认识到：因囿于当时条件，任先生及以往其他学者所辑录的敦煌歌辞，大多依据的是保真性较差的胶卷或影印本，因此难免有漏校、错校。而《总编》问世后，英藏、法藏、俄藏、中国国家图书馆藏敦煌文献已经高清影印出版，国际敦煌项目（IDP）亦公布了大量敦煌卷子高清彩图，这为敦煌卷子的精校提供了良好的条件，故充分利用这些清晰度极高的敦煌材料来校读歌辞便显得尤为迫切。另外，由于敦煌文献有较多的音借字、形讹字，所以前人整理歌辞时往往“矫枉过正”，滥用音借、形讹的观点来校改字词。实则歌辞原卷中的大部分字词无误，许多词语有符合当时语境的特定词义而不必校改。有鉴于此，晓兴首先用了一章的篇幅，利用目前的有利条件，对《总编》收录的敦煌歌辞做了极其认真的重新校订，分为“旧录新考”85条，“旧录商榷”24条，“旧录补充”20条。根据字形、字音、字义以及语境等各个侧面做了校订，纠正了前人的失误，因论证严密，故结论大部可信从。这为下面的全书的词汇研究打下了坚实的基础。特别是文中提到的“敦煌歌辞的校理，必须尊重原文的真实面貌。若有校改，也必须建立在十分充足的证据基础上”“首先要对原卷字词的词义进行分析，并找到相关用例。只有当原卷字词的词义不合句义时，方可考虑音借、形讹的可能性。即使采纳音借、形讹的观点，亦应找到其他用例作为佐证”这些观点都是经验甘苦之谈，值得引起学界的重视。

二、汉语史研究的对象乃是用汉字作为载体的古代文献语言。西方学者认为：语言是反映（思维）概念的符号，文字（表音文字）是记录语言的符号。因此“文字”不属于“语言”的范畴（语言的三要素是“语音”“词汇”“语法”），因为在西方（采用表音文字）的语言中，一个词（意义的最小单位）可以分成几个音节，一个音节可以分为若干音素，文字符号是记录音素的（不是记录一个词的）。所以在西方人看来，“语言”是记录概念的符号，文字（表音文字）是符号的符号（它不与概念直接发生关系）。但是，汉字是以表意为主的文字，它有它的特殊性。正如索绪尔《普通语言学教程》所言：“对中国人来说，表意的文字和口说的词语同样都是概念的符号；在他们看来，文字就是第二语言。”正因为此，在汉语词汇史研究中，汉字研究，特别是汉字语用学研究（汉字语用学是研究汉字使用职能和使用现象的科学。也就是研究如何用汉字记录汉语词或者实际上是怎样用汉字记录汉语词的科学。主要内容包括：汉字的记录单位、记录方式、使用属性、字词对应关系、同功能字际关系、用字现象的测查描写、用字规律的归纳总结、用字变化的原因分析等等）也应当有机融入。针对敦煌歌辞用字、用词的特殊性，晓兴书中“敦煌歌辞所反映的一词多形现象”“敦煌歌辞所反映的一形多词现象”两章内容（其实在“疑难词语考释”“虚词研究”等章节中也有体现）正集中体现了探索“字词关系”这一研究特色。在对敦煌歌辞中处处可见的“一词多形”“一形多词”现象进行梳理的基础上，还进而对形成此类现象的原因做了深入的探讨（因书写变易形成的一词多形；因添加构件形成的一词多形；因变换构件形成的一词多形；因音借形成的一形多词；因形讹形成的一形多词；因讹混形成的一形多词），可以说，这是晓兴书中的一大亮点。

三、在本书的下篇“敦煌歌辞虚词研究”中，晓兴在运用传统语言学的研究方法的同时，也注意借鉴现代语言学的理论和方法。不仅用排比归纳等方法总结出虚词的语法意义及语法功能，同时也通过“语法化”的过程去考察虚词用法的来源。比如歌辞中的“直”“直X”有让步连词的功能。进而追寻到让步连词“直”乃由表示“一直”义的时间副词“直”发展而来，是受重新分析、语义、语法结构、语用推理、语境吸收等因素的影响，经过语法化的过程后，才由时间副词发展为让步连词。同时又发现“持续时间→让步连词”的语义发展线索有语言类型学上的共性规律。比如由“直”组成的“直为”可作为因果连词，在这类连词中，“直”最初为表示限定的副词，但“直为”成词后，“直”的语义弱化，“直为”就发展为“因为”义的因果连词。这种历时与共时相结合，上追下探，左连右及的研究方法，也是很值得提倡的。

总之，晓兴此书颇多创新之处，是敦煌歌辞词汇研究的一次成功的尝试。

当然，晓兴的成功，也与他谦虚好学、踏实肯干的精神有关。在与晓兴六年多

（晓兴的硕士、博士学位都是随我攻读的）的日常相处中，“敏于行而讷于言”是他给我最直接的印象。平时找他，一般都在图书馆里才能找到，任何事情交给他办，他总是默默应承，然后按时交给你一个满意的结果。他毕业后到了南京师范大学国教院任教，同时兼任院里的科研秘书，课务、行政加上自己的科研任务，诸事缠身，但他都能任劳任怨，将诸事安排得井井有条，从国教院领导、师生处得到的反馈，都是对他的工作的交口称赞。我想，正因他具有这样的品质，也才能在学术研究的领域中崭露头角。

最后，我希望晓兴在今后的征途上，一如既往，踔厉前行，取得更大的成绩。同时也特别希望晓兴能充分利用现在的有利资料条件及现代化研究手段，在《敦煌歌辞词汇专题研究》的基础上，广泛搜集资料、精心校勘考订，博采众家之长，呈现一己创见，撰成一部《新校辑敦煌歌辞总编》供学界使用。

壬寅年冬月于京华

俗语词源研究的创新之作*

——《汉语俗语词词源研究》述评

刘祖国[1]　郑红丽[2]

（1. 山东大学文学院，济南，250100；
2. 济南出版社，济南，250002）

提　要：《汉语俗语词词源研究》在俗语词相关理论研究上，取得了前所未有的成绩。在俗语词探源方面，上溯其源，下探其流，做了卓有成效的探索。全书研究方法科学，视野开阔，资料丰赡，考证绵密，具有重要的方法论意义，为今后研究树立了标杆。

关键词：汉语；俗语词；词源

南开大学杨琳教授近十几年来专注于俗语词研究，相继发表了一系列重要论文，如《词汇生动化及其理论价值——以“抬杠”、“敲竹杠”等词为例》（2012）、《“结裹”与“结果”的源流及纠葛》（2013a）、《俗语词研究概说》（2013b）、《“张致”与“失张失致”考源》（2014）、《“冬烘”“小的子”“的笃”考源》（2019）等。最近杨先生（2020）推出了俗语词研究的重要成果《汉语俗语词词源研究》（下文省称《研究》），在俗语词研究的许多方面做出了开拓性的贡献。下面略加述评。

一、在俗语词相关理论研究方面，取得了前所未有的成绩

“俗语词”作为语言学术语，是20世纪50年代从俄语翻译过来的。俗语词从本质上来讲，就是口语词。郭在贻（1985：24—26）认为：“俗语词指的是古代文献中所记录下来的古代的口语词和方音词之类（二者有时难以截然划清界限）。”黄征

---

*　本文为国家社科基金项目“道经故训材料的发掘与研究”（编号：18BYY156）阶段性成果。

（1992：48）对俗语词下的定义是："汉语俗语词是汉语词汇史上各个时期流行于口语中的新产生的词语和虽早有其词但意义已有变化的词语。"朱庆之（1992：58）认为："口语词和俗语词本是两个互有区别的概念：口语词是相对于书面语词而言的，主要是指只用于日常口语（包括方言）而不用于书面语的那些词；俗语词是相对于雅语（文雅的）而言的，主要指口语中那些粗俗鄙俚难登大雅之堂的词。"《研究》别出心裁，对"俗语词"概念重新做了定义，书中第 4 页指出："我们将'俗语词'的内涵界定为'俗 / 语词'（通俗语词），而非有些学者理解的'俗语 / 词'（俗语之词）。"

现代学者在俗语词研究方面的成果，大致可分为词典编纂、词语考释、理论探讨三类，其中以词典编纂的成绩最为突出。这些成绩的背后尚存在诸多不足，其中俗语词相关理论研究欠缺是一个的比较突出的问题。《研究》一书的出版，有效弥补了俗语词理论研究欠缺。此书对汉语俗语词理论研究的贡献主要有：

1. 将俗语词词源研究从破解疑难的主要线索的角度，分为生动化视角、系统化视角、陌生义视角、音变视角、义衍视角、文化视角六种类型。它们是作者从多年研究实践中总结出来的考求俗语词理据的六种主要门径，方便后学入门，具有重要的理论价值与应用价值。

2. 创造性地提出"义源"理论。"义源"跟"词源"不是一个概念。"义源"指一个词的语音形式所标记的所有意义的来源，"词源"一般指词的最早的语音形式的来源。词源关注的是词的"出生"问题，义源关注的是词义的发展演变问题。

3. 对俗语词变异动因的揭示，总结了俗语词流变的规律。作者归纳出俗语词变异的三个主要动因：同义近义成分的辗转替换；因误解而改换有关成分；因形近而发生讹误。利用书中所揭示的变异规律，可以解决不少俗语词研究中的疑难问题。

二、在俗语词探源方面，上溯其源，下探其流，做了卓有成效的探索

词源研究是汉语词汇学中的一个热点问题，近代以降，章太炎、刘师培、杨树达、沈兼士、王力、张永言等先生都曾致力于此。王虎（2017）认为俗语词考释的文章虽然不少，但大都偏重于用传统训诂的方法确定词义，忽视对词义探源和理据的分析。纵览 20 世纪 80 年代至今的俗语词考释文章，能做到确定词义的同时，厘清词义的演变轨迹与理据构成的仅占很小一部分。然而从历史的角度探清俗语词的

义源及演变过程并揭示其构词理据，不仅能使我们彻底了解俗语词，而且有助于探究中古、近代词汇发展规律。《研究》在词义探源、理据分析方面，做了卓有成效的探索。

书中第 16 页指出："理想的俗语词研究应该包括三方面内容：一是落实每个俗语词最早的出现时代，二是阐明每个俗语词的词源理据，三是厘清每个俗语词的演变过程及其繁衍分化。"作者用了大量实例加以演示，具有重要的启发意义。

以"吃醋"为例，其理据自古以来有各种解释，大都臆想游谈，牵强附会。《研究》对此词之理据进行新的考释，认为"醋"有俏丽、风情义，"吃醋"是在"争醋""斗醋"基础上衍生出来的。书中第 272 页指出："引起词义发展演变的原因除了合乎思维逻辑的正常引申外，不合事理的误解也是一条不可忽视的途径。""争醋"的使用者不知"醋"有风情义，想当然地理解为常见的食醋义，便有了"吃醋"的说法。误解基础上的词语使用，起初往往被视为错误（也有因其新奇而群起仿效者），但使用者一多，也就习非成是了。"醋"的嫉妒义的产生就是如此。"醋"的本字为"错"。汪维辉、顾军（2012：1）认为："词由于误解误用也会产生新义，这是词义演变的一种方式。汉语史上词义误解误用的常见类型有：训诂学家的错误解释、后代文人误解前代口语词、流俗词源、语言接触过程中的错误理解等。导致词产生误解误用义的常见因素有：意义干扰、读音干扰、词形干扰、内部结构的重新分析、语境误推等，根本原因是'陌生化'。""吃醋"正是基于误解误用而产生的一种特殊用法，值得关注。

关于"杜撰"的语源，自宋以来主要有以下说法：1. 源于北宋杜默说；2. 源于唐代杜光庭说；3. 源于梁代杜道士说；4."杜"是"唐"之音转，乃虚假义；5."杜"本字为"肚"。以上五种观点，杨先生都不认同。书中指出，"土"有"自己、自家"之义，"土""杜"古可通用，因此自己义之"土"遂亦作"杜"。后因语音演变，"土""杜"读音有了区别，加之使用上也各自固定，两字之间的联系随之断裂。但"杜"从"土"那儿承袭来的"自己"义仍活在方言土语中，由于人们不知道它们"五百年前是一家"的真相，便做出了各种附会的解释。《研究》广泛结合今天的江浙吴语，以及明清时期的吴语辞书如《越言释》《官话汇解便览》《甬言稽古》等，并上推至古文字材料，层层论证，解疑释惑，诚可谓正本清源。

再如"烧包"一词，何以有忘乎所以、爱摆阔之类的意思？目前尚未有一个令人满意的答案。既有的各种解释多就事论事，未能联系相关词语通盘考虑，因而难以看清问题的真相。《研究》通过广泛查考系联，认为"忘乎所以"义的"烧包"是在“烧”的轻佻义基础上创造的，“包”为名词后缀，指某类不受欢迎的人。轻佻义之“烧”的源头为“屌”。《研究》还对古代性生活用具“角先生”、呆傻义的“苕”“彪”以及“脚猪”“傻角”“小样儿”“二把刀”等一批词的语源进行了系统考释，认为它们都与男阴义有关，别开生面。书中第210页进一步指出：“生殖器义的词在语言中是常用词、高频词，高频词往往会衍生出很多新义，派生出很多新词，在词义及词汇系统中形成一个庞大的家族。然而由于文明社会对生殖器的避讳，语言研究者也大都对此退避三舍，学者们制定的无论是核心词表还是常用词表，大都没有生殖器词汇的踪影，致使我们目前对这一词义及词汇家族的认识还相当肤浅。”这一观点可谓振聋发聩，当引起学界充分重视。

三、研究方法科学严谨，具有重要的方法论意义，为今后研究树立了标杆

俗语词研究的难度远超书面语词，目前不少成果虽有解释和例句，但一般只解释表层含义，缺乏理据信息，令人不明所以。另外也有一些俗语词词源探究，缺乏科学的理论和方法，编造故事式的词源解释甚为流行，主观臆测的说法层出不穷。索绪尔（1980：244）有言：“我们有时会歪曲形式和意义不熟悉的词，而这种歪曲有时又得到惯用法的承认。”“人们把这种现象叫做流俗词源。”在近三十年来的俗语词研究中，词源与理据的揭示，一直是个困扰学界的老大难问题。

“二百五”是一个字面意义与实际用义严重分裂的俗语词，二百多年来人们苦思冥想，多方求索，迄无定论。《研究》指出，“二”“五”“八”三个数字都有表示呆傻的含义，三个数位可以组合表意有不同的组配，如“二五八”“八五二”“二八五”等，“二百五”为“二八五”的音变。“二八五”很像一个编号，用来表示傻气、冒失，令人莫名其妙。比较而言，“二百五”是个自然整数，我们在数数字的时候常常提到，它在语言中出现的概率比“二八五”高得多，所以当人们听到“er ba wu”这么个词时，联想到了熟悉的语音近似的“二百五”，于是“二八五”就被说成、写成了“二百五”。

俗语词“二五眼”的理据也是众说纷纭，有源于胡琴演奏说、“碍吾眼”音变说、“二百五”的变读说等。《研究》认为“二五”是“二虎”的音变，有马虎、糊涂等义。由“二五”构成的词语都是些贬义词语，例如“二五蛋”“二五卵”“二五卵子”“二五团”“二五圈”“二五点”等。“二五眼”就是“二虎眼”，本义为麻糊

眼、模糊眼。“二五眼”在有些方言中指视力差或视力差的人，视力差就是眼睛模糊不清，眼力差，由此引申为缺乏见识、马虎大意、糊涂呆傻等义，顺理成章。

《研究》第15页指出：“研究俗语词须具备系统观和规律观。系统观要求我们尽可能将同语义、同类型的词语搜集到一起，通盘考虑，融会贯通，不可只就个例坐井观天，管窥蠡测。盲人摸象式的孤立考察难以看清事物的真相，其结论也就难免纰漏。”“规律观要求我们对同类词汇现象进行观察分析，找出其共有的产生机制及演变路径。只有发现了规律，我们的解释才会左右逢源，触类旁通。没有规律支撑的任何解释都只能是猜想和假设。系统观和规律观是一个有机的整体，系统是规律的载体，规律蕴藏在系统之中，孤立的个体是无从呈现规律的。”

在系统观和规律观的指导下，书中每考释一个词语，都力求将相关词语加以系联，一并予以解释。比如“上当”，其词义虽尽人皆知，但它为什么会有“受骗”的意思则目前尚不得而知。如果孤立地就“上当”一词苦思冥想，恐怕是难以有什么结果的，应该联系跟它有“亲缘”关系的词通盘考虑。《研究》认为“上当”跟“卖当”“打当”两个词有密切关系，古有“卖当”一词，今语“卖当的”指到处游走做买卖的人，这种人所卖的商品多为假冒伪劣产品，所以人们也常用“卖当的”泛指招摇撞骗的人。元代有一个意思跟“卖当”差不多的词“打当”，原义是“在空地上设摊做买卖”，相当于今天所说的“打地摊”。“当”有地摊义，此义在今天很多方言中存在，字多写作“档”。“上当”是在“卖当”的基础上产生的，“卖当”即“卖地摊”，“上当”最初指受骗买了地摊上的物品，后来泛指受骗。“打当”“卖当”及“上当”等词的形成表明，词汇及其意义是人脑对社会现实的认识的反映，只有弄清了词语赖以形成的社会现实，才能对其形成及演变做出正确的诠释。

四、视野开阔，资料丰赡，考证绵密，令人信服

索绪尔（1980：265）尝言：“词源学把某一个词当作研究的对象，必须轮番地向语言学、形态学、语义学等等借用资料。”解冰（1990：30）也指出：“词义研究本身已很复杂，而俗词源更涉及民族心理、思维逻辑、民间习俗、天文地舆等许多方面，因而其研究愈显困难。”俗语词词源探究，属于语言研究中的高精尖课题，为了更好地探明词源与理据，作者利用了古今中外的各种文献资料，广泛涉及中国各地方言、少数民族语、亲属语言、非亲属语言、域外文献等，从文字、语音、词汇、语法、修辞等多种角度综合分析论证，言之凿凿，所论多可信从。

“猫腻”的理据是什么，《研究》搜罗了10种说法，仅“腻”之本字，就有“溺”“腻”“匿”的不同意见，还有人认为该词来自阿拉伯语、波斯语、满语，可谓众说纷纭，作者认为这些观点均难成立。杨先生联系亲属语言的同源词来考虑，对比藏缅、苗瑶语族一些语言中猫的名称，认为[mauni]之[ni]是一个“化石”语素，其含义也是猫，“猫腻”的隐秘义源自猫的生活习性。亲属语言中的[mi]跟汉语的“咪”相对应。猫、狸可能是音转同源词（即黄侃所说的“意同而语异”的“变易”）。回头再看[mi]和[ni]的关系，不少语言，如大理白语与剑川白语、南华彝语与南涧彝语、哈雅哈尼语与豪白哈尼语等，其中都存在整齐的对应，这表明[mi]和[ni]的差异也是音转造成的，这就是说[mi]和[ni]也存在同源关系。有证据表明，[mi]源自猫的叫声，还可以拿一些方言中“咪”或“咪咪”既为猫叫声又指猫的现象来加以证明。如果猫名[mi]源自叫声[mi]的观点成立，则其为源词的地位也因此得以确认，[ni][li]为音转分化词也就明确了。[mi]之所以音转为[ni][li]，主要还是发音近似的缘故。可见，汉语的猫名“猫、咪、狸、貎”及藏缅、苗瑶语族中的[mi][ni][li]都有同源关系，其源词为[mi]。为了寻找“猫腻”一词的理据，作者上穷碧落下黄泉，充分利用多种语言证据，对“猫腻”的语源进行了精确的诠释。

《研究》一书还特别注意语言研究与文化相结合。流行观点认为“野狐禅”之语源于唐代禅僧百丈怀海开导野狐之谈话，《研究》指出这种看法没有事实依据，所有提到野狐公案的禅宗典籍都没有“野狐禅”之说，“野狐禅”是宋代文人对并未真正悟得禅机而妄解禅意这种学禅现象的贬称，它是世俗创造的词，而不是来自禅林的称谓。无论是“野狐禅”还是“野狐涎”，都是在中国传统文化的“野狐意象”的基础上创造出来的词语，跟佛教没有直接关系，它们的出身是俗源，而非佛源。汉译佛经中与狮子相对的“野狐”很可能是译者为便于国人理解而从汉文化中找到的相关文化符号，佛经梵语原文中与“狮子”相对的文化符号是“野干”，“野狐”则是用汉文化意象嫁接印度佛教文化的结果。“野干”是今天的什么动物，有人认为是一种狐狸，也有人认为是一种似狐的动物，还有人认为是鬣狗。《研究》第543页查考佛经中与“野干”对应的梵文词语，以及英国著名梵文学家莫尼尔·威廉姆斯（Monier Williams）编《梵英大词典》、日本荻原云来编《汉译对照梵和大辞典》、马来西亚大马比丘（Mahabano）编译《巴汉词典》，可见，“野干”就是今天所说的豺狗。作者旁征博引，逐层论证，拨云见日，终得的解。

《研究》在资料使用方面还有一个突出特点，即运用了不少中古近代道教文献。道经因作者或时代往往不明，之前研究者采用不多。近二十年来，道教文献语言研究突飞猛进，很多道经的文献面貌逐渐明朗，已经成为汉语史研究中一个新的学术增长点。作者学术眼光敏锐，与时俱进，在分析论证问题时采用了不少道经语言证据，论证更为坚实。如考证“三七之厄”，传统观点把它的范围仅限于佛教经典，作者认为这属于“只见树木，不见森林”，书中广泛征引梁佚名《太上元始天尊说北帝伏魔神咒妙经》、唐王悬河《三洞珠囊》、宋张君房《云笈七签》、宋佚名《玉堂大法》、宋佚名《高上神宵玉清真王紫书大法》、元佚名《法海遗珠》、明佚名《十一曜经》、明佚名《灵宝无量度人上经大法》等道典，这些新材料的使用，既增强了论证说服力，又令人耳目一新。

毋庸讳言，本书也存在个别有待改进之处。书中第 130 页的道经引例题为“唐陆海羽《三洞珠囊》”，作者名字有误，当为王悬河，其号为陆海羽客。第 109—110 页讨论“百六”“阳九”表示发生灾厄的年岁，虽然引了七例，但在帮助释义方面不如道经用例明确。“百六”“阳九”属道经常用语。例如北周《无上秘要》卷七：“夫天厄谓之阳九，地亏谓之百六。”南宋陈椿荣《元始无量度人上品经法》卷四：“阳九百六者，按《周易》大衍十九年为一章，四章为一部，二十部为一统，三统为一元，一元四千六百二十年，其中通有五十四年水旱。阳九者，阳数奇，极于九；灾应之时，大则九年之旱也。其次则七年、五年、三年、一年之火也。阴数偶，极于八，灾应之时，则八年、六年、四年、二年之水。百六初入元，一百六十年，阳数奇，有小旱之灾，故云百六之灾。通论阳九百六之会者，初入元，三百年为小阳九、小百六，九百年为大阳九、大百六。大则大旱九年、大水八年也。”当然，这种疏失终不过是白璧微瑕，丝毫无损于这部专著的学术质量和开辟性意义。

《研究》为 2015 年度国家社会科学基金后期资助项目成果，是学术界第一部专门研究汉语俗语词词源的专著，具有开创意义。作者以深厚的学术功底解决了许多疑难问题，其研究的深度和广度都大大超越前人，是汉语俗语词研究及词源研究的一部高质量的著作，将会在汉语词源研究史上占有重要地位。

参考文献

（瑞士）费尔迪南·德·索绪尔著，高名凯译　1980　《普通语言学教程》，商务印书馆。
郭在贻　1985　《俗语词研究概述》，《语文导报》第 9 期、10 期。
黄　征　1992　《汉语俗语词研究的几个理论问题》，《杭州大学学报》第 2 期。
李　荣主编　2002　《现代汉语方言大词典》（综合本），江苏教育出版社。
汪维辉，顾　军　2012　《论词的“误解误用义”》，《语言研究》第 3 期。

王　虎，赵红宇　2017《二十世纪八十年代以来俗语词研究综述》，《伊犁师范学院学报》（社会科学版）第3期。
王云路　2010《中古汉语词汇史》，商务印书馆。
解　冰　1990《汉语俗词源略探》，《汉语学习》第3期。
徐时仪　1988《慧琳和他的一切经音义》，上海师范大学博士学位论文。
杨　琳　2012《词汇生动化及其理论价值》，《南开语言学刊》第1期。
杨　琳　2013a《“结裹”与“结果”的源流及纠葛》，《语言研究》第1期。
杨　琳　2013b《俗语词研究概说》，《文化学刊》第5期。
杨　琳　2014《“张致”与“失张失致”考源》，《汉语史研究集刊》第18辑。
杨　琳　2019《“冬烘”“小的子”“的笃”考源》，《汉语史学报》第20辑。
杨　琳　2020《汉语俗语词词源研究》，商务印书馆。
张福远　2009《中国民间趣味俗语》，广西人民出版社。
周学峰　2011《“二五眼”探源》，《寻根》第4期。
朱庆之　1992《佛典与中古汉语词汇研究》，（台湾）文津出版社。